ISBN 978-0-364-98815-2
PIBN 11288678

ichtergarten.

Weisheit und Tugend

in

abeln, Parabeln, Legenden, Erzählungen,
Romanzen, Balladen, Sagen, Märchen
und Liedern

zu

Gedächtniß- und Redeübungen

nach einer

sechsfachen Abstufung vom Leichten zum Schwereren

geordnet und herausgegeben

von

Alfred v. d. Aue.

Ein Schul- und Festgeschenk.

Anclam. 1838.
Verlag von W. Dietze.

Für
Eugen, Pauline, u. Theresa

Sr. Hochfürstlichen Durchlaucht

dem

Erbprinzen von Anhalt,

Leopold Friedrich Franz Nicolaus,

ehrfurchtsvoll und unterthänigst

gewidmet

von

dem Herausgeber und Verleger.

Ein herzliches Wort an Eltern, Erzieher und Lehrer.

Wie wichtig neben dem Sprachunterricht auch der mündliche Vortrag ist, wird auch in unserem deutschen Vaterlande immer mehr erkannt, und werden beim Unterricht in Schule und Haus darauf mit Aufmerksamkeit in der Regel mehrere Stunden wöchentlich verwendet.

Es liegt zu nahe, als daß die Wichtigkeit des mündlichen Vortrags noch weiter zu erörtern und zu vertheidigen wäre. Man nehme den Kanzelredner, den Lehrer auf dem Katheder, den Gebildeten in der Gesellschaft, den Redner auf der Schaubühne, wie sehr sie sich durch einen guten, und umgekehrt durch einen schlechten mündlichen Vortrag empfehlen! — Dies wird hinlänglich erkennen lassen, daß ein guter mündlicher Vortrag in der Muttersprache wohl ebenso wichtig ist, als Kenntnisse in fremden Sprachen.

So ist es denn auch mein Streben und Wunsch, daß vorliegende Gedichtsammlung zur Beförderung des mündlichen Vortrags, so wie zur Veredlung des Herzens beitrage, und habe ich in derselben von ältern und neuern Dichtern nur das aufgenommen, was als klassisch anerkannt, nach vielfacher Erfahrung dem kindlichen Herzen und Gemüth am besten zugänglich und verständlich ist, beim Kinde Lust und Lernbegierde erregt. Daß die Sammlung selbst (besonders Fabeln und Lieder) sehr reichhaltig ausgefallen, wird man dadurch gerechtfertigt finden, daß ich wünschte, der Jugend hier eine möglichst vollständige Anthologie in die Hände zu geben.

Nach reiflicher Ueberlegung und vielfacher Prüfung habe ich den Dichtergarten in sechs Abtheilungen, jede vom leichten zum schwereren (mündlichen) Vortrage übergehend, geordnet. Es kann also hier das Kind, so wie es zu sprechen beginnt, ingleichen die weiter heranwachsende Jugend hinlängliche Nahrung finden, welche um so erfolgreicher einwirken wird, wenn Eltern, Erzieher und Lehrer sich die Mühe geben, von den vielen hier gebotenen Gedichten aus jeder Abtheilung abwechselnd das für das Gemüth und die Anlagen ihrer Lieblinge am besten Passende zu wählen, es ihnen dann in schöner Rede vortragen, nach dem Vortrage von ihnen es nachsagen lassen und dabei prüfen, ob auch der Sinn des Gedichts gehörig verstanden ist.

Ein glänzender Erfolg wird ihnen diese Mühe, welche den Eltern doch stets nur hoher Genuß, den Erziehern und Lehrern angenehme Pflicht sein dürfte, lohnen. Sprachmängel, als stottern, lispeln, schnarren ꝛc., würden dadurch vielleicht in der Wurzel erstickt, und nicht nur Bildung und Erhebung des Herzens, Gemüths und mündlichen Vortrages, sondern auch selbst eine klangreiche und wohltönende Stimme erzweckt werden.

Trotz der vielen vorhandenen und darunter trefflichen Gedichtsammlungen glaube ich dennoch, daß auch die vorliegende nicht ganz überflüssig erscheinen und sich wohl einer günstigen Aufnahme erfreuen werde. Zu sehr von des Menschen Unvollkommheit überzeugt, wage ich es nicht ohne Scheu und Befangenheit, diesen Dichtergarten der Oeffentlichkeit zu übergeben; ja ich würde gänzlich davon abstehen, wäre ich nicht von mehreren Freunden, Bekannten und Lehrern dazu aufgefordert und ermuntert worden; wäre es nicht, daß ich vertrauungsvoll die Hoffnung hegte, dadurch auch in andern Kinderkreisen zu nützen und zu erfreuen und zu einem nicht unwichtigen Erziehungszweige der Jugend beizutragen. Dies ist mein einziger, sehnlichster Wunsch; würde er erfüllt, ich würde darin den schönsten Lohn finden.

Dessau, im März 1838.

Der Herausgeber.

Inhalt.

Willkommen!

Komm, mein Kindlein, her zu mir,
Sieh an, gar Schönes zeig' ich Dir.
Weise Lehr' und guten Spruch
Biet' ich Dir, so viel genug.

Kluge Thiere, groß und klein,
Fing ich Dir zur Liebe ein.

Höre, was ein jedes spricht,
Und vergiß es mir ja nicht.
Lies vergnügt hier Wort um Wort
Bis zur letzten Seite fort.

Lindner.

Erste Abtheilung.

Fabeln.

Erklärung. Die Fabel ist eine kleine Erzählung, worin ein moralischer Satz, eine Lehre durch ein Sinnbild, gemeiniglich aus der Thier= oder Pflanzenwelt, anschaulich gemacht wird.

Wer klüglich Fabeln schreibt, der folgt Aesopus*) Spur,
Er bessert durch ein Bild, und lehrt durch die Natur,
Singt von unglaublichen und nie geseh'nen Dingen,
Um, was wir täglich seh'n, im Gleichniß vorzubringen;
Er greift das Laster an, und schont der Thorheit nicht,
Macht diese lächerlich, straft jenes ins Gesicht.
Er geht von Stand zu Stand, warnt beiderlei Geschlechte,
Steigt zu dem Fürsten auf, und nieder zu dem Knechte;
Er lehret Kind und Greis, den Bürger und den Held,
Schätzt Klugheit Kronen gleich, die Tugend über Geld,
Und manche Wahrheit wird von ihm ans Licht gezogen,
Die Alle längst gewußt, und Keiner recht erwogen.

Aus Lichtwer's Schriften.

*) Aesopus, ein berühmter griechischer Fabeldichter aus Phrygien in Kleinasien, Solons Zeitgenosse. Er lebte ungefähr 600 Jahre vor Christi. Im Sclavenstande geboren, verschaffte ihm sein ausgezeichneter Witz die Freiheit. Seine Fabeln, in denen er nützliche moralische Wahrheiten und Grundsätze durch sinnliche Erdichtungen zur Besserung der Menschen vortrug, haben zwei Tausend Jahre hindurch bei allen gebildeten Völkern ihr Ansehen behauptet.

1. Das geängstigte Vögelchen.

Knabe, ich bitt' dich, so sehr ich kann:
O rühre mein kleines Nest nicht an!
O sieh nicht mit deinen Blicken hin!
Es liegen ja meine Kinder drin,
Die werden erschrecken und ängstlich schrei'n,
Wenn du schaust mit den großen Augen herein.

Wohl sähe der Knabe das Nestchen gern;
Doch stand er behutsam still von fern;
Da kam der arme Vogel zur Ruh',
Flog hin und deckte die Kleinen zu,
Und sah so freundlich den Knaben an:
Hab' Dank, daß du ihnen kein Leid gethan.

Spekter's Fabelbuch, (Hey).

---

2. Kind und Nessel.

K. Kräutlein, ich pflücke dich!
N. Thust du das, räch' ich mich.
K. Pflänzchen, du machst wohl Scherz?
N. Scherz? Ach nein! aber Schmerz;
Denn deine zarte Hand
Wird dir von mir verbrannt. —

Nessel im Grase steht,
Kind auf und abwärts geht.
Da greift's in seinem Wahn
Tolldreist den Nessel an;
Aber es wird belehrt:
Fühlen muß, wer nicht hört.

E. Stiller.

3. Die Biene und die Taube.

Ein Bienchen trank und fiel darüber in den Bach.
Dies sah voll Mitleid eine Taube,
Und warf ein Blättchen von der Laube,
Worauf sie saß, ihm zu. Das Bienchen schwamm darnach,
Und half sich glücklich aus dem Bach. —
Den andern Tag saß unsre Taube
Zufrieden wieder auf der Laube.
Ein Jäger hatte jetzt sein Rohr auf sie gespannt.
Mein Bienchen kommt; pick! sticht's ihm in die Hand,
Puff! geht der ganze Schuß daneben.
Die Taub' entflieh't, und dankt nun auch der Bien' ihr Leben.

Nimm dich voll Menschenhuld des Kleinsten willig an,
Und denke, daß dir auch der Kleinste nützen kann.

Michaelis.

4. Knabe und Hündchen.

Kn. Komm nun, mein Hündchen, zu deinem Herrn,
Ordentlich grade sitzen lern'! —
H. Ach, soll ich schon lernen und bin so klein;
O laß es doch noch ein Weilchen sein!
Kn. Nein, Hündchen, es geht am besten früh;
Denn später macht es dir große Müh'.

Das Hündchen lernte; bald war's gescheh'n,
Da konnt' es schon sitzen und aufrecht gehn,
Getrost in das tiefste Wasser springen,
Und schnell das Verlorne wieder bringen.
Der Knabe sah seine Lust daran,
Lernt' auch und wurde ein kluger Mann.

Spekter's Fabelbuch (Hey).

5. Spinne und Fliege.

Sp. Fliege, du Theure, ich bitte dich,
Besuche doch ein Wenig mich!
Ich will dir ein frohes Stündchen bereiten,
Dich reichlich bewirthen mit Süßigkeiten.

F. Frau Spinne, da komm' ich sogleich zu dir,
Denn Süßigkeiten behagen mir.

Die Spinne ihrer List sich freut,
Die Fliege besucht sie ungescheut.
Doch ach! kaum hat sie sich niedergesetzt,
Fühlt sie sich gefangen, geknebelt, verletzt;
Da seufzt sie: Du Böse, du hast gelogen.
Ach, wer leicht glaubt, wird leicht betrogen.

E. Stiller.

---

6. Das Lämmchen.

Ein junges Lämmchen, weiß wie Schnee,
Ging einst mit auf die Weide;
Muthwillig sprang es in dem Klee
Mit ausgelass'ner Freude.

Hopp, hopp! ging's über Stock und Stein
Mit unvorsicht'gen Sprüngen.
„Kind! rief die Mutter, „Kind! halt ein,
„Es mögte dir mißlingen!"

Allein das Lämmchen hüpfte fort
Berg auf, Berg ab, in Freuden;
Doch endlich mußt's am Hügel dort
Für seinen Leichtsinn leiden.

Am Hügel lag ein großer Stein,
Den wollt' es überspringen.
Seht da! es springt, und — bricht ein Bein;
Aus war nun Lust und Springen!

O, liebe, munt're Kinder! schreibt
Dies tief in eure Herzen:
„Die Freuden, die man übertreibt,
„Verwandeln sich in Schmerzen."

Bertuch.

7. Der Löwe und der Fuchs.

„Herr Löwe!" sprach ein Fuchs, „ich muß
„Es dir nur sagen, mein Verdruß.
Hat sonst kein Ende:
Der Esel spricht von dir nicht gut;
Er sagt, was ich an dir zu loben fände,
Begriff er nicht. Dein Heldenmuth
Sei zweifelhaft; auch gäbst du keine Proben
Von Großmuth und Gerechtigkeit:
Du würgst die Unschuld, suchtest Streit;
Er könnte dich nicht loben!"

Ein Weilchen schwieg der Löwe still;
Dann sagt' er: „Fuchs! er spreche, was er will!
Denn, was von mir ein Esel spricht,
Das acht' ich nicht."

Gleim.

8. Kater und Spitz.

K. Herr Spitz, dein Teller läuft über fast,
Ich könnte wohl heute sein dein Gast?

Sp. Nicht nöthig, Herr Kater, scheer' dich hinaus
Und fange zum Frühstück dir eine Maus!
K. O sei nicht geizig, erlaub' mir zu nah'n!
Sp. Dies wage nicht, sonst faßt dich mein Zahn!

Der Kater indeß beachtet dies nicht.
Er naht sich dem Teller mit frechem Gesicht;
Allein da packt ihn am Kragen schnell
Der Spitz und gerbt ihm tüchtig das Fell,
Spricht: Bursche, so werden — daß du es nun weißt
Die ungebet'nen Gäste gespeis't! E. Stiller.

9. Sperling und Pferd.

Sp. Pferdchen, du hast die Krippe voll;
Giebst mir wohl auch einen kleinen Zoll,
Ein einziges Körnlein oder zwei;
Du wirst noch immer satt dabei.
Pf. Nimm, kecker Vogel, nur immer hin,
Genug ist für mich und dich darin.

Und sie aßen zusammen, die zwei,
Litt keiner Mangel und Noth dabei.
Uud als dann der Sommer kam so warm,
Da kam auch manch böser Fliegenschwarm;
Doch der Sperling fing hundert auf einmal,
Da hatte das Pferd nicht Noth noch Qual.
Spekters Fabelbuch (Hey).

10. Der Kukuk und die Lerche.

"Der Kukuk fragt die Lerche:
Wie kommt es, sage mir,

„Daß die gereis'ten Störche
„Nicht schlauer sind als wir?“
„ „Sie sollen uns beweisen,“ “
Erwiedert sie und lacht,
„ „Daß nicht das viele Reisen,
„ „Die Dummen klüger macht!“ “

v. Hagedorn.

---

11. Das Turteltäubchen und der Stößer.

Räuber Stößer, satt vom Raube,
Ließ sich auf ein Nest herab,
Wo der alten Turteltaube
Ihre Junge Futter gab.

Dieser Erbfeind ihrer Brüder
Hatte kaum sie noch erschreckt,
Als ihr kindliches Gefieder
Schon die Mutter überdeckt.

„Närrchen, soll ich vor dir zittern?“
Fing der alte Spötter an.
„Deine Mutter laß dich füttern,
„Und beschützen, wenn sie kann!“ —

„ „Beides,“ “ sprach sie, „ „lieber Stößer;
„ „Beides that sie sonst; — und nun,
„ „Nun sie siech wird, und ich größer,
„ „Soll ich minder an ihr thun?“ “ —

Michaelis.

---

12. Der Löwe und das Lamm.

„Lamm, wehr' dich, oder stirb!“ —
„ „Ach, ich mich wehren?

„ „Mir gab, du weißt's ja, die Natur
„ „Nicht Waffen; gab mir Unschuld nur.“ “ —

„An deine Unschuld werd' ich mich nicht kehren.“
„ „Thu', was du willst, ich kann's nicht wehren;
„ „Nur leiden kann ich, fromm und still,
„ „Wenn Unschuld mir nicht helfen will!“ “ —

„Gefällst mir Lamm, mit deinem frommen Muth.
„Sollst leben. Sieh, es reu't mich meine Wuth;
„Wer schwacher Unschuld Leides thut,
„In dessen Adern fließt, fürwahr! kein edles Blut.
„Geh frommes Lamm, und bleibe ferner gut.

Zachariä.

13. Knaben und Frösche.

K. Ruhig, ihr Frösche, laßt euer Schrei'n,
Sonst fliegt auf den Kopf euch Stein auf Stein!
Könnt ihr denn in euren Pfützen,
Mit Schilf bedeckt, nicht schweigend sitzen?

F. Nein Kinder, Keiner von uns dies kann,
Denn wir preisen den Schöpfer und beten ihn an.

Die Kinder sagen nicht mehr ein Wort;
Die Frösche lärmen fröhlich fort.
Den Leib im Wasser und drüber den Kopf,
Quakt einer besonders mit dickem Kropf:
Das ist der Herr Kantor, wie Jeder sieht,
Der führt den Takt, stimmt an das Lied.

E. Stiller.

14. Der geschmückte Esel.

Esel. Ihr, die ihr oft mich ausgelacht,
Jetzt habt einmal des Esels Acht!
Seht mich, in schöner Kleider Zier,
Erring' ich Ehren nach Gebühr:
Was sagst du jetzt, Herr Nachbar Pferd,
Du, den ein plumper Pflug beschwert? —

Da sprach das Pferd: Du eitler Mann!
Nicht dich, die Decken sieht man an.
Du bist ein Esel, wie zuvor,
Ein dummer, langgeohrter Thor.
Das Kleid gilt nichts, steckt nicht darin
Ein kluger Kopf, ein braver Sinn.

F. Lindner.

---

15. Möpschen und Spitzchen.

M. Hör', Spitzchen, ich will dich was fragen;
Du sollst mir ganz heimlich sagen,
Wo hast du den schönen Knochen versteckt,
Daß ihn kein böser Dieb entdeckt? —

Sp. Nein, Möpschen, ich schweige lieber still;
Der Dieb ist's eben, der's wissen will.

Das Möpschen hat gesucht und gerochen,
Bis hinter dem Stall es fand den Knochen.
In seiner Schnauze hat es ihn schon,
Da bekam es gar einen schlimmen Lohn;
Herr Spitz, der faßt' es so derb am Kragen,
Da lief es davon mit Schreien und Klagen.

Spekters Fabelbuch (Hey).

16. Knabe und Schmetterling.

K. Schmetterling! Schmetterling!
Flattre doch nicht so flink,
Daß dich erreicht mein Hut!

Schm. Knäblein! es ist schon gut!
Mache dir keine Müh',
Denn du erreichst mich nie!

Knabe der hört es kaum,
Springt und blickt auf zum Baum';
Da kommt von ungefähr
Ein Stein ihm in die Quer,
Ueber den unser Held
Stolpernd zu Boden fällt.

„Ha, ha, du armer Wicht!"
Schmetterling lachend spricht:
„Sieh, wo sie liegen,
Nicht — wo sie fliegen!"

E. Stiller.

---

17. Der Wiedehopf und die Nachtigall.

Der grauen Nachtigall pries sein gekröntes Haupt
Ein schöner Wiedehopf. — Mein Weibchen, sprach er: glaubt,
Du wärest häßlich gegen mich! —

„Das kann wohl sein," erwiederte
Die Nachtigall, und flog
Auf einen hohen Baum, und sang.
Die Wandrer blieben alle steh'n,
Und sagten: Wie so schön!
Ach, welch' ein Klang!

Das hört der Wiedehopf; flog neidisch hin und her,
Doch keiner sprach: wie schön ist er!
Denn für die kleine Philomele
War alles Ohr!

So zieht man allgemein doch eine schöne Seele
Dem schönsten Körper vor. Gleim.

18. Das Hühnchen und der Diamant.

Ein verhungert Hühnchen fand
Einen theuern Diamant,
Und verscharrt' ihn in den Sand.

Möchte doch, mich zu erfreu'n,
Sprach es, dieser Edelstein
Nur ein Gerstenkörnchen sein!

Was nützet Geld und Ueberfluß,
Wenn man nöthigern Genuß
Noch entbehrt und darben muß.

von Hagedorn.

19. Das Schwein und der Knabe.

Knabe. Ei, sag' mir doch, was kann das sein,
Was dich so kümmert, armes Schwein?
Du sitzest da vor deinem Haus
Und siehst ganz bitterböse aus.
Sei doch so gut, ich bitte dich:
Belehr' darüber gründlich mich.

Schwein. Du weißt, wie nützlich daß ich bin,
Ich gebe Leib und Leben hin;

Doch, weil mir Reinlichkeit nicht eigen,
Will Niemand sich mir günstig zeigen.
Man hat, weil mich ein Fehler plagt,
All' meiner Tugend nimmer Acht!

F. Lindner.

Befleißige mein Kind, dich stets der Reinlichkeit;
Rein sei Gesicht und Hand, und rein sei Wäsch' und Kleid!

20. Der Esel, der Affe und der Maulwurf.

Ein betrübter Esel heulte,
Weil des Schicksals karge Hand
Ihm nicht Hörner zugewandt;
Die sie doch dem Stier ertheilte;
Und der Affe fiel ihm bei:
Daß der Himmel grausam sei,
Weil er ihm den Schwanz versaget
Als nun Jeder mürrisch klaget,
Spricht der Maulwurf: „Ich bin blind,
„Denkt an mich, wenn eure Plagen
„Euch so schwer zu tragen sind,
„Und ihr werdet sie ertragen."

v. Hagedorn.

21. Aennchen und Katze.

Miezchen, sei nicht so faul,
Hurtig komm', hasch' den Knaul!
Sieh', welchen Sprung er thut!
Mäuschen kann's kaum so gut.

Miezchen sieht Aennchen an,
Dehnt sich, so sehr es kann,
Schnurt dann behaglich fort,
Kömmt nicht und sagt kein Wort.

Aennchen, darüber wild,
Zwickt es in's Ohr und schilt,
Wirft's von der Ofenbank,
Schleppt es die Stub' entlang.

Miezchen schreit d'rob: Miau!
Spreizt sich und schlägt die Klau'
Aennchen in's Fleisch und spricht:
„Spaße mit Katzen nicht."

E. Stiller.

22. Der Bettler und der Hund.

Ein alter Bettler flehte still
Um Brod von einem Schloß;
Da sprang mit grimmigem Gebrüll
Der Hofhund auf ihn los.
„Was thut dir's," sprach der Greis, halbtodt
Ans Burgthor angeschmiegt,
„Wenn unser eins sein Stückchen Brod,
„Das dir nichts kostet, kriegt?"
„ „Ich gönnte dir," " sprach Mustapha,
„ „Dein Brod nicht? bist du toll?
„ „Ei, eben darum bell' ich ja,
„ „Daß man dir's bringen soll." "

Der Dogge, der am lautsten brüllt,
Ist oft das beste Thier.
Mehr, als ein süßer Schranze, gilt
Ein edler Murrkopf mir.

Pfeffel.

23. Kind und Ochse.

K. Ei Ochse, worüber denkst du nach,
Daß du da liegst fast den halben Tag,
Und machst sogar ein gelehrt Gesicht?

O. Hab' Dank für die Ehre! So schlimm ist's nicht.
Die Gelehrsamkeit, die muß ich dir schenken;
Ich halte vom Kauen mehr als vom Denken.

Und als er noch gekaut eine Weile,
Er hatte nicht eben die größte Eile,
Da spannten sie vor den Wagen ihn;
Ein schweres Fuder sollt' er ziehn.
Das that er auch ganz wohlgemuth;
Das Denken konnt' er nicht so gut.

Spekter's Fabelbuch.

---

24. Der Esel und der Hase.

Es wollten, vor uralten Zeiten,
Die Thiere mit den Vögeln streiten.
Sie musterten ihr Kriegesheer.
Ein alter und erfahrner Bär
Ward zu dem Feldzug General.
Als dieser in der Krieger Zahl
Den Hasen und den Esel sah,
Sprach er zum Löwen: „diese da,
„Sind nichts als Schurken, auf mein Wort;
„Man jage sie vom Heere fort!"

Der Thiere weiser König sprach:
„„Mein lieber Feldherr, nur gemach!

„ „Uns kommen Beide sehr gelegen,
„ „Ob sie dir gleich die Gall' erregen;
„ „Wir brauchen zum Kurier den Hasen,
„ „Der Esel soll zum Treffen blasen,
„ „Den Feind mit seiner Stimm' erschrecken,
„ „Und uns'rer Krieger Muth erwecken!“

Laßt die Geringen auch nicht müßig;
Im Staat ist Keiner überflüssig,
So schlecht er sein mag von Natur:
Gebt ihm die rechte Stelle nur.

Rammler's Fabellese.

25. Der Diamant und Bergkrystall.

Ein heller Bergkrystall und roher Diamant,
Die ein verfolgter Dieb verloren,
Geriethen auf ein Häufchen Sand,
Und warteten, für wen das Schicksal sie erkoren.
Der Demant war getrost: „Ich denke,“ sprach er, „hier
„Gewiß nicht gar zu alt zu werden;
„Ich habe meinen Werth in mir;
„Der Erste, der mich sieht, nimmt froh mich von der Erden.“
„ „Ja,“ “ sagte der Krystall, „den Werth räum' ich dir ein,
„ „Allein dabei befürcht' ich immer,
„ „Du werdest Niemand sichtbar sein;
„ „Denn, unter uns gesagt, es fehlt dir noch der Schimmer.“

Jetzt fiel der Bergkrystall schon Einem in's Gesicht,
Der ihn mit Sorgfalt zu sich steckte;

Den guten Demant sah er nicht,
Den kurz darauf der Sand bedeckte.

Auch unter Menschen wird der Blendling hoch geschätzt,
Der Würdige zurückgesetzt.
Das kleinere Verdienst weiß sich zu zeigen,
Die größ're Tugend pflegt zu schweigen. Lichtwer.

26. Schwan und Schwänlein.

Die Wellen durchschifft, den Fluß hinan,
Gar heitern Sinnes der edle Schwan,
Und neben ihm tauchen mit frohem Muth
Fünf Schwänlein den Kopf in die blaue Fluth,
Liebkosen die Mutter und rufen: Mama!
Sieh hier das Fischlein, den Käfer da!

So schwimmen sie lange her und hin,
Die Unschuld im Herzen, die Freude im Sinn,
Bis endlich die Mutter liebreich spricht:
Ihr Kinder, zu Bett jetzt, zögert nicht!
Da folgen auf's Wort sie. Ihr gut Gewissen
Ist ihnen ein sanftes Ruhekissen. E. Stiller.

27. Pudel.

Wer hat hier die Milch genascht?
Hätt' ich doch den Dieb erhascht!
Pudel, wärst denn du es gar? —
Pudel, komm doch! ei fürwahr,
Einen weißen Bart hast du;
Sag' mir doch, wie geht das zu?

Die Hausfrau sah ihn an mit Lachen:
Ei, Pudel, was machst du mir für Sachen?
Willst wohl gar noch ein Naschkätzchen werden? —
Da hing er den Schwanz bis auf die Erden,
Und heulte und schämte sich so sehr.
Der naschet wohl so bald nicht mehr.

Spekter's Fabelbuch (Hey).

28. Der Schooßhund und der Kettenhund.

Ein liebes Hündchen war Finette,
Klein, niedlich, weißer als der Schnee;
Es schlief auf einem seid'nen Bette,
Aß Zuckerbrod und trank Kaffee.
Allein, trotz aller guten Tage,
Selbst bei dem schönsten Leibgericht,
Ward ihm das Leben oft zur Plage;
Warum? das wußt' er selber nicht.
Mit manchem Seufzerchen erzählet
Es einst sein Leid dem Kettenhund
Und spricht: „Was ist's nur, das mich quälet?
„Warum bin ich nie ganz gesund?
„Du bist so lustig an der Kette,
„Hast doch nur Brod und schläfst auf Stroh;
„Mich nährt Konfekt, ich hab' ein Bette,
„Und doch bin ich so selten froh."
„„Hm,"" spricht der Freund, „„das wußt' ich lange;
„„Es zu ergründen, ist nicht schwer;
„„Das kommt, mein Freund, vom Müssiggange
„„Und von den guten Tagen her."" Schwabe.

29. Der Ochs und der Esel.

Ochs und Esel stritten sich
Beim Spaziergang um die Wette,
Wer am meisten Weisheit hätte:
Keiner siegte, keiner wich.

Endlich kam man überein,
Daß der Löwe, wenn er wollte,
Diesen Streit entscheiden sollte;
Und was konnte klüger sein?

Beide treten tief gebückt
Vor des Thierbeherrschers Throne,
Der mit einem stolzen Hohne
Auf das Paar hernieder blickt.

Endlich sprach die Majestät
Zu dem Esel und dem Farren:
„Ihr seid alle Beide Narren!“
Jeder gafft ihn an und geht.

Pfeffel.

---

30. Der Esel.

Ein Esel kam auf seiner Reise
An einen Strom. Am Ufer jenseits sah
Er schöne Disteln. — Ei, wie ging ihm dieses nah. —
Er konnte schwimmen, doch nach seiner lieben Weise
War er zu faul dazu.
Ja, dacht' er, hier will ich in Ruh
Indessen mich blos an der Aussicht laben,
Bis dieser Strom sich wird verlaufen haben.

Er lag den ganzen Tag, der Fluß verlief sich nicht;
Was sollt' er thun? am Abend überschwimmen,
Da ihm, verhungert, Kraft gebricht?
Und wollt' er gleich, das konnt' er nicht.

Kind, dieser Reise gleicht dein Leben,
Der Strom dazwischen ist die Zeit,
Auf jener Seite liegt Glück und Zufriedenheit;
Durch Fleiß und Müh' mußt du hinüber streben;
Versäumest du jetzt die Gelegenheit
Der Tugend, Kraft, des Lebens Munterkeit,
So darb' auf deine Lebenszeit!

---

31. Knabe und Schwein.

Kn. Pfui, häßliches Schwein, mir ekelt vor dir,
Dort ist dein Koben, schnell weg von hier!
Kein Thier ist so unnütz und schmutzig wie du;
Da lob' ich das Pferd mir, die Ziege und Kuh.

Schw. Still, Knabe, mußt nicht so grämlich sein!
Das Pferd dient zum Ziehen, zum Essen das Schwein.

Und als es anfängt zu frieren und schnei'n —
Da kommt der Fleischer und schlachtet das Schwein;
Bereitet aus Semmel, Fleisch und Blut
Viel Wurst, die schmeckt dem Knaben gut.
So ist gar Vieles — was Gott ernährt —
Verachtet im Leben, im Tode werth.

E. Stiller.

32. Knabe und Esel.

Knabe. Esel, ein Räthsel rath' einmal:
Es ist ein Thier gar grau und fahl,
Hat kurzen Verstand und Ohren lang,
Schreit Ya und schleicht mit trägem Gang.

Esel. Nein Knabe, das ist mir zu schwer und fein;
Was mag das für ein Thierchen sein?

Da rief ihm der Knabe mit Lachen zu:
Ei schäme dich, Esel, das bist du!
Er hört' es, doch konnt' er's noch nicht fassen,
Da hat ihn der Knabe im Zorn verlassen.
Warum auch hat er nicht d'ran gedacht?
Der Esel ist nicht zum Rathen gemacht.

Spekters Fabelbuch.

33. Der krumme Baum.

Unter schön gewachs'nen Bäumen
Stand ein niedrer, krummer Baum;
Sie, in ihrer Hoheit Träumen,
Gönnten ihm das Leben kaum,
„O, kommt nur der Zimmermann,"
Sprachen sie, „so mußt du d'ran!"

Doch schon kommt er angestiegen —
Wie? Was fällt dem Thoren ein?
Sie bemerkt er mit Vergnügen, —
Sollt's auf sie gemünzet seyn?
Himmel! alle haut' er um;
Dieser blieb, denn er war krumm.

O, man trotze nicht auf Erden
Auf Gestalt und äuß're Pracht;
Das kann oft zum Fall uns werden,
Was uns stolz und eitel macht.
Wer nicht sehr in's Auge fällt,
Den beneidet nicht die Welt.

34. Der Löwe und das Aeffchen.

Ein Aeffchen, flink und schön gewachsen,
Kam zu der Thiere Großsultan *)
Und hielt, weil man so eben speiste,
Als Künstler, der nach Brode reiste,
Um eine Unterstützung an.
Mit ernster Miene sprach der Leue: **)
„Bist du in deiner Kunst geschickt?
„Zeig dich als Meister. Nie gereue
„Ein strenger Fleiß dich, er bringt Glück.
„Was kannst du alles? — Laß uns sehen.
„Bist du ein Virtuos? — Dort stehen
„Die schönsten Instrumente — spiel'!"

Das Aeffchen fing nun an zu klimpern.
„Schweig!" brüllt der Leu, „ein solches Stümpern,
„Das ist Satyre ***) auf's Gefühl.
„Bist du vielleicht ein beß'rer Maler?"
Das Aeffchen zeigte ein Portrait.
„Wie wagst du das, verweg'ner Prahler,
„Zu zeigen meiner Majestät?"

*) Großsultan — türkische Kaiser.
**) Leue — Löwe.
***) Satyre — Spottrede, Spottschrift. Satyriker — Spötter.

Schrie König Leu, „das ist Geschmiere.
„Singst besser du, so amüsire,
„Uns durch ein gutes Opernstück.“
Am Hof des Löwen wurd' es stiller,
Das Aeffchen kreischte einen Triller;
Und zornig ward' des Königs Blick.
„Entferne dich! denn solchen Affen
„Noch Unterstützung zu verschaffen,
„Wär' an den Künsten Hochverrath.
„Von Vielem was — Nichts recht zu kennen,
„Läßt dich noch keinen Künstler nennen,
„Bringt billig an den Bettelstab.“

---

35. Das milchweiße Mäuschen.

Ein milchweiß Mäuschen war einmal
Von einer großen Mäusezahl
Die einz'ge ihrer Art;
Ihr Fellchen war dem Atlas gleich,
So glatt, so schimmernd und so weich,
Sie selbst war klein und zart. —

„Kind!“ sprach die Mutter einst zu ihr,
„Noch kennst du nicht das böse Thier,
„Die Katze, unsern Feind;
„Sie lau'rt auf uns in finst'rer Nacht;
„Dein Fell ist weiß, nimm dich in Acht!
„Mein Rath ist gut gemeint.

„Auch vor der Eule hüte dich;
Dir fehlt Erfahrung, wie man sich
„Gefahren klug entzieht.“

Das Mäuschen, dünkt sich klug und spricht:
„„O, Mutter! sorgt für mich nur nicht;
„„Ich weiß schon, wie man flücht.““

Nun ging es einstens auf den Schmaus
Des Abends ohne Mutter aus,
Und tanzte frisch und keck;
Doch, da es wieder heimwärts ging,
Da kam die Eule schnell, und fing
Das weiße Mäuschen weg.

„Ach!“ rief's, „wie war ich doch bethört!
„Hätt' ich der Mutter Rath gehört,
„So litt ich nicht den Tod!“
Allein das weiße Mäuschen schrie
Umsonst; die Eule speiste sie
Zu ihrem Abendbrod.

Bertuch.

---

36. Die Biene und der Schmetterling.

Schm. „Wie du doch immer hier und dort
Von Blum' auf Blume hüpfest,
Und Nahrung suchst und mit ihr fort
Zur dunkeln Zelle schlüpfest!
Für wen trägst du den Vorrath heim
In langen Sommertagen?
Hast du denn Wachs und Honigseim
Für dich hinweg getragen?

Die Habsucht lauert schon und läßt
Dir kaum das liebe Leben;
Sie raubt dir alles. — Solch' ein Fest
Sollt' ich der Habsucht geben?“

Du Thörin, du! denn klug kann ich —
Du wirst es mir vergönnen,
Ich rede frei — klug kann ich dich
Beim großen Gott! nicht nennen.

„So eigennützig denk' ich nicht,"
Versetzte drauf die Biene,
„„Mir ist es Freud' und süße Pflicht,
„„Wenn ich auch Andere diene.""

Seidel.

37. Hornisse und Igel.

H. Igel, Igel, schnell weg von hier,
Dein Anblick macht Entsetzen mir!
Hu, welch ein Stachelwald sieht mich an!
Dich haßt gewißlich Jedermann.
J. Weit weniger, als man dich haßt und flieht,
Weil meine Stacheln ein Jeder sieht.

Die Hornisse summt, es entlaufen Alle;
Sie sticht! sie sticht! tönt's mit ängstlichem Schalle.
Beim Igel am Wege bleibt Jeder stehn,
Ihn möchten gern Alle recht gründlich sehn!
Denn weniger scheut man den off'nen Feind,
Als den verstellten und falschen Freund.

E. Stiller.

38. Der Zeisig.

Ein Zeisig war's und eine Nachtigall,
Die einst zu gleicher Zeit an Damons Fenster hingen.
Die Nachtigall fing an, ihr göttlich Lied zu singen,
Und Damons kleinem Sohn gefiel der süße Schall.

„Ach, welcher singt von Beiden doch so schön?
„Den Vogel möcht' ich wahrlich seh'n!"
Der Vater macht' ihm diese Freude,
Er nimmt die Vögel gleich herein.
„„Hier,"" spricht er, „„sind sie alle Beide:
„„Doch welcher wird der schöne Sänger sein?
„„Getrau'st du dich, mir das zu sagen?""

Der Sohn läßt sich nicht zweimal fragen,
Schnell weis't er auf den Zeisig hin:
„Der muß es sein, so wahr ich ehrlich bin!
„Wie schön und gelb ist sein Gefieder,
„D'rum singt er auch so schöne Lieder.
„Dem andern sieht man's gleich an seinen Federn an,
„Daß er nichts Kluges singen kann."

Sagt, ob man im gemeinen Leben
Nicht oft wie dieser Knabe schließt?
Wem Farb' und Kleid ein Ansehn geben,
Der hat Verstand, so dumm er ist. Gellert.

---

39. Das Lamm und der Dornstrauch.

„Ha, Strauch, du Räuber meiner Wolle!
„Dich schuf der Himmel wohl im Zorn:
„Er gab dir nichts als Dorn an Dorn;"
So rief ein Lamm im ernsten Grolle. —

„„Vergiß nicht deiner sanften Rolle
„„Und sieh,"" antwortet ihm der Strauch:
„„Wozu der gute Himmel auch
„„Dornspitzen einweiht."" — Mählig flogen,
Von Wollenflöckchen angezogen,

Des Waldes Vögelein herbei,
Und trugen Wolle rasch zum Neste,
Damit es weich für stille Feste
Und warm der Jungen Lager sei.

Gesorgt ist nach des Himmels Schluß,
Für alle Wesen, die da leben. —
Ihr Reichen, lernt vom Ueberfluß
Das Nöthigste der Armuth geben. Fr. Haug.

40. Mädchen und Rosenstöckchen.

M. Sollst nicht mehr frieren im Garten hier,
Lieb Rosenstöckchen, versprech' es dir.
Magst in die warme Stube ziehn,
Dort kannst du fröhlich wachsen und blüh'n.

R. Hab Dank, will auch zur Lust dir gedeih'n,
Lieb Mädchen, da wirst du gar sehr dich freu'n.

Das Stöckchen wächst schnell; in wenig Tagen
Schon Knöspchen aus zarten Blättern ragen.
Doch ach! bald bleicht sein frisches Grün,
Es kränkelt und welkt, anstatt — zu blühn.
Lernt Kinder: Behaglichkeit verdirbt —
Und an Verweichlichung — Mancher stirbt.
E. Stiller.

41. Die beiden Krähen.

Zwei Krähen flogen durstig hin und her,
Und fanden ein Gefäß, auf dessen Grund
Ein guter Vorrath Wasser sich befand.

Doch gar zu hoch und eng war das Gefäß,
Vergebens strebten sie mit aller Müh'
Es umzustoßen, oder zu zerbrechen. —
Und traurig flog die eine Krähe fort,
Die Andere blieb; sann weiter und verfiel
Auf einen neuen Rath. Rings um den Krug
Lag eine Menge kleiner Kieselsteine,
Die warf sie nach und nach in das Gefäß,
So daß das Wasser immer höher stieg;
Und eh' ein Viertelstündchen noch verging,
Gelang es ihr, den Durst bequem zu stillen.

Verzweifle nicht, wenn Schwierigkeiten nah'n,
Besinnen und Beharrlichsein besiegt,
Was noch so schwer, ja was unmöglich scheint.

42. Der Bär und die Bienen.

Bär. „Holla! ihr Bienen," brummt der Bär
„Gleich gebt mir euren Honig her;
„Sonst werd' ich euch mitsammt dem Korb verzehren."
Bien. „„Wie aber, strenger Herr, wenn wir uns wehren?""
Bär. „Euch wehren, Jüngferchen? Ihr spaßt wohl, wie es scheint."
Bien. „„Die Unschuld, Herr, ist stärker, als ihr meint.""
Bär. „Ist stärker? Nun fürwahr! darüber muß ich lachen;
„Werd' gleich dem Ding' ein Ende machen."
Da streckt er seine Tatzen aus,
Wollt' schon beginnen seinen Schmaus;
Allein die Unschuld ward gerochen,
Das Unthier jämmerlich zerstochen. Gleim.

43. Der Pfau.

Ein junger Pfau verließ den alten Aufenthalt;
Er eilt vom Edelhof in einen nahen Wald,
Den seit geraumer Zeit die Aexte noch verschonten,
Und wo im finstern Busch nur niedre Vögel wohnten.
Die Vögel hatten nie ein solch' Geschöpf geseh'n;
Voll Mißgunst sah'n sie ihn mit stolzen Schritten gehn.
Ein jeder stürzte sich vom schwanken Ast hernieder,
Und nahte sich dem Pfau, und lobte sein Gefieder,
Er, der, sich zu erhöh'n, noch in die Sonne trat,
Eröffnete voll Stolz sein buntbeaugtes Rad.
Der Zeisig ist erstaunt, und was ihn nur erblicket,
Sogar der bunte Specht, bewundert ihn entzücket.
Er schmeichelt sich aus Stolz, vor Allen schön zu sein.
Doch, da er sich vergißt, so fängt er an zu schrein.
Die Vögel hören es, erschrecken und entweichen,
Und schnell zerstreu'n sie sich aus Unmuth in den Eichen.
Nur noch die Nachtigall spricht, da sie von ihm flieht:
„Mein Freund, du bleibst nur schön, so lange man dich sieht."
So geht's dem, der nur lebt, um sich geputzt zu zeigen,
Wenn er gefallen will, so muß er immer schweigen.

---

44. Das Eichhorn und der Leopard.

Auf einem Eichbaum sprang von Zweig zu Zweigen
Ein munt'res Eichhorn hin und her,
Hinauf, hinab, die Kreuz und Quer:
Man weiß, Behendigkeit ist diesen Thierchen eigen.
Doch ach! jetzt springt es fehl und fällt
Auf einen Leopard, der Mittagsruhe hält.

Die Majestät erwacht, zürnt, reckt sich in die Höhe,
Und zeigt der Zähne fürchterliche Reih'n.
Das Eichhorn macht sich vor der Hoheit klein,
Fällt zitternd auf die Knie. Doch wie es in der Nähe
Der Leopard beseh'n, spricht er: „Ich schenke dir
„Das Leben, doch bedingt; das heißt, du sagest mir,
„Warum ihr Dingerchen beständig hüpft und springet,
„Und guter Laune seid, indeß in meinem Reich
„Mich Langeweile drückt?" — „„Ja, Herr, das will ich euch,
„„Weil ihr so gnädig mich empfinget,
„„Aufrichtig sagen; doch wer Wahrheit spricht,
„„Muß höher steh'n, als wer sie höret.
„„Darf ich den Baum hinauf, von dem ich fiel?"" —
„Wer wehret
„Es dir? Steig auf!" — er that's und sprach: „„Mit
„„Zuversicht
„„Kann ich von hier herab euch mein Geheimniß lehren.
„„Ihr möchtet gerne von mir hören,
„„Warum ich immer lustig bin: —
„„Die Unschuld giebt mir frohen Sinn;
„„Mein Wissen ist: nichts Böses wissen.
„„Herr, das untrügliche Recept
„„Zur Heiterkeit, ein gut Gewissen,
„„Fehlt euch, weil euch mit Natterbissen
„„Das eure quält. Bei Tag und Nacht schleppt
„„Ihr euch mit dem Gefühl der Ungerechtigkeiten,
„„Die ihr begingt; der Grausamkeiten,
„„Die ihr verübt! Wie manches Reh zerreißt
„„Ihr, während ich zu meinen Brüdern eilte
„„Und eine Nuß mit ihnen theilte!

„„Ihr haßt; ich lieb'! In diesen Worten ist
„„Viel Sinn, viel Wahrheit; glaubt es nur.
„„Wie oft hört' ich in meiner Jugend
„„Aus meines Vaters Mund: Sohn fließt dein Glück
aus Tugend,
„„So wird dir Frosinn zur Natur.““ Meißner.

---

45. Die Amsel und die Nachtigall.

Amſ. Warum singst du so unvergleichlich schön,
Da doch, du mußt es selbst gestehn,
Kein Mensch im Thal und auf den Höh'n
Auf deine Lieder jetzo merkt,
Des ganzen Waldes Chor
Singt selbst dem Echo Lieder vor,
Und horcht nicht auf dein schmachtend Lied,
Da hast du denn vergeblich dich bemüht.
Wär' ich, wie du, ich unterließ das Singen.

Nacht. Ich thät es auch, Gevatterin,
Und lebte ganz nach deinem Sinn,
Wenn mir die Pflicht nicht süßer wäre,
Als alles Lob und alle Ehre.

---

46. Knabe und Maikäfer.

Knabe. Käfer, komm, du kleiner Mann!
An diesen Faden binde ich dich an,
Dann fliege mit fröhlichem Gesumm
Weit um mich in der Luft herum.
Und bist du müde, so gehören hier
In der Schachtel die schönsten Blätter dir.

Käfer. Ach Knabe, hör', ich bitte dich,
Laß los von jedem Zwange mich.
Nur dann erst werd' ich wieder froh!
Am Faden werd' ich's nimmer so. —
Ach, wurde dir denn nie bewußt,
Daß süß nur ist die freie Lust! — F. Lindner.

47. Der Wolf, der Schöps und das Reh.

Ein Wolf sah einen Schöps im Klee.
„Gut," spricht er, „der hat ausgenaschet;"
Er springet auf ihn los und haschet
Ihn schon beim Ohr, als er ein Reh
Im fernen Busch erblickt. Der Bissen
Ist fetter, denkt er; überdies
Bleibt mir der Hammel ja gewiß.
Er jagt das Reh. Mit schnellen Füßen
Entwischet ihm der leck're Schmaus.
Nun will er sich am Schöps erholen;
Doch dieser hatte sich empfohlen,
Und Isegrim schlich leer nach Haus.

Es sagten schon die lieben Alten;
Wer Alles will, wird Nichts erhalten. Pfeffel.

48. Die Schlange.

In Afrika war eine Schlange,
Die jedes Thier ohn' Ursach' biß.
Und was sie biß, das trieb's nicht lange;
Die Wunde schwoll, es starb gewiß.

Dies ging ihr lange gut von Statten,
Bis da sie einst im Grase spielt,
Sie endlich ihren eig'nen Schatten,
Für eine fremde Schlange hielt.

Da biß sie, weil sie es nicht wußte,
Mit einer solchen Wuth nach sich,
Daß sie darüber sterben mußte.
„Daran, Verläumder, spiegle dich!" Lichtwer.

---

49. Von zwei Vögeln.

Es giebt zwei Vögel, sie sind bekannt,
Sie heißen: Habich und Hättich.
Fromm ruhet jener euch in der Hand,
Doch dieser fliehet euch spöttig.

Ein Habich erfreuet seinen Herrn
Und kann wohl besser ihm nützen
Als tausend Hättich, die hoch und fern
Auf Dächern und Bäumen sitzen.

Das Vöglein legt ihm manch' gold'nes Ei,
Und singt: Sei zufrieden, zufrieden!
Er treibt sein Tagewerk fröhlich dabei,
Und Schlaf erquicket den Müden.

Doch wer einen Hättich in's Auge faßt,
Und ihn begierig erstrebet,
Der hat nicht Ruhe, der hat nicht Rast,
So lang er auf Erden lebet.

Er rennt und keucht bis an seine Gruft
Thal auf und wieder Thal nieder,

Und immer rauscht in der hohen Luft
Der Vogel mit gold'nem Gefieder.

D'rum läßt sich jeder verständige Mann
An seinem Habich genügen,
Und lacht ihn auch manchmal ein Hättich an,
So läßt er mit Gleichmuth ihn fliegen. Langbein.

---

50. Der Hund mit dem Fleische.

Mit einem Stückchen Fleisch, das er dem Koch genommen,
Springt Spitz, Verfolgern zu entkommen,
In einen Fluß. Er schwimmt und sieht hinein,
Sieht sich und auch das Fleisch. Ihm dünket dieser Schein
Ein and'rer Hund mit Fleisch zu sein.
Sogleich nimmt ihn die Lust, auch dies zu haben, ein.
Besiegt von der Gewalt des Neides,
Schnappt er nach jenem — weg war Beides.

Ein Geiziger ist nimmersatt
Und so verliert er oft auch das noch, was er hat.

---

51. Der Rabe und der Haushahn.

Ein Rab' entwandte hier und da,
So viel er konnte, Gold und Ringe,
Band, Uhrgehäng' und hundert and're Dinge,
Als dies der klüg're Haushahn sah,
So fragt' er ihn: „Ich bitte, sage mir,
„Wozu nützt denn dies alles dir?"

„„Das weiß ich selbst nicht,““ sprach der Rabe;
„„Ich nahm' es nur, damit ich's habe.““

Ein Geizhals und dies Thier thun einerlei,
Der Geizhals sammelt gleich dem Raben,
Nicht, daß es ihm und Andern nützlich sei;
Nein, bloß um viel zu haben.

Rammler's Fabellese.

---

52. Der Wolf, der Fuchs und das wilde Schwein.

Um eine Hürde schlich bei sternenloser Nacht
Ein abgezehrter Wolf, und fiel in einen Schacht.
Sein gräßliches Geheul durchhallte Feld und Hain;
Die Schaafe hörten es, und hörten es mit Freude.
Kein Sprung, kein Klettern half, die Grube war zu tief;
Welch Glück, daß jetzt sein Freund, der Fuchs, vorüberlief.
Dem ruft er: „Hilf mir, Freund! Denk', ich erhielt dein Leben,
„Als dich ein grausam Heer von Hunden schon umgeben!“

„„Ach, könnt' ich's,““ sprach der Fuchs, „„wie willig thät' ich's doch;
„„Allein, nah' ich mich dir, so stürz' ich selbst in's Loch.
„„Gehab dich wohl!““ Er flieht. Nun kommt ein tapfrer Hauer.
Den schon halb todten Wolf befällt ein kalter Schauer,
Denn dieser war ihm gram. Jedoch das wilde Schwein
Schämt sich des Gegners Feind in dessen Noth zu sein.
Der lange Rüssel wühlt: die Grube wird voll Erde;
Der Wolf entflieht, erschreckt auf's neu die Wollenheerde.

Und denket bei sich selbst: ein edelmüthiger Feind
Nützt mehr in der Gefahr, als ein verzagter Freund.

Schlegel.

53. Der Fuchs und der Iltis.

Einst hatt' ein Iltis eine Gans gefangen;
Er trug sie fort mit vieler Müh'.
Zu rechter Zeit kam Reinecke gegangen.
„Ei speisest du nun gar solch grobes Federvieh?"
Sprach er den Räuber lächelnd an.
„Ich meinte, nur die zarte Taube
„Sei deine Kost. Fürwahr ich glaube,
„Du hast zum Nothbehelf den Schreier abgethan."
„„Ja wolltest du zwei Küchlein dafür geben,""
Begann der Iltis, „gäb' ich sie wohl hin.""
„Freund, zwei? ich will dir fünfe geben,"
Rief Meister Fuchs, so wahr ich ehrlich bin."

Mit Freuden ward der Vorschlag angenommen,
Und Meister Fuchs — er soll noch wiederkommen.

Wer schnell, und mehr als du verlangst, verspricht,
Hat Lug im Herzen — trau' ihm nicht.

Krummacher.

54. Der Löwe und der Wolf.

Am Fuß der wüsten Pantherfelder,
Schlug König Löw' und Meister Bär
Den Richtstuhl auf; das Volk der Wälder
Stand nach der Ordnung um sie her.

Sogleich erscheint die Kuh und klaget
Der Thiere strengem Oberhaupt:
Es hab' ihr Kind, eh' es getaget,
Ein unbekannter Dieb geraubt.

Der Löwe blickt umher, zu hören,
Ob in der Näh' ein Zeuge sei.
„Ich," ruft der Wolf, kann heilig schwören,
„Herr König, ich war nicht dabei!"

„„Und wer verklagt dich?"" spricht der König.
Und heuchelnd fällt ihm jener ein:
„Ich bin jetzt krank und esse wenig,
„Und kann es nicht gewesen sein!"

„„Schweig!"" ruft der Löwe, „„das Gewissen
„„Läßt einen Bösewicht nie ruh'n.
„„Du hast der Kuh das Kalb zerrissen;
„„Der Bär soll dir ein Gleiches thun!""

So starb der Wolf, und wie man saget,
Verrieth sein Bauch, was er gethan. —
Wer sich entschuldigt, eh' man klaget,
Der giebt sich selbst als Thäter an. Lichtwer.

55. Die Stufenleiter.

Ein Sperling fing auf einem Ast
Die fettste Fliege. Weder Streben,
Noch Jammern half, sie ward gefaßt.
„Ach!" rief sie flehend, „laß mich leben!"
„„Nein,"" sprach der Mörder, „„du bist mein,
„„Denn ich bin groß und du bist klein.""

Ein Sperber fand ihn bei dem Schmaus:
So leicht wird kaum ein Floh gefangen,
Als Junker Spatz. „Gieb," rief er aus,
„Mich frei! was hab' ich denn begangen?"
„„Nein,"" sprach der Mörder, „„du bist mein,
„„Denn ich bin groß, und du bist klein.""

Ein Adler sah den Gauch *) und schoß
Auf ihn herab, und riß den Rücken
Ihm auf. „Herr König, laßt mich los,"
Rief er, „ihr hackt mich ja in Stücken."
„„Nein,"" sprach der Mörder, „„du bist mein,
„„Denn ich bin groß, und du bist klein.""

Er schmaus'te noch, da kam im Nu
Ein Pfeil ihm in die Brust geflogen,
„Tyrann!" rief er dem Jäger zu,
„Warum ermordet mich dein Bogen?"
„„Ei,"" sprach der Mörder, „„du bist mein,""
„„Denn ich bin groß und du bist klein.""

Pfeffel.

56. Der Auerochs, der Hund und der Wolf.

Ein Wolf jagt' einen Hund. Man denke die Gefahr,
Worin der Flüchtling schwebt. — Er läuft mit schneller Eile
Zum Auerochsen hin, der in der Nähe war,
Und fleht mit Zuversicht, daß er ihm Schutz ertheile.
Er wird erhört. Doch ihn verfolgt sein Feind
Und spricht: „Ich komme, Herr, dein einzig Kalb zu rächen,

*) Gauch oder Geck.

„Der Schnapphahn hat's erwürgt; ich sah es, ich, dein Freund,
„Und den verwirkten Hals soll ihm kein Andrer brechen."
Schon brüllt der Auerochs voll Zorn
Und zeigt dem Hunde sein fürchterliches Horn.
Doch dieser wirft sich flehend nieder
Betheuert hoch: ihm sei das rohe Fleisch zuwider —
Als d'rauf der Kläger ihm mit Zeugen droht,
Kommt unverletzt das junge Kalb gesprungen.
Den frechen Lügner trifft der Tod.
Den wünsch' ich allen Lästerzungen. v. Hagedorn.

57. Der Pavian *) und der Pudel.

Ein großer, finst'rer Pavian,
Der von dem Kloster sich entfernet,
Wo er dem Pater Guardian
Die Kasuistik **) abgelernet,
Trabt mit dem Pudel Tamerlan
Zu gleicher Zeit zur Stadt zurücke,
Allwo sie auf der ersten Brücke
Ein Dutzend wilder Knaben seh'n,
Die dreist auf dem Geländer geh'n.
Der beste Springer dieser Knaben,
Auf seine Künste stolz und kühn,
Hüpft, tanzt, und stürzet in den Graben.
Er schreit, er zappelt. Alle flieh'n.
„Hier ist ein seltner Streit von Pflichten!"
Sprach der gelehrte Pavian,

*) Pavian, eine Art Affe.
**) Kasuistik, derjenige Theil der Sittenlehre, der sich mit Entscheidung schwieriger Gewissensfälle beschäftigt.

„Wär' ich beim Pater Guardian,
„Ich wüßte gleich den Streit zu schlichten.
„Soll ich des Knaben Retter sein?
„Ja freilich! spricht die Menschenliebe.
„Doch wie, wenn ich im Wasser bliebe?
„Nein! ruft die Selbsterhaltung, nein!" —

„„O wehe dem,"" versetzt der Pudel,
„„Der Schulwitz und Gewissensrath
„„Zu guten Dingen nöthig hat;""
Und holt den Knaben aus dem Strudel.

Pfeffel.

58. Das Schaaf und der Hund.

Das fromme Schaaf, der treue Hund,
Beklagten einst, als alte Freunde,
Ihr Loos: „Nein, auf dem Erdenrund,"
Sprach Greif, „hat Niemand ärg're Feinde,
„Erduldet Niemand größ're Noth,
„Als wir: Wie sauer ist mein Brod!
„Ich wache vor des Menschen Hütte;
„Als Knecht begleit' ich seine Schritte,
„Und schütz' ihn, wenn Gefahr ihm droht.
„Was ist mein Dienstlohn? Prügel, Tritte,
„Und wenn ich alt're, gar der Tod."
„„Freund!"" rief das Schaaf, „„nütz' ich ihm minder?
„„Düng' ich nicht besser als die Rinder
„„Sein Feld? tränkt ihn nicht meine Milch?
„„Und trüg' er ohne mich nicht Zwilch? —
„„Zum Danke frißt er meine Kinder,

„„Und wenn er eines übrig läßt,
„„So frißt sein Bruder Wolf den Rest.
„„Dies ist mein Schicksal.““ — „Von uns Beiden
„Ist freilich keines zu beneiden,
„Doch läßt sich's auch auf Dornen ruhn,“
Versetzte Greif, „und Unrecht leiden,
„Ist besser doch, als Unrecht thun.“ Pfeffel.

59. Der treue Dogge.

Ein Pudel und ein Dogge kamen
Auf ihren Weg von ungefähr zusammen.
Nachdem man, wie's gewöhnlich ist,
Sich erst bewillkommt und geküßt,
Begann man Neuigkeiten auszukramen.
„Herr Vetter,“ fing der Pudel selbst genügsam an,
„Du solltest mich nur einmal sehen,
„Was ich für Künste machen kann!
„Es ist ein Spiel für mich, auf einem Seil zu gehen
„Und wie ein steifer Flügelmann
„Mit einem Spieß im Schilderhaus zu stehen;
„Ich tanze, besser tanzt der große Vestris *) nicht;
„Ich lasse mich zu Tode schießen
„Und bin flugs wieder auf den Füßen,
„Wenn man ein Wort vom Henken spricht;
„Noch mehr, ich kann mit unerhörten Sprüngen
„Bald über einen Stock, bald durch den Reif mich schwingen,
„Und, — Wie? du gähnst?“ — Hier brach der Redner ab.

*) Vestris, einer der berühmtesten Tänzer der Welt.

Der Dogge sprach: „„Soll ich mich auch erheben?
„„Ich schütze meinem Herrn das Leben
„„Und gehe mit ihm bis in's Grab.““ Pfeffel.

---

60. Das Kutschpferd.

Ein Kutschpferd sah einst einen Gaul den Pflug
Im Acker zieh'n. Es wieherte vor Stolz und trug
Das Haupt empor, begann die Schenkel schön zu heben;
„Wann kannst du,“ sprach's „dir solch ein Ansehn geben?
„Und wann bewundert dich die Welt?“ —

„„Schweig!““ rief der Gaul: „„und laß mich ruhig pflügen;
„„Denn baute nicht mein Fleiß das Feld,
„„Wo würdest du den Hafer kriegen,
„„Der dich so kraftvoll stets erhält!““

Die ihr die Niedern so verachtet,
Vornehme Müssiggänger, wißt,
Daß selbst der Stolz, mit dem ihr sie betrachtet,
Daß euer Vorzug selbst, aus dem ihr sie verachtet,
Auf ihren Fleiß gegründet ist.
Ist der, der sich und euch durch seine Hand ernährt,
Nichts Bess'res als Verachtung werth? —
Gesetzt, du hättest bess're Sitten,
So ist der Vorzug doch nicht dein;
Denn stammtest du aus ihren Hütten,
So hättest du auch ihre Sitten;
Und was du bist, und mehr, das würden sie auch sein,

Wenn sie, wie du, erzogen wären.
Dich kann die Welt sehr leicht, doch jene nicht entbehren.

Gellert.

61. Der Schmetterling und die Biene.

„Bewund're mich!“ — sprach zu der Biene
Ein Schmetterling mit stolzer Miene, —
„Hast du was Schöneres gesehn?
„Bin ich nicht zum Entzücken schön?“

„„Schweig! eitler Thor,““ erwiederte die Biene,
„„Wer sich schon selber loben kann,
„„Dem sieht man es gleich deutlich an,
„„Daß er kein Lob verdiene.““

Was hier die kleine Biene spricht,
Das dien' auch mir zum Unterricht:
„Wenn innern Vorzug man entbehrt,
Giebt äuß'rer Schmuck uns keinen Werth.“

Burmann.

62. Der Affe und die Uhr.

Ein Affe fand einst eine Taschenuhr,
Die band er sich mit einer Schnur
Fest um den Leib. Kaum war's geschehen,
Sah' er darnach und sagte d'rauf:
„Die Uhr scheint zu geschwind zu gehen!“
Gleich zog er sie von Neuem auf,
Eröffnete das Glas, und stellte sie zurück.
Doch in dem nächsten Augenblick

Sieht er sie wieder an: „Ei! — spricht das kluge Thier —
„Zu langsam geht sie nun sogar! Wie helf' ich ihr?“
Er rückt am kleinen Zifferblättchen,
Hält sie dann altklug an das Ohr.
„Sie geht nicht gut!“ Er nimmt sie wieder vor,
Und künstelt oben an dem Kettchen,
Stößt in die Räderchen — Hans Affe rückt und dreht,
Bis daß die Uhr am Ende stille steht. —

Es ging ihm, wie es Jedem geht,
Der etwas meistern will, wovon er nichts versteht.

Lichtwer.

63. Der Affe.

Ein Affe sah ein Paar geschickte Knaben
Im Brett einmal die Dame zieh'n,
Und sah auf jeden Platz, den sie dem Steine gaben,
Mit einer Achtsamkeit, die stolz zu sagen schien,
Als könnt' er selbst die Dame zieh'n.
Er legte bald sein Mißvergnügen,
Bald seinen Beifall an den Tag.
Er schüttelte den Kopf jetzt bei des Einen Zügen,
Und billigte darauf des andern Knaben Schlag.
Der Eine, der gern siegen wollte,
Sann einmal lange nach, um recht geschickt zu zieh'n;
Der Affe stieß darauf an ihn,
Und winkte, daß er machen sollte.
„Nun, welchen Stein soll ich denn zieh'n,
„Wenn du's so gut verstehst?“ sprach der erzürnte Knabe,
„Den? jenen? oder diesen da,
„Auf welchem ich den Finger habe?“

Der Affe lächelte, daß er sich fragen sah,
Und sprach zu jedem Stein mit einem Nicken: Ja!

Um deren Weisheit zu ergründen,
Die thun, als ob sie das, was du versteh'st, verstünden,
So frage sie um Rath. Sind sie mit ihrem Ja
Bei deinen Fragen hurtig da,
So kannst du immer sicher schließen,
Daß sie nicht das Geringste wissen. Gellert.

---

64. Der kecke Affe.

Ein trollig Eichhorn tanzt' in bunten
Und krausen Sprüngen hin und her
Auf einer Eich', und war bald unten,
Bald oben, hüpfte kreuz und quer,
Und machte Männchen fein und zierlich.
Das sah ein Aff'. Ein Affe ist,
Wie ihr schon aus der Fibel wißt,
Vor allen Thieren gar possirlich.
Er sah das Spiel ein Weilchen an:
Schnell klettert er die Eich' hinan,
Den Vorrang in Possirlichkeiten
Dem kleinen Närrchen abzustreiten.
Er that dem Eichhorn alles nach,
Und machte Männchen, sprang behende
Von Zweig zu Zweigen. Aber ach!
Das Spiel nahm ein betrübtes Ende.
Wie konnt' es wohl auch anders sein!
Der Affe fiel und brach ein Bein.

Gereizt durch sein Gewinsel kamen
Die Affenbrüder allzumal
Und hörten, wie des Bruders Qual
Die weise Warnung anbefahl:
Nie fremde Thorheit nachzuahmen. Tiedge.

65. Die Katzen und der Hausherr.

Thier' und Menschen schliefen feste,
Selbst der Hausprophete schwieg;
Als ein Schwarm geschwänzter Gäste
Von den nächsten Dächern stieg.

In dem Vorsaal eines Reichen
Stimmten sie ihr Liedchen an,
So ein Lied, das Stein erweichen,
Menschen rasend machen kann.

Hinz, des Murners Schwiegervater,
Schlug den Tact erbärmlich schön,
Und zwei abgelebte Kater
Quälten sich, ihm beizusteh'n.

Endlich tanzen alle Katzen
Poltern, lärmen, daß es kracht,
Zischen, heulen, sprudeln, kratzen,
Bis der Herr im Haus' erwacht;

Dieser springt mit einem Prügel
In dem finstern Saal herum;
Schlägt um sich, zerstößt den Spiegel,
Wirft ein Dutzend Tassen um;

Stolpert über ein'ge Spähne,
Stürzt im Fallen auf die Uhr,
Und zerbricht zwei Reihen Zähne. —
Blinder Eifer schadet nur! **Lichtwer.**

---

66. Das Pferd und die Bremse.

Ein Gaul, der Schmuck von weißen Pferden,
Von Schenkeln leicht, schön von Gestalt,
Und, wie ein Held, stolz in Geberden,
Trug seinen Herrn durch einen Wald,
Als mitten in dem raschen Gange
Ihm eine Brems' entgegen zog,
Und durstig auf die nasse Stange
An seinem blanken Zaume flog.
Sie leckte von dem heißen Schaume,
Der strahlend am Gebisse floß.

„Geschmeiß!" versetzte wild das Roß,
„Du scheu'st dich nicht vor meinem Zaume?
„Wo bleibt die Ehrfurcht gegen mich?
„Wie? darfst du wohl ein Pferd erbittern?
„Ich schüttle nur, so mußt du zittern."

Er schüttelte, die Bremse wich.
Allein sie suchte sich zu rächen;
Sie flog ihm nach, um ihn zu stechen,
Und stach den Schimmel in das Maul.
Das Pferd erschrack und blieb vor Schrecken
In Wurzeln mit den Eisen stecken,
Und brach ein Bein; hier lag der stolze Gaul.

Auf sich den Haß der Niedern laden,
Dies stürzet oft den größten Mann.
Wer dir, als Freund, nicht nützen kann,
Kann allemal, als Feind, dir schaden. Gellert.

---

67. Der Ziegenbock und der Hofhund.

Ein Ziegenbock betrat mit hoher Gravität
Den Meierhof, wo schon das andre Vieh
Versammelt war, und wie ein Völkerhirt
Des Griechenheeres schritt er auf und ab.
Man sah ihn schweigend an. Er aber that
Sein wohlbehaartes Mundwerk auf und sprach:
„Ich wäre wohl des Hofes Herr und Fürst,
„Wenn dem Verdienst der Ehrenkranz gebührt.
„Seht hier an meiner Stirn den hohen Hörnerschmuck,
„Der Krone gleich, ein Zeichen meiner Kraft!
„An meinem Kinne schaut den langen weißen Bart,
„Der Würd' und Weisheit sicheres Symbol *).
„Leicht ist mein Schritt, und wenn der Lenz erscheint,
„Die hohe Zeit, wo Alles sich vermehrt,
„Dann duft' ich lieblich, gleichwie —"
„„Eigenlob.""
Fiel ihm der Hofhund ein und faßt' am Bart
Den Helden. Dieser ließ des Kinnes halbe Zier
Zurück und floh zum Stall. Der Hof erscholl
Voll lauten Beifalls um des Barts zerzausten Raub.

Das Räucherwerk, das man sich selber streut,

*) Symbol, Sinnbild.

Wird doch zuletzt und immer zu Gestank,
Das zeiget euch der Fabel weises Wort.

Krummacher.

---

68. Der Rabe und der Fuchs.

Ein Rabe, welcher sich auf einen Baum gestellt,
Hielt einen Käs' in seinem Schnabel.
Den Käse roch der Fuchs. Der Hunger rieth ihm bald,
Dem schwarzen Räuber sich zu nahen.
„O," spricht er, „sei gegrüßt! Ist hier dein Aufenthalt?
„Erblickt man hier die reizende Gestalt?
„Daß du gefällst, muß Jedermann bejahen;
„Erlaube mir die Lust, an dir mich satt zu seh'n.
„Ja, der Fasan muß dir an Farbe weichen.
„Ist dein Gesang nur halb so schön,
„So wird an Seltenheit dir auch kein Phönix*) gleichen."

Dem Raben täuscht das Lob, das ihm der Falsche gab;
Er kann sich nicht vor stolzer Freude fassen.
„Ich," denkt er, „muß mich hören lassen,"
Und sperrt den Schnabel auf. Sein Käse fällt herab. —
Der Fuchs gleich hinterher und spricht: „Mein schönster
„Rabe,
„Ein Schmeichler lebt von dem, der ihn zu gerne hört,
„Wie ich dir jetzt bewiesen habe.
„Ist diese Lehre nicht zehn solcher Käse werth!"

von Hagedorn.

---

*) Phönix, ein fabelhafter Vogel der Alten, purpurroth und so groß als ein Adler. Nach der Fabel giebt es nur einen in der Welt, der nach 500 Jahren und erst dann erscheint, wenn sein Vater gestorben ist. Nach Verlauf dieser Zeit verbrennt er sich selbst und aus der Asche entsteht ein neuer Phönix.

69. Die Klapperschlange und das Eichhörnchen.

In einer Eiche schattig grünem Laube
Ergötzt in munterm Spiel ein Eichhorn sich;
Indeß die Klapperschlange, nach dem Raube
Begierig, durch die niedern Hecken schlich.
Bald ward vom luft'gen Springer sie ersehen,
Und wie bezaubert blieb er plötzlich stehen.

Und Jene sprach: „Was hüpfest du im Schatten
Im dunkeln Eichenlaub von Zweig zu Zweig?
Komm' doch herab auf diese duft'gen Matten!
Fürwahr, hier ist der Freude schönes Reich!
Wie kannst du ohne Lust herniederschauen
Auf diese reichgeschmückten Blumenauen?" —

Und wie erweckt aus einem schweren Traume
Sah jetzt das Eichhorn sehnsuchtsvoll hinab;
Erst zittert' es, dann sprang es rasch vom Baume,
Und fand statt Freud' und Lust — ein frühes Grab.
Leih' nimmer dem Verführer deine Ohren;
Wie du ihn hörst, so bist du auch verloren.

Gengenbach.

---

70. Der Frosch.

In einem großen kühlen Teich
Ein Frosch mit seines Gleichen hauste;
Das Wasser war an Futter reich,
Und er es sehr behaglich schmauste;
Allein die stille Lebensart,
In dem einförmigen Gewässer
In kurzem ihm zuwider ward.

„An andern Orten ist es besser,“
Denkt er, es läßt ihm keine Ruh',
Er möcht' es gern auch besser haben,
Er setzet über einen Graben,
Und eilet einem Felde zu.
Er hüpft umher mit stieren Blicken,
Er quackt und lechzt, denn es gebricht
An Wasser ihm, und auf dem Rücken
Der Sonne heißer Strahl ihn sticht;
Er sehnet sich nach seinen Pfützen,
Umsonst; es ist zu fern der Teich,
Zu matt, sinkt er in's Schattenreich,
Nichts kann ihn vor dem Tode schützen,
Verschmachtend in dem Sonnenschein.

O lernt mit dem, was euch hienieden
Die Hand der Vorsicht mild beschieden,
Genügsam und vergnügt zu sein.   Müchler.

---

71. Der Käfer und das Johanniswürmchen.

Leicht versteckt im jungen Gras
Ein Johanniswürmchen saß;
Funkelte mit gold'nem Schein
In die Sommernacht hinein.
Und ein Käfer sah's mit Neid,
Sprach mit lauter Bitterkeit:
„Warum gab so schöne Zier
„Die Natur denn nicht auch mir?
Als er grollend noch so sprach,
Schlich ein Knabe ganz gemach

Hin wo's gold'ne Würmchen hing,
Das er sich zum Spiele fing.
„Wie" — rief jetzt der Käfer froh,
„Lohnt dein schöner Glanz dir so? —
„O so reize Eitelkeit
„Niemals wieder mich zum Neid."

E. H. Schwabe.

72. Der junge Hund.

Der Morgen graut, der Jäger stößt
In's krumme Horn, und aufgelöst
Zerstreuen sich die weidgerechten Hunde
Und schnüffeln stumm in dem bethauten Grunde.
Ein junger Hund, der jetzt zum ersten Male nur
Mit ihnen läuft, ahmt ihre Rolle
Geschäftig nach, beriechet jede Scholle.
Umsonst; man findet keine Spur.
Der Lehrling, Schweigensmüde, giebt das Zeichen
Des Fundes, und mit Keichen
Läuft Alles hin, und sucht und findet nichts,
Und lacht des plauderhaften Wichts;
Doch er beharrt im eitlen Bellen.
Der Jäger kommt, packt den Gesellen,
Und gerbt ihn wacker durch, und spricht:
„Da! merke dir: wenn zu erfahr'nen Alten
„Ein junger Tölpel kommt, so ist es seine Pflicht,
„Zum wenigsten das Maul zu halten."

v. Nicolai.

73. Die Raupe.

Von Anderer Tugenden und Schwächen
Die Menschen mit einander sprechen;
Doch fällt's auch oft den Thieren ein.
So saßen viele einst beisammen,
Um and're Thiere zu verdammen,
Und spärlich ihnen Lob zu weih'n.
Doch alle kamen überein,
Daß kein Insekt so zart und fein
Gleich einem Seidenwurme webe;
Vergebens jeder And're strebe,
Ihm darin ähnlich je zu sein,
Nicht Einem würde je dies glücken. —
Nun äußert' eine Raupe: es sei
Die Arbeit doch nicht fehlerfrei.
Da sprach ein Fuchs mit schlauen Blicken:
„Man merkt's der Rede gleich doch an,
„Daß die Madam' auch — weben kann."

Der Neid, scharfsichtig nur bei Fehlern,
Sucht hämisch das Verdienst zu schmälern.

---

74. Das Veilchen und die Rose.

Ein Veilchen stand verborgen da
Auf einem Blumenbeete,
Und eine Rose war ihm nah,
Schön, wie die Morgenröthe.

„Du kleine Niedliche," sprach sie,
„Warum so tief gebücket?

„Was die Natur dir mild verlieh,
„Dein Wohlgeruch entzücket.

„Du ahnest diesen Vorzug kaum
„Vor mancher stolzern Blume;
„Giebst nicht dem finstern Neide Raum
„Bei deren Lob und Ruhme.“

Das Veilchen lächelt sanft und spricht;
„„Ich suche nicht zu glänzen;
„„Mir g'nügt's, wenn mich ein Mädchen bricht,
„„Das Haar sich zu bekränzen.

„„Was mir die gütige Natur,
„„Die Alles schafft, beschieden,
„„Schein' es auch Andern wenig nur,
„„Ich bin damit zufrieden.

„„Dir gab sie schön're Farb' und Pracht,
„„Dir süßern Duft. Mit Rechte
„„Wird dir die Huldigung gebracht
„„Vom blumigen Geschlechte.““

„Ich liebe dich,“ sprach drauf die Ros',
Und glänzte gleich der Sonne.
„Du bist im kleinen Kreise groß,
„Du bist der Weisen Wonne.“

Der Gärtner hatte zugehört,
Und sprach nach einem Weilchen:
„Wie seid ihr Beide mir so werth,
„Du Rose und du Veilchen!

„O möchten doch die großen Herr'n
„Verdienst der Niedern schätzen,

„Und diese, sonder Neid, sich gern
„An And'rer Größ' ergötzen." Seidel.

75. Die beiden Ziegenböcke.

Auf einem langen, schmalen Stege
Begegneten aus Unbedacht
Zwei Ziegenböcke sich bei Nacht,
Und standen mitten sich im Wege.

Was nun zu thun? — Sich umzudreh'n,
War auf dem spannenbreiten Schragen
Kein Spaß, und wie ein Krebs zu gehn,
Nicht minder schwierig; denn mit Zagen
Sah'n Beide in die Fluth hinab,
Und schwindelnd auch darin ihr Grab.

Nun, welcher soll das Leben wagen? —
Da mögt ihr Kasuisten fragen.
Jedoch, ein Hörnerträger ist
Hier klüger als ein Kasuist.

Du siehst, Herr Bruder selbst, zur Seite
Fehlt uns der Raum; den halben Mann
Zu weichen, sprach er, geht nicht an:
So komme denn, mein Freund, und schreite
Vorsichtig über mich hinweg,
— — Hier schmiegte er sich auf den Steg —
Und also retteten sich Beide.

Vom Ufer riefen nun in Ruh
Die Brüder sich den Abschied zu:

„Es sterben alle Friedenhasser!
„Es lebe die Nachgiebigkeit!
„Denn sicher schlössen wir den Streit
„Als Renommisten *) nun im Wasser.“ F. Schlez.

76. Die beiden Hamster.

Ein Hamster war vom frühen Morgen
Bis in die späte Nacht bemüht,
Sich auf den Winter zu versorgen,
Weil jeder kluge Wirth auch auf die Zukunft sieht.

Sein Nachbar hielt nicht viel auf Fleiß und Sparsamkeit;
Er war noch jung und ließ die edle Zeit
Leichtsinnig unter Spiel und Tändelei vergehen;
Denn weil jetzt noch das ganze Land
Bedeckt mit reichen Saaten stand,
Hielt er's für albern, sich mit Vorrath zu versehen
Und glaubt', es würden allemal
Die vollen Aehren, ohne Zahl,
Wie jetzt, auf allen Feldern stehen.
Als nun die Zeit der Ernte kam
Und seinen Irrthum ihm benahm,
Da sah er, doch zu spät, sein künftig Elend ein,
Und ließ sich seine Thorheit reu'n;
Denn er, er konnte reich, so wie sein Nachbar sein,
Statt daß er jetzt nichts mehr zu finden wußte,
Erst betteln, dann verhungern mußte.

*) Renommist, Raufbold, Schläger.

77. Der Phönix und das Rebhuhn.

Ein Rebhuhn sah durch eine Fluth
Den Waizenvorrath weggespület,
Den es für seine kleine Brut
Gesammelt hatte. Niemand fühlet
Den Gram, den seine Brust empfand,
Als eine Mutter. Bebend wand
Es seine Flügel, lautes Aechzen
Erscholl durch das verheerte Feld.

Der fromme Phönix hört das Krächzen
Und floh aus seinem Palmenzelt
Versteckt herbei. Sein Ohr belauschet
Die Märtyrin *), ihr Kummer schwellt sein Herz;
Er naht sich ihr. „Wer tauschet
„Mir Waizen gegen Gerste aus?“
Sprach er. „„Ach!““ rief das Huhn, „„ich habe
„„Kaum tausend Körner noch im Haus.““

„Die nehm' ich an. Zur Gegengabe,“
Versetzt der Phönix, „wird der Strauß
„Ein Malter Gerste zu dir tragen.“
Das Huhn verstummt, sein Auge floß
Und sagte mehr als Hymnen **) sagen.

„Jetzt reißt das Band der Zunge los.“
„„O Heil dir!““ schluchzt es, „„unser Leben
„„Ist dein Werk. Das Geschenk ist groß;
„„Noch größer ist die Art zu geben.““ **Pfeffel.**

---

*) Märtyrin — fromme Dulderin.
**) Hymnen — Lobgesang.

78. Das Pferd und der Esel.

Einst trug auf seinem schmalen Rücken
Ein Esel eine schwere Last,
Die fähig war ihn todt zu drücken.
Ein ledig Pferd ging neben ihm. „Du hast
„Auf deinem Rücken nichts,“ sprach das geplagte Thier:
„Hilf, liebes Pferdchen, hilf! ich bitte dich, hilf mir!“
„„Was helfen!““ sagte der grobe Gaul:
„„Du bist der rechte Gast, du bist ein wenig faul.
„„Trag zu!““ — „Ich sterbe liebes Pferd! —
„„Die Last erdrückt mich, rette mich!““
„„Ich will nicht!““ sprach das Pferd.
Kurz, unter dem zu schweren Sack
Erlag der Esel, Sack und Pack
Lud man sogleich dem Rappen auf;
Des Esels Haut noch oben drauf.
„„Hätt' ich die Hälft' ihm abgenommen,
„„Wie gut wär' ich davon gekommen!““
Denkt jetzt der Gaul, dem fast der Rückgrat bricht.
Ich denk': „Einander beizusteh'n ist Bruderpflicht.“

Gleim.

---

79. Der Zaunkönig.

Es wollten einst die Vögelein
Beherrscht von einem König sein,
Und luden Alle, groß' und klein',
Zum königlichen Wettflug ein;
Und alle schwangen sich empor;
Doch allen that's der Adler vor.

Schon huldigt ihm der Vögel Chor,
Als plötzlich unter ihm hervor
Der allerkleinste Vogel flog
Und ihn ums Königthum betrog.
Es hatte nämlich dieser Kleine
Sich zwischen seine großen Beine,
Von ihm und Allen unentdeckt,
Bis dahin listiglich versteckt,
Und flog gar kecklich jetzt hervor,
That's sonder Müh dem Adler vor,
Und wollte selbst nun König sein.
Er ward's; allein zu seiner Schande;
Denn alle Vögel, groß' und klein,
Verhöhnten ihn im ganzen Lande.
Wohin er flog, da flog die Schmach
Dem kleinen König spottend nach.
Da fühlt die kleine Majestät,
Wie schlecht erlog'ne Würde steht,
Und wohnt seitdem, um vor der Spötter Necken
Geschützt zu sein in Zäunen und in Hecken.

80. Der Tanzbär.

Ein Bär, der lange Zeit sein Brod ertanzen müssen,
Entrann und wählte sich den frühern Aufenthalt.
Die Bären grüßten ihn mit brüderlichen Küssen,
Und brummten freudig durch den Wald.
Und wo ein Bär den andern sah,
Da hieß es: Petz ist wieder da!

Der Bär erzählte d'rauf, was er in fremden Landen
Für Abenteuer ausgestanden,
Was er geseh'n, gehört, gethan.
Und fing, da er vom Tanzen red'te,
Als ging er noch an seiner Kette,
Auf polnisch schön zu tanzen an.
Die Brüder, die ihn tanzen sah'n,
Bewunderten die Wendung seiner Glieder,
Und gleich versuchten es die Brüder;
Allein anstatt, wie er zu geh'n,
So konnten sie kaum aufrecht steh'n,
Und mancher fiel die Länge lang darnieder.
Um desto mehr ließ sich der Tänzer sehn:
Doch seine Kunst verdroß den ganzen Haufen.
„Fort," schrieen alle, „fort mit dir!
„Du, Narr, willst klüger sein, als wir?" —
Man zwang den Petz davon zu laufen.

Sei nicht geschickt, man wird dich wenig hassen,
Weil dann dir Jeder ähnlich ist.
Doch je geschickter du vor vielen Andern bist,
Je mehr nimm dich in Acht, dich prahlend seh'n zu lassen.

Zwar wird man wohl auf kurze Zeit
Von deinen Künsten rühmlich sprechen,
Doch bald macht dir aus der Geschicklichkeit
Der Neid ein unverzeihliches Verbrechen. Gellert.

81. Das Eichhorn, der Hund und der Fuchs.

Ein Eichhorn und ein Hund, die brüderlich
Auf einem Schloß gelebt, entrissen sich dem Eisen

Der Knechtschaft und begaben sich,
Wie Freund Orest *) und Pylades, auf Reisen.
Es überraschte sie die Nacht in einem Hain,
Gasthöfe giebt es nicht in der Dryaden **) Reiche;
Der Hund quartierte sich in einer hohlen Eiche,
Sein Freund auf einem Ast im obern Stockwerk ein.
Die Pilger schliefen schon. Selenens †) Silberschein
Erleuchtete den Wald. Da schlich aus seiner Höhle
Ein Fuchs herbei; er nahm das Eichhorn wahr.
„Ei, sieh' doch! Bist du hier?" so rief ihm der Korsar ††)
Mit glatten Worten zu: „Mich freu't von ganzer Seele,
„Dich, liebes Kind, gesund zu seh'n.
„Vergieb mir, wenn ich dich in deiner Ruhe störe.
„Allein ich konnte nicht dem Drange widersteh'n,
„Den Blutsfreund, welchen ich vor Allen lieb' und ehre,
„Ans Herz zu drücken. Mein Papa
„War deiner seligen Mama
„Geliebter Bruder; also sind wir Vettern.
„Bei seinem Tod' empfahl dich mir der wack're Mann
„Als einen zweiten Sohn: Nimm ihn zum Erben an:
„Dies war sein letztes Wort. O! könnt' ich klettern,
„Wie herzlich hätt' ich dich geküßt!
„Komm' doch herab!" — Das Eichhorn roch die List
Und sprach: „„Ich würde gleich an deinen Busen eilen,
„„Allein ich will mein Glück mit einem Freunde theilen,
„„Der unten in dem Baum gelagert ist;

---

*) Orest und Pylades in Griechenland (1190) berühmt durch ihre Freundschaft, die zum Muster und Namen für jeden treuen Freundschaftsbund ward.
**) Dryaden, Waldnymphen (mythologisch).
†) Selenens Schein, griechische Benennung des Mondscheins.
††) Korsar, Räuber.

„„Ich bitte dich, ihn aufzuwecken.““
„Gut!“ denkt der Fuchs, „hier giebt es einen zweiten Schmaus.“
Er klaffet vor dem Baum; der Jagdhund springt heraus,
Zerreißt den Schelm und läßt sein Fleisch sich trefflich schmecken.

Bewaffne dich mit Gegenlist,
Wenn dir der schlaue Feind gefährlich ist.

---

82. Die beiden Hunde.

Ein Junker hielt sich ein paar Hunde;
Es war ein Pudel und sein Sohn.
Der junge, Namens Pantalon,
Vertrieb dem Herrchen manche Stunde.
Er konnte tanzen, Wache stehn,
Den Schubkarr'n zieh'n, in's Wasser geh'n,
Und alles dieses aus dem Grunde.
Der schlaue Fritz, des Jägers Kind,
War Lehrer unsers Hund's gewesen,
Und dieser lernte so geschwind,
Als mancher Knabe kaum das Lesen.
Einst fiel dem kleinen Junker ein,
Es müßte noch viel leichter sein,
Den alten Hund gelehrt zu machen. —
Herr Schnurr war sonst ein gutes Vieh,
Doch seine Herrschaft zog ihn nie
Zu solchen hochstudirten Sachen;
Er konnte blos das Haus bewachen.
Der Knabe nimmt ihn vor die Hand,

Und stellt ihn aufrecht an die Wand;
Allein der Hund fällt immer wieder
Auf seine Vorderfüße nieder.
Man rufet den Professor Fritz,
Und er erschöpfet seinen Witz.
Umsonst! Es will ihm nicht gelingen,
Den alten Schüler zu bezwingen.
Vielleicht, sprach Fritz, hilft der Stock.
Er holt den Stock; man prügelt Schnurren;
Noch bleibt er steifer als ein Bock,
Und endlich fängt er an zu murren.

„Was wollt ihr?“ sprach der arme Tropf;
„Ihr werdet meinen grauen Kopf
„Doch nimmermehr zum Doctor schlagen.
„Geht, werdet durch mein Beispiel klug,
„Ihr Kinder! Lernet jetzt genug,
„Ihr lernt nichts mehr in alten Tagen!“

Pfeffel.

83. Die beiden Quellen.

Aus einem Felsen sprang ein Quell
Mit Silberglanze rein und hell;
Ein and'rer rieselte daneben,
Dem Heilkraft die Natur gegeben.
Zu diesem sprach die erste Quelle:
„Wie magst du doch im stolzen Wahn
„Dich meiner unvermischten Welle
„Mit dem verfälschten Wasser nah'n?
„Da rein uns die Natur erschuf,
„So ist es uns gewiß Beruf,

„Auch rein und unvermischt zu bleiben,
„Nicht fremde Stoffe mitzutreiben!“

Doch jene — schwieg. — Nach wenig Stunden
Begann ein Tempel über ihr
Sein goldbedecktes Dach zu runden,
Des weiten Thales hohe Zier.
Sie hauchte Kraft und Lebenslust
Viel tausend Kranken in die Brust,
Und nur des Dankes Jubellieder
Gab laut des Echo's Stimme wieder. —

Der wilde Quell ward abgegraben,
Mit Steinen, Schlamm und Schutt getrübt,
Sein Wasser wollte Niemand haben; —
Er ward ein Sumpf, wie's — viele giebt.

Wer sammelt auf des Lebens Pfaden,
Gleicht jenem Quell mit Wunderkraft,
Und ihm, der wirkend Gutes schafft,
Wird Dünkels Meinung wenig schaden! Kaster.

---

84. Der Löwe und die Maus.

Bei eines Löwen grauser Mörderpfote
Kroch eine Maus, nicht ahnend die Gefahr,
An's Tageslicht, bedeckt mit Schlamm und Kothe.
Erstaunt, daß eine Maus die Erde nur gebar,
Fragt sie der Löw': „Sollt' ich zum Mittagsmahl dich speisen?
„Nein, armes Thier! Zu mager und zu klein

„Bist du: kaum würdest du dem Magen fühlbar sein.
„Das Leben schenk' ich dir. Frei magst du weiter reisen.
„Die Katze nur führt mit den Mäusen Krieg;
„Zu niedrig ist dem Löwen so ein Sieg."

Die Maus geht weg, von Dankbarkeit durchdrungen.
Verloren, wie ein weises Sprichwort spricht,
Ist oft schon hier die kleinste Wohlthat nicht:
Sie zu erwiedern war auch uns'rer Maus gelungen.

„Was sagst du, Dichter?" Fällt mir hier ein Leser ein:
„Kann eine Maus wohl auch dem Löwen nützlich sein?"
Was unwahrscheinlich ist, sind doch nicht immer Lügen,
Der Wahrheit Lichtglanz strahlt oft aus der Fabel Zügen;
Beweis davon soll dieser Vorfall sein.
Der Löw' verirrte sich in einen düstern Hain,
Und plötzlich war er in ein Garn, mit Laub bedeckt, gefallen.
Von seinem Klaggebrüll ließ er die Flur erschallen;
Die Maus war in der Näh' und eilt auf dies Geschrei,
Der Wohlthat eingedenk, gleich zu dem Netz herbei.
Gefangen sieht sie da der Thiere König liegen;
Den Waldbewohnern macht sein tiefer Fall Vergnügen.
Was that die kleine Maus? Sie fängt mit scharfem Zahn
Die Stricke wacker zu benagen an.
Ein Knoten reißt entzwei; der Löw' mit Kopf und Pfote;
Dringt durch, entflieht dem Tod, der in der Noth ihm drohte.

Verachte Niemand, er sei noch so schwach und klein;
Im Nothfall kann er einst als Freund dir nützlich sein.

85. Der Maler.

Zur Zeit Aesop's, da bei dem Vieh
Vernunft und Witz alltäglich waren,
So wie vor etwa dreißig Jahren
Bei Deutschlands Söhnen das Genie,
Kam eines Tags aus fernen Landen
Ein Freund der Kunst, ein Pavian,
Der lang' als Maler ausgestanden,
Bei seiner Väter Laren [1] an.
Um nun die Früchte seiner Reisen
Dem König Löwen vorzuweisen,
Schuf des Artisten [2] Zauberhand
Ein Thierstück, das den Potentaten, [3]
Umringt von Dienern und Magnaten, [4]
Im treuesten Naturgewand
Vor Augen stellte. Mit Vergnügen
Erkennt der Schach [5] und jeder Stand
Des Reichs auch in den kleinsten Zügen
Sein Ebenbild. Der Raphael [6]
Ward voller Huld von ihm umschlungen,
Und noch posaunten hundert Zungen
Sein Lob, als Eber und Kameel
Und Bock und Esel ihn verklagten,
Es hätte sie zum Spott der Welt
Sein frecher Pinsel, wie sie sagten,
Statt abzuschildern, ganz entstellt.

---

1) Laren, Hausgötter; hier so viel als Heimath. — 2) Artist, Künstler. — 3) Potentaten, Herrscher. — 4) Magnaten, Großen des Reichs. — 5) Schach, Fürst. — 6) Raphael, ein berühmter italienischer Maler des 16. Jahrhunderts.

Drum wollten sie den Pasquilanten 7)
Für diesen Spott bestrafet sehn.
Der Löwe sah die Supplikanten 8)
Bedeutend an: „ich muß gestehn,"
Sprach er, „hier giebt es Stoff zum Spaße;
„Doch eh' ich meinen Spruch erlasse,
„So sagt mir, schrieb der lose Wicht
„Zu seinen Fratzen eure Namen?" —
„„Herr König, nein, das eben nicht.""
„Ihr beißt in euren eignen Hamen, 9)"
Rief der Monarch. „Hat ungenannt
„Ein jeder selbst sein Bild erkannt,
„So hat der Maler nicht gelogen,
„Und ihr allein habt euch betrogen."

Pfeffel.

---

86. Aesop's guter Rath.

Aesop ging einst nach einem Städtchen hin.
Ein Wandrer kommt und grüßet ihn,
Und fragt: „Wie lange, Freund, hab' ich zu gehen
„Bis zu dem Flecken dort, den wir von weitem sehen?
„„Geh!"" spricht Aesop. — „Das weiß ich wohl.
„Daß, wenn ich weiter kommen soll,
„Ich gehen muß; allein du sollst mir sagen,
„Wie lange?" — „„Geh"" — „Der Kerl ist toll,
„Ich werde nichts von ihm erfragen,"
Brummt er, und geht. „„He!"" ruft Aesop, „„ein Wort!
„„Zwei Stunden bringen dich an den bestimmten Ort.""

---

7) Pasquilant, schmähender Beleidiger: Pasquil, Schmähschrift — 8) Supplikant, Bittsteller, hier Kläger. — 9) Hamen, eine Art kleines Netz; hier so viel als: ihr habt euch selbst gefangen.

Der Wandrer bleibt betroffen stehen.
„Ei!“ ruft er, „und wie weißt du's nun?“
„„Und wie,““ versetzt Aesop, „„konnt' ich den Ausspruch thun,
„„Bevor ich deinen Gang gesehen?““

Bewundert die Behutsamkeit
Des Phrygiers, ihr Richter unsrer Zeit!

v. Nicolai.

87. Der Mops und der Mond.

Es war einmal ein dummer, fetter Mops,
Der ging, wie Möpse geh'n, auf allen Vieren
Bei hellem Mondschein einst spatzieren.
Da kam ein Graben in die Quer und — hops!
Sprang euch der dumme, fette Mops —
Hinüber, meint ihr? — Nein,
Er sprang zu kurz und fiel hinein,
Gestürzt von seiner schweren Masse.
Doch als er glücklich der Gefahr
Für dieses Mal entronnen war,
So stellt er sich recht mitten auf die Gasse
Und fängt euch da ein Schelten an,
Daß man sein eigen Wort davor nicht hören kann.
Es sollte aber dieses Schelten —
Was meint ihr wohl? — dem Monde gelten,
Und der hat ihm doch nichts gethan.
Er schallt ihn aber: Bärenhäuter,
Ochs, Esel, Schlingel und so weiter.
Warum? — Mops glaubt', des Mondes sanftes Licht
Sei Schuld an seinem Fall, und war's doch nicht.

Der Mond, nicht wahr, der schalt doch wieder?
O nein, sah lächelnd auf den Mops hernieder,
Und fuhr, als ging's ihn gar nicht an,
Lustwandelnd fort auf seiner Himmelsbahn;
Und wird seit dem, wie männiglich bekannt,
Noch immer Mond, nie Ochs genannt. Willamow.

---

88. Till.*)

Till Eulenspiegel zog einmal
Mit Andern über Berg und Thal.
So oft, als sie zu einem Berge kamen,
Ging Till an seinem Wanderstab
Den Berg ganz sacht und ganz betrübt hinab;
Allein, wenn sie Berg anwärts stiegen,
War Eulenspiegel voll Vergnügen.

„Warum," fing Einer an, „gehst du Berg an so froh?
„Berg unter so betrübt?" — „„Ich bin,"" sprach Till,
„„nun so.
„„Wenn ich den Berg hinunter gehe,
„„So denk' ich, Narr, schon an die Höhe,
„„Die folgen wird, und da vergeht mir denn der Scherz;
„„Allein, wenn ich Berg anwärts gehe,
„„So denk' ich an das Thal, das folgt, und fass' ein
Herz.""

---

*) Till Eulenspiegel, geboren zu Kneitlingen, ein, aller Wahrscheinlichkeit nach, im 14. Jahrhundert lebender bekannter Lustigmacher und Possenreißer in den niedersächsischen und westphälischen Gegenden, dessen Grabmal (worauf eine Eule und ein Spiegel als Symbol befindlich) zu Möllen bei Lübeck gezeigt wird.

Willst du dich in dem Glück nicht ausgelassen freu'n,
Im Unglück nicht unmäßig kränken,
So lern' so klug wie Eulenspiegel sein,
Im Unglück gern an's Glück, im Glück an's Unglück
denken. Gellert.

---

89. Die Affen und die Bären.

Die Affen baten einst die Bären,
Sie möchten gnädigst sich bemüh'n,
Und ihnen doch die Kunst erklären,
In der sie noch so unerfahren wären,
Die Jungen stark und groß zu zieh'n;
„Vielleicht," hob von den Affenmüttern
Die weiseste bedächtig an,
„Vielleicht, ich sag' es voller Zittern,
„Wächst uns're Jugend blos darum so schwach heran,
„Weil wir sie gar zu wenig füttern.
„Vielleicht ist auch der Mangel an Geduld,
„Sie sanft zu wiegen und zu tragen,
„Vielleicht auch uns're Milch an ihren Fiebern Schuld.
„Vielleicht schwächt auch das Obst den Magen.
„Vielleicht ist selbst die Luft, die uns're Kinder trifft,
„Ein Gift in ihren ersten Tagen,
„Und dann auf ihre Lebenszeit ein Gift.
„Vielleicht ist, ohne daß wir's denken,
„Selbst die Bewegung ihre Pest.
„Sie können sich durch Sprüngen und durch Schwänken
„Oft etwas in der Brust verrenken,
„Wie sich's sehr leicht begreifen läßt;
„Denn uns're Nerven sind nicht fest."

Hier fängt sie zärtlich an zu weinen,
Nimmt eins von ihren lieben Kleinen,
Das sie so lang und zärtlich an sich drückt,
Bis ihr geliebtes Kind erstickt.

„„Du““ sprach die Bärin, „„kannst noch fragen,
„„Warum ihr so gestraft mit kranken Kindern seid?
„„Es liegt nicht an der Luft und Milch, an Obst und Magen;
„„Ihr tödtet sie durch eure Weichlichkeit,
„„Durch eure Liebe vor der Zeit.
„„Gebt Acht auf unsern jungen Haufen;
„„Wir nehmen sie, sobald sie laufen,
„„Mit uns, in Hitz' und Frost, durch Fluren und durch Wald,
„„So werden sie gesund und alt.““

Was macht viel Kinder siech? Vielleicht Natur und Zeit?
Nein, mehr der Eltern Weichlichkeit.
O Mutter, soll dein Kind gesund in Städten blüh'n,
So zieh' es in der Stadt, wie es die Dörfer zieh'n.

Gellert.

---

90. Tamino und Pamina.

Ein Windhund, der Tamino hieß,
Betrug sich oft sehr ungerathen.
Einst stahl er einen ganzen Braten,
Den ohne Schutz der Koch verließ,
Und machte glücklich mit dem Raube
Sich fort in eine Gartenlaube.

Indem er da mit Gier und Hast
Die Zähne brauchte, kam als Gast
Ein Löwenhündchen aus dem Hause.
„Herr Kamerad, halb Part vom Schmause!“
Rief's lustig. „Meine Wenigkeit
„Dient wieder bei Gelegenheit.“
„„Man sollte sich des Bettelns schämen!““
Sprach jener: „„Doch zur Noth magst du
„„Für diesmal einen Mund voll nehmen.““
Pamina langte schüchtern zu.
Indessen donnerten die Flüche
Des Bratenmeisters in der Küche,
Und er errieth den Dieb im Nu.
Er stürmte fort ihn zu entdecken,
Und feindlich führt ein Ungefähr,
Den beiden Schmausenden zum Schrecken,
Mit einem fürchterlichen Stecken,
Ihn schnurstracks in den Garten her.
Tamino setzte, wie mit Schwingen,
Sich über'n Zaun in Sicherheit;
Doch, nicht gebaut zu solchen Sprüngen,
Entkam der Löwenzwerg nicht weit
Ward jämmerlich vom Koch gebläut,
Und ließ sein Weh durch's Haus erklingen.

„Was giebt's?“ begann der edle Hund
Sarastro, ein betagter Pudel.
Pamina that ihr Unglück kund.
„O Thörin!“ sprach der graue Mund.
„Du hast in diesen Schlägenstrudel
„Durch einen Fehltritt dich gebracht!
„Pfui! deinem Magen bloß zu Liebe

„Hast du mit einem Schelm und Diebe
„Vertraute Kompanei *) gemacht!"

„„Ach, lieber, alter Vater!"" sagte
Das Hündchen: „„warum schmälet ihr?
„„Tamino, wenn ihn Hunger plagte,
„„Kam fleißig auch als Gast zu mir.
„„Saht ihr doch selber mich bisweilen
„„Die kleine Schüssel mit ihm theilen,
„„Und lobtet mich sogar dafür!""

„Ganz recht!" erwiederte der Weise,
„Die That war gut, die ich erhob,
„Wer fremdem Hunger seine Speise
„Mildherzig reicht, verdienet Lob.
„Gieb, wenn du willst! Da sei Bedenken
„Und kalte Vorsicht gern verbannt;
„Doch naht man dir sich mit Geschenken,
„So nimm sie nur aus reiner Hand!"

Langbein.

91. Der Käse.

Ein fetter Ziegenkäs' in Leinwand eingebunden,
Ward einst von einem Paar
Naschhafter Katzen aufgefunden.
So angenehm die Beute war,
So heftig war der Streit, die Theile gleich zu messen.
Willst du allein den Käse fressen?
Zwei Drittel nimmst du weg! — „Wie schändlich lügest du!
Von deinem Theile kommt mir noch die Hälfte zu." —

*) Kompanei, (Compagnie) Brüderschaft, Gesellschaft.

Man wählt zum Richter sich des Nachbars Affen,
Sein Herr ist in dem Magistrat,
Er weiß von ihm das Recht, er soll uns Recht verschaffen.
Man ruft ihn her. Er kommt, ein ernster Rath
Im Mantel und im Ueberschlage
Der Weisheit seines Herrn, setzt an den Tisch sich hin,
Und spricht: „Ich will den Streit nicht in die Länge zieh'n,
„Hier ist mein Messer, hier die Wage!
„Seht selber auf das Zünglein hin,
„Und merkt, wohin es überschlage.
„Nicht wahr, zur Rechten?“ — „„Ja!““ — „Schon gut! den Augenblick
„Soll ihm geholfen sein.“ Flugs schneidet er ein Stück
Vom rechten Theile weg, und schiebt es in den Rachen.
„Wie steh'n die Schalen nun?“ — „„Die Linke hat zu viel!““ —
„Gleich wollen wir sie leichter machen.“
Der Richter wiederholt das Spiel
So schnell und oft, und macht zur Rechten und zur Linken
So fein die Schalen niedersinken,
Daß er bereits den Käse halb verzehrt.
„„Herr Richter, nun genug! Wir sind zufrieden;
„„Ein kleiner Unterschied ist gar nicht werth,
„„Daß sie sich ferner, noch ermüden;““
So rufen die Partei'n. — „Ei, pfui! das geht nicht an!
„Gerechtigkeit ist eine Sache,
„Die man nie zu genau in Obacht nehmen kann.
„Ich bin ein ordentlicher Mann,

„Im Dienst so treu, daß ich mir ein Gewissen mache,
„Wenn ich nur um ein halbes Gran
„Dem oder Jenem Tort gethan."
Er hilft den Schalen noch mit manchem neuen Schnitte,
Hier eine Nuß, dort eine Erbse groß.
„Steht nun das Zünglein in der Mitte?"
„„Vollkommen! auf ein Haar!"" — „So werfet nun das Loos!"
„„Ach, Schwester!"" sagt die eine Katze,
„„Ich lasse dir zu wählen frei.""
„Recht gut! nun ist es einerlei,"
Versetzet jene drauf, und reckt die Tatze
Von ungefähr zur nächsten Schale hin.
„Noch nicht ihr Damen!" spricht der Affe:
„Wer zahlt mir erst für mein Bemüh'n?
„Erlauben Sie, daß ich auch mir mein Recht verschaffe!
„Wie viel mag jetzt das Restchen sein?
„Nicht wahr, ein Drittel noch vom ganzen Kapitale?
„Das zieh ich für die Sporteln ein!" —
So geh'ts in manchem Tribunale.

v. Nicolai.

92. Der Hamster und die Ameise.

„Ihr armseligen Ameisen!" sagte ein Hamster. „Verlohnt es sich der Mühe, daß ihr den ganzen Sommer arbeitet, um ein so Weniges einzusammeln! Wenn ihr meinen Vorrath sehen solltet!" —

„„Höre,"" antwortete eine Ameise, „„wenn er größer ist als du ihn brauchst, so ist es schon recht, daß die Menschen dir nachgraben, deine Scheunen auszuleeren, und dich deinen räuberischen Geiz dann mit dem Leben büßen lassen!"" Lessing.

93. Der Esel mit dem Löwen.

Als der Esel mit dem Löwen des Aesopus, der ihn statt seines Jägerhornes brauchte, nach dem Walde ging, begegnete ihm ein anderer Esel von seiner Bekanntschaft, und rief ihm zu: „Guten Tag, mein Bruder!" — Unverschämter!"" war die Antwort. „Und warum das?" fuhr jener Esel fort. „„Bist du deswegen, weil du mit einem Löwen gehst, besser als ich? mehr als ein Esel?""

Lessing.

94. Der Löwe mit dem Esel.

Als des Aesopus Löwe mit dem Esel, der ihm durch seine fürchterliche Stimme die Thiere sollte jagen helfen, nach dem Walde ging, rief ihm eine naseweise Krähe vom Baume zu: „Ein schöner Gesellschafter! Schämst du dich nicht, mit einem Esel zu gehen?" — „„Wen ich brauchen kann,"" versetzte der Löwe, „„Dem kann ich ja wohl meine Seite gönnen.""

So denken die Großen alle, wenn sie einen Niedrigen ihrer Gemeinschaft würdigen. Lessing.

95. Die kluge Maus.

Eine Maus, unterrichtet in allen Gefahren, die ihrem Geschlechte drohen, ging bei einer Mausefalle vorüber, wo frisch gerösteter Speck aufgestellt war. „Ich will ihn wohl unberührt lassen," sprach sie, „aber daran zu riechen kann mir nicht schaden."

Sie näherte sich, roch, stieß mit der Nase an den Speck, die Falle fiel zu und sie war gefangen.

Wer sich muthwillig in Gefahr begiebt, kommt darin um. Razner.

96. Der Löwe und das Aas.

Ein hungriger Löwe irrte in der Wüste umher und brüllte nach Speise. Da stieß ihm das Aas eines Kameeles auf, an dem ein paar Geier und eine Hyäne zehrten.

Sie luden ihn ein, an ihrem Fraße Theil zu nehmen, aber er wandte sich stolz um, und sprach: „ich bin ein Löwe"

Der Edle verschmäht die Gemeinschaft mit dem niedrigen Menschen zu niedrigem Gewinn.

Zollikofer.

97. Die Kühe.

Auf einer Alpe, die rings mit einem starken Zaun eingefaßt war, außer welchem sich bald die Felsenwand senkrecht in eine grause Tiefe hinunterschichtete, weideten eine Anzahl Kühe.

Die einen davon ließen sich die Weide wohlbehagen, einige andere aber traten zu dem Zaune hin, reckten ihre Köpfe hinüber und sprachen: „wie unbillig und lästig steht dieser Zaun für uns da! seht! ist nicht das Gras zwischen ihm und dem Rande schöner, als das auf unserer Weide? Wohlan! lassen wir uns nicht länger von ihm äffen, sondern springen herzhaft hinüber. „Sie nahmen einen großen Anlauf und der. Sprung riß mehrere auch über die Felsenwand hinab. Zerschmetterung war derselben Loos.

Wer die Schranken der Pflicht überspringt, stürzt meist in eines Uebels Abgrund hinab.

Zollikofer.

98. Der Fuchs und die Eiche.

Ein Fuchs faßte einen Groll gegen die Eiche, denn es war ihm von ohngefähr eine Eichel von ihr auf die Näse gefallen, und verläumdete sie daher bei dem Sturmwind, der auch schon übelgelaunt gegen dieselbe war, indem es ihm deuchte, sie spotte seiner nur. Er brauste gegen sie, in einer dunkeln wolkigen Nacht mit einem Tosen, gleich dem Donner des Himmels, daß alle Thiere im Walde ein Grauen befiel und der Fuchs, geborgen in seiner Höhle, hohnlächend dachte: jetzt liegt die Stolze am Boden. Allein wie erstaunte er, als er sie am Morgen frisch und majestätisch im Glanze des Frühroths dastehen sah, und um sie herum den Boden übersäet mit gelben, wurmstichigen Blättern zu Tausenden und Zehntausenden.

Ein edler, tugendhafter Mensch geht aus dem Unglück fehlerbefreiter, verklärter hervor.

Zollikofer.

Zweite Abtheilung.

Parabeln. — Gleichniss - Reden.

Der Zweck der Parabel ist, eine praktische, allgemeine Lehre durch ein Gleichniß anschaulich zu machen. Der Unterschied zwischen der Parabel und eigentlichen Fabel besteht darin, daß jene der Wahrheit nur zur Seite geht und dieselbe durch eine Zusammenstellung mit einem ihr ähnlichen Falle anschaulich macht, da hingegen aus dieser eine allgemeine Wahrheit oder praktische Klugheitsregel unmittelbar hervorgeht. Es treten ferner in der Fabel meistens nur Thiere, in der Parabel dagegen nur Menschen als handelnde Wesen auf.

1. Die beiden Aehren.

Es sprach der Vater zu seinem Knaben:
Ich möchte wohl eine Aehre haben;
Drum gehe Du zum Felde hin
Und wähle die beste nach deinem Sinn. —
— Da steht nun der Knabe, und fragt sich scheu;
Welches wohl die beste Aehre sei.

Du, spricht er, zu der Rechten hier —
Gefällst doch gar zu wenig mir:
Du senkest dein Köpfchen so tief herab,
Daß ich zu Dir kein Zutrau'n hab'; —

Doch Du Linke, Du ragst so stolz hinauf —
Dich bring' ich dem Vater in schnellem Lauf.

Als zum Vater kam der Knabe dann,
Sprach der: mein lieber kleiner Mann,
Der äuß're Schein betrog dich sehr!
Die Aehre hier ist dürr und leer.
Merk' dir, es reckt gern hoch empor
Sein leeres Haupt der dumme Thor.

Geh' bring mir eine andre Aehr'; —
Sie neig' ihr Haupt zur Erde schwer;
Und nimm, so rath' ich herzlich dir —
Ein Muster immerfort an ihr.
Es ziert Verdienst zu jeder Zeit
Sich doppelt durch Bescheidenheit.

F. Lindner.

2. Der Orangenhain.

Durch einen duftenden Orangenhain
Ging mit den Schülern einst Abu der Weise.
Die Frühlingslüftchen säuseln leise
Zum holden Sang der Vögelein.
O süßer Anblick, wie von grünen Zweigen
Dir gold'ne Früchte sich entgegen neigen,
Von lilienweißen Blüthen rings umkränzt!
Abu blickt still empor, sein Auge glänzt,
Dann bricht er aus entzückt in diese Worte:
„O Schüler merket auf! an diesem Orte
„Wird große Weisheit mir und euch gelehrt."
Die Schüler blicken um nach allen Seiten,

Allein kein Lehrer wird gesehn, gehört.
Da fragen sie: „„Wie sollen wir dies deuten,
„„Hier, wo das Auge Bäume nur erblickt?““
„O, jeder Baum mit Blüth' und Frucht geschmückt“
— Spricht er — „will hier, ein Lehrer, euch verkünden,
„Das Gute und das Schöne zu verbinden.“

Chr. Niemeyer.

---

3. Der Knabe und die Quelle.

An eines Bächleins Quelle
Ein Knabe spielend stand.
Er trug ein Stäblein in der Hand
Und taucht' es in die Welle.
Und wenn es in die Welle sank,
Das Stäblein schien gebogen,
Und dann herausgezogen
Erschien es wieder g'rad und schlank.

Das deucht dem Knaben wunderbar,
Er sprach erzürnt zur Quelle:
„Du bist zwar klar und helle,
„Allein dein Börnlein hell und klar
„Hat mich getäuschet immerdar —
„Du hast mich schnöd belogen.
„Geh'! bin dir nicht gewogen!“

Da tönte fein und helle
Ein Stimmchen aus der Quelle:
„„Mein Kind, ich täusch' und trüge nicht!
„„Dein eig'nes blödes Angesicht

„„Vermag nicht meiner Wellen Spiel
„„Vollkommen durchzuschauen,
„„Drum solltest künftig nicht zu viel
„„Dem eignen Blicke trauen.““ Krummacher.

4. Der Blinde und der Lahme.

Von ungefähr muß einen Blinden
Ein Lahmer auf der Straße finden,
Und jener hofft schon freudenvoll,
Daß ihn der And're leiten soll.

„Dir,„ spricht der Lahme, „beizustehen?
„Ich armer Mann kann selbst nicht gehen;
„Doch scheint's, daß du zu einer Last
„Noch sehr gesunde Schultern hast.
„Entschließe dich, mich fortzutragen,
„So will ich dir die Wege sagen.
„So wird dein starker Fuß mein Bein,
„Mein helles Auge deines sein.“

Der Lahme hängt mit seinen Krücken
Sich auf des Blinden breiten Rücken,
Und so vereint wirkt dieses Paar,
Was einzeln Keinem möglich war.

Beschwer die Gottheit nicht mit Klagen!
Der Vortheil, den sie dir versagen
Und jenem schenken, wird gemein,
Wir dürfen nur gesellig sein. Gellert.

5. Das Kartenhaus.

Das Kind greift nach den bunten Karten;
Ein Haus zu bauen, fällt ihm ein.
Es baut, und kann es kaum erwarten,
Bis dieses Haus wird fertig sein.
Nun steht der Bau. O, welche Freude!
Doch ach! ein ungefährer Stoß
Erschüttert plötzlich das Gebäude,
Und alle Bänder reißen los.
Doch wer wird gleich den Muth verlieren?
Das Kind entschließt sich sehnsuchtsvoll,
Ein neues Lustschloß aufzuführen,
Das dem zerstörten gleichen soll!
Die Sehnsucht muß den Schmerz besiegen;
Das erste Haus steht wieder da.
Wie lebhaft war des Kind's Vergnügen,
Als es sein Haus von neuem sah!

„Nun will ich mich wohl besser hüten,
„Damit mein Haus nicht mehr zerbricht.
„Tisch!" — ruft das Kind — „laß dir gebieten,
„Und stehe fest und wackle nicht!"
Das Haus bleibt unerschüttert stehen,
Das Kind hört auf, sich zu erfreu'n;
Es wünscht, es wieder neu zu sehen,
Und reißt es bald mit Willen ein.

Ermatte nie in deinen Pflichten;
Geduld und Muth kann viel verrichten.

Schilt nicht den Unbestand der Güter!
Du siehst dein eig'nes Herz nicht ein;

Veränderlich sind die Gemüther,
So mußten's auch die Dinge sein.

Bei Gütern, die wir stets genießen,
Wird das Vergnügen endlich matt;
Und würden sie uns nicht entrissen,
Wo fänd' ein neu Vergnügen statt? Gellert.

6. Das Irrlicht.

Ein Knab' erblickte am Bächlein klar
Des Abends ein Lichtchen wunderbar;
Es glänzte so freundlich, es flammte so schön,
Daß er es mocht' in der Nähe gern seh'n.

Da sprang er mit fröhlichem, muntern Sinn
Alsbald nach dem flimmernden Lichtchen hin;
Doch, als er sich nahte dem heimlichen Ort,
Husch, hüpfte das gaukelnde Lichtchen fort.

Und sorglos verfolgt er die irrende Spur
Bald dahin, bald dorthin durch die Flur,
Es wuchs ihm, je länger, je mehr der Muth,
Doch endlich zu haschen die hüpfende Gluth.

Doch eh' er's geglaubt und eh' er's gedacht,
Ach hatt' es auf grundlosen Sumpf ihn gebracht!
Weg war des Lichtchens bezaubernde Flamm',
Er sank tief in des Morastes Schlamm.

Dem Lichtchen gleichet der Laster Wahn,
Sie locken trugvoll auf irrige Bahn,
Und wer nun folget dem reizenden Schein,
Der stürzet ins tiefste Verderben hinein.

7. Die verwandelte Rose.

Ein weißes Röslein stand allein
Bescheiden an dem Garten = Rain,
Den andern Blüthen farbenreich,
An Duft, doch nicht an Farbe gleich.

Gelockt von diesem süßen Hauch,
Umflattert eines Tages auch
Ein Schmetterling der Blume Rand,
Weil er das Röschen lieblich fand;

Er sprach mit leisem Schmeichelwort:
„Schau', Röslein, all die Blüthen dort,
„Nicht eine aus der stolzen Art,
„Ist fleckenrein wie du, und zart,
„Drum als der Blumen Königin
„Nimm meine Huldigung auch hin!“

Und alle Blumen weit und breit
Ergrimmten drob, vor stillem Neid,
Und aller Blicke flammten heiß
Nach unserm Röslein zart und weiß,
Bis es von tiefer Schaam durchglüht,
In tiefer Purpurröthe blüht.
Der Herr des Gartens sprach zu ihr:
„Wer gab dir solche Farbenzier?“

Da hat die Blume innig, traut,
Was ihr geschehn, ihm anvertraut.
Zu seinen Kindern sprach er dann:
„„Kommt, Mädchen! Schaut das Röslein an,
„„Bewahrt dies Bild im Herzen treu;
„„Und gleichet ihm, wenn Schmeichelei

„„Euch locken will zur Eitelkeit,
„„Dann schmück' auch euch Bescheidenheit.

R. Koch.

8. Die Lüge.

Im Unmuth ließ ein König Augenblicks
Den Sclaven tödten, der ihm mißfiel.
Beraubet aller Hoffnung, stieß verzweifelnd
Der Arme Läst'rung aus. So greifet der,
Der nicht entflieh'n kann, selbst in's scharfe Schwert.

„Was spricht er?" fragte der König. „„Herr, er spricht:
— Antwortet ein verständiger Mann am Thron —
„„Das Paradies ist derer, die den Zorn
„„Bezähmen und dem Sterblichen verzeihn!""
„So sei ihm denn verziehen!" sprach der Fürst.
„„Nicht also!"" fiel ein Höfling ein, „„Monarchen
„„Muß man die Wahrheit sagen. Herr, er schalt!""
„Und hätt' er auch gescholten!" sprach der König,
„Die Lüge dieses guten Mannes war
„Mir nützlicher, als deine Wahrheit. Sie
„Besänftigte mein Herz; du bringst es auf."
Des Menschenfreundes Lüge in der Noth
Ist edler als des Menschenhassers Wahrheit.

Herder.

9. Von der Eichel und dem Kürbiß.

Sohn, mit Weisheit und Verstand
Ordnete des Schöpfers Hand
Alle Dinge. Sieh umher!
Keines steht von ungefähr,

Wo es steht. Das Firmament,
Wo die große Sonne brennt,
Und der kleinste Sonnenstaub,
Deines Athems leichter Raub,
Trat auf Gottes Allmachtswort,
Jegliches an seinen Ort.
Alles ist in dieser Welt
Gut und weise. Dennoch hält
Mancher Thor es nicht dafür,
Sondern meistert Gott in ihr.
Solch ein Thor war jener Mann,
Den ich dir nicht nennen kann;
Der, als er an schwachen Ranken
Einen Kürbiß hangen sah,
Groß und schwer, wie deiner da,
Den du selbst gepflanzet hast,
Den verwegenen Gedanken
Hegte: Nein, solch eine Last
Hätt' ich an so schwaches Reis,
Wahrlich doch nicht aufgehangen.
Mancher Kürbiß, gelb und weiß,
Reih' bei Reih', in gleichem Raum,
Hätte sollen herrlich prangen
Hoch am starken Eichenbaum.

Also denkend, geht er fort,
Kommt ermüdet an den Ort
Einer Eiche, lagert sich
Längelang in ihren Schatten,
Und schläft ein. — Die Winde hatten
Manche Woche nicht geweht;

Aber, als er schläft, entsteht
Schnell ein Sausen. Starke Weste
Schütteln Blätter, Zweig' und Aeste,
Und vom hohen Wipfel fällt
Dem Verbesserer der Welt
Eine Eichel auf die Nase.
Plötzlich rafft er aus dem Grase
Sich erschrocken auf. Die Nase
Blutet, und der kluge Mann
Hebt hierauf zu seufzen an:
„O wie thöricht war ich nicht,
„Als ich unbedachtsam wollte,
„Daß, statt Eicheln, dieser Baum
„Schwere Kürbiss' tragen sollte.
„Traf dann einer mein Gesicht,
„Ja, fürwahr! ich lebte kaum.
„Dumm, sehr dumm hab' ich gedacht!
„Gott hat Alles wohl gemacht. Gleim.

10. Der zerstörte Weinberg.

Auf Veitens flachen Weinberg goß
Vom Hochgebirg sich Wasser nieder;
Vom Winzer nicht beachtet, floß
Es durch die Reihen hin und wieder,
Und furchte sich in kurzer Zeit
Schon viele merklich tiefe Betten:
„Leit ab das Wasser, Nachbar Veit,
„Noch ist dein Gütchen leicht zu retten!"
Rief Kunz, sein treuer Freund, ihm zu.
„„Wer hieß dich denn für and're sorgen?

„„Geschieht's auch heute nicht, geschiehts wohl morgen
„„Und morgen““ — sprach der faule Wicht
Jahr aus, Jahr ein, und — that es nicht.

Wie Veitens Trägheit sich vermehrte,
So wuchs des Wassers Thätigkeit;
Riß weiter um sich, und verheerte
Das Rebenfeld in kurzer Zeit.
Unfruchtbar lag und traurig da
Der Fels, vom Erdgewand entkleidet;
Die schönsten Traubenstöcke sah
Man kahl — von Winzern sonst beneidet,
Und vom Gefild, das lange Zeit
Durch süße Früchte seiner Reben
So manchem Müden Kraft gegeben,
Ward keine Seele mehr erfreut.

Dem Wasser gleicht des Lasters Macht,
Das Herz ist gleich dem Traubenhügel.
Ein weiser Kunz wird oft verlacht,
Und eh' es mancher Veit bedacht,
Hat schon das Laster freie Zügel.
Entwurzelt, wie im Traubenfeld
Die Rebe lag, so liegt die Tugend
Nicht selten durch den Strom der Welt,
Wo man nicht schon in früher Jugend
Ihr einen Damm entgegen stellt.
Wohlan! so laßt uns heute sorgen:
Was heute nicht geschieht, geschiehet selten morgen!

Fr. Schlez.

11. Das Kind und sein Schatten.

Ein Kind hüpft auf den grünen Matten,
Und sah, — indem auf das bethaute Gras
Die Sonne tief aus Abend schien, —
Sein Bild in einem langen Schatten:

Dies Bild, das hüpfend ihm gefiel,
War ihm ein angenehmes Spiel,
Und bald erregt es in dem Knaben
Den Wunsch, das Schattenbild zu haben.

Er eilt, — der Schatten eilt mit gleichem Schritt; —
Er springt, — es springt der Schatten mit; —
Am Ende, da ihm nichts will glücken,
Verschmähet er das Bild und wendet ihm den Rücken.

Kaum geht er in gelass'ner Ruh,
Und wandert, sein Gesicht der Abendsonne zu,
So folgt der Schatten ihm von freien Stücken. —
Der Schatten ist die Ehre; wer gewaltsam sie
Verfolget, der erhält sie nie. —

---

12. Der Knabe und die Rose.

Ein holder, muntrer Knabe pflückte
Im Garten Blumen; da erblickte
Er plötzlich ihre Königin,
Die frisch geöffnet von dem Hauche
Der Luft, am hohen Dornenstrauche
In ihrer vollen Pracht erschien.

„Ei! welche wunderschöne Blüthe!“ —
Rief er, und seine Wange glühte,

Viel röther als die Rose noch.
Er wirft mit Unmuth auf der Stelle
Sein Sträußchen in die nahe Quelle,
Und seufzt: „Hätt' ich die Blume doch!" —
Er macht sich auf, sie abzubrechen,
Und achtet nicht der Dornen Stechen; —
Allein umsonst ist seine Müh,
So sehr der Kleine sich auch streckte,
Es ist, als ob die Blum' ihn neckte. —
Doch endlich hascht und bricht er sie.

O welche Lust! — Er hüpft vor Freude,
Hoch in der Hand die holde Beute.
Doch kaum, daß er die Blume brach,
Konnt' sie ihn schon nicht mehr vergnügen;
Er ließ sie in dem Grase liegen,
Und eilte Schmetterlingen nach. —

Oft gleichen wir hier diesem Knaben.
Ein eingebildet Glück zu haben,
Was geben wir uns nicht für Müh'!
Wird endlich uns dies Glück zu Theile,
So freuen wir uns eine Weile, —
Und diese Weil' — wie kurz ist sie!

Chr. Schmidt.

13. Die Rose.

„Schade," sagte ein Knabe zu seinem Vater, „daß die Rose, wenn sie ausgeblühet hat, nicht auch eine Frucht bringet, und so der Natur im Sommer ihren Dank abstattet für die schöne Zeit ihrer Blüthe im Frühling.

Du nanntest sie die Blume der Unschuld und Freude — dann wäre sie auch das Bild der Dankbarkeit."

Da erwiederte der Vater: „„Bringet sie dann nicht zur Verschönerung des Lenzes ihre ganze Gestalt dar? Und für den Thau und Lichtstrahl, der von oben auf sie niederfällt, opfert sie der Luft ihren zarten Wohlgeruch; und für den Frühling geschaffen, stirbt sie auch mit ihm. — Liebes Kind, der zarte unsichtbare Dank ist der schönste und wie vermöchte die Unschuld undankbar zu sein?""

Krummacher.

14. Die Schaafschur.

Eine Mutter nahm ihr Töchterlein Ida mit hinaus, die Schaafschur anzusehen. Da jammerte das Mägdlein sehr und sprach: „Ach, wie grausam die Menschen sind das arme Thier so zu quälen!" „„Nicht doch,"erwiederte die Mutter. „„So hat es ja der liebe Gott verordnet, daß die Menschen sich damit bekleiden mögen, denn sie werden ja nackend geboren.""

„Aber," sagte Ida, „nun müssen die armen Schäfchen doch frieren." „„Ach nein,"" antwortete die Mutter: „„er giebt dem Menschen das erwärmende Kleid, und sendet dem geschornen Lamme die milden Sonnenlüftchen.""

Krummacher.

15. Die zwei Reisestöcke.

Ein Mann hatte zwei Reisestöcke, einen braunen knotigen und harten, den ließ er Jahr aus, Jahr ein in einem staubichten Winkel stehen, und einen schwachen, gedrechselten und schön gefirnißten, der immer in seinen Händen sein mußte, ihn auf allen seinen Spaziergängen begleitete, und dessen Schönheit bewundern zu lassen, sein Vergnügen war.

Dieser Mensch sollte einmal eine lange und große Reise machen — welchen Stock nahm er mit? — den aus dem Winkel.

So schmeichelt man oft einem witzigen, leichten Kopf und drängt sich in seine Gesellschaft; sein Vertrauen aber schenkt man lieber einem Denkenden, Zuverlässigen.

Zollikofer.

16. Die drei Gläser.

In einem offenen Zimmer des weisen siebenzigjährigen Salomo standen auf einem Gestelle drei Gläser neben einander.

Auf dem ersten war der Name „Zufriedenheit“ gemalt; es war dick und trübe und glänzte nur matt. Das zweite mit schon hellern und lieblichern Farben hatte zur Aufschrift „Fröhlichkeit.“ Das dritte aber, „Wonne“ mit Namen, war glänzend hell, wie Thau und Diamant, und sein Farbenspiel funkelte wie Saphir und Rubin. — Ein plötzlich sich erhebender Sturmwind aber warf alle drei zu Boden. Da war das Glas der Wonne in tausend Splitter zersprungen, die Fröhlichkeit hatte einen starken Sprung mitten durch ihre schönsten Farben, einzig unversehrt lag die Zufriedenheit da.

Zollikofer.

17. Der Knabe und die Giftpflanze.

Ein Knabe lustwandelte mit seinem Vater im Freien. Auf einer Haide fand er den Eisenhut. Voller Freude lief er zurück und rief: „sieh, lieber Vater, welch herrliche Pflanze hab ich dort gefunden! wie die vielen Blüthen traubenförmig nebeneinander herauf und herum gereiht sind.“ — Aber also bald erkannte sie der erfahrene Vater: „„Die Blume ist wohl schön,““ sprach er, „„aber die Pflanze ist giftig! ““Im Nu warf sie der Knabe aus den Händen, und blickte sie auf dem Boden mit Scheu an.

Bosheit wird durch Schönheit nicht aufgewogen.

Zollikofer.

18. Das Krokodill.

In der grauen Urzeit wandelte eine Schaar Menschen aus ihren alten Wohnsitzen, und zog hernieder in das Land, welches der Nil durchströmt. Sie freueten sich des herrlichen Stromes und seines lieblichen Gewässers, und bauten Wohnungen an seinen Gestaden. Aber bald stieg aus seinen Fluthen das gewaltige Unthier, Krokodill genannt, und zermalmte Menschen und Thiere mit furchtbarem Gebiß. Da flehten die Menschen mit lauter Stimme zu ihrem Gott Osiris, und baten ihn, sie von dem Ungeheuer zu befreien. Aber Osiris antwortete durch den Mund der weisen Priester und sprach: „Ist es nicht genug, daß die Gottheit euch Kraft und Verstand verlieh? Wer sie um Hülfe anruft, ohne die eigene Kraft anzuwenden, der flehet vergebens.“ — Nun ergriffen sie Schwerter und Stangen, und bestürmten das Ungeheuer in seiner Schilfwohnung. Sie errichteten Schutzwehren und Dämme, und vollendeten in wenig Tagen Werke, die sie vorher sich nicht zugetraut hatten. Und so wurden sie der innern, verborgenen Kraft sich bewußt, welche in spätern Zeiten die gewaltigen Pyramiden und Spitzsäulen gründete, und sie erfanden manche Kunst und manches Geräthe, die sie noch nicht gekannt hatten.

Denn der Kampf mit dem Feindseligen weckt und stärkt die schlummernden Kräfte des Menschen.

---

19. Die Kuh, das Pferd, das Schaaf und der Hund.

Eine Kuh, ein Pferd und ein Schaaf standen auf einer Weide zusammen und stritten untereinauder, welches dem Menschen nützlicher sei. Die Kuh sprach: von mir hat er die süße Milch, den wohlschmeckenden Käse und die ölersetzende Butter. Das Pferd: ich bin der Wagen Segel und des Reiters Fittig. Das Schaaf: ich gehe nackt und bloß, damit er umkleidet sei. Da kam der Hund zu ihnen, den blickten sie verächtlich von der Seite an, als ein, gegen ihre Wichtigkeit gehalten, unnützes Thier. Aber der Herr folgte alsbald hinten nach, rief dem Hunde im freundlichsten Tone, streichelte und liebkosete ihn. Da dies die Kuh und ihre Gefährten sahen, murrten sie, und das Pferd nahm sich ein Herz zu der Frage: „Warum thust du also? Gebieter? verdienen wir nicht mehr deine Aufmerksamkeit, als dieses unnütze Thier?“ Aber der Herr streichelte seinen Hund noch zärtlicher und sprach: „„Nicht also! dieser hat mein einziges geliebtes Söhnlein kühn und treu aus rauschenden Wasserfluthen gerettet, wie sollte ich nun seiner vergessen können?““

Ein einziger Dienst überwiegt oft auf der Wage des Herzens Tausende. Zollikofer.

---

20. Der Wallfisch.

Einen halbtodten Wallfisch spülten die Wellen an des Mittelmeeres Küste auf den Sand. Auf diese Nachricht eilte das ganze Völkchen eines Fischerdorfs freudig herzu. Einer im Silberhaare aber rief: „Laßt uns zuerst aus der Ferne eine Pike auf ihn werfen, um zu sehen, ob er schon ganz des Todes Beute ist. Aber alles schrie: „„Er ist todt! er ist gewißlich todt!““ Da faßten die Männer Messer in ihre Hände und fingen an ihn zu zerschneiden. Allein das Ungeheuer, gekitzelt durch die Schnitte, erhub nochmals seinen gewaltigen Schweif, schleuderte damit einen der Männer weit in die Luft und schmetterte zwei andere tödtend auf den Boden.

„Warum folgtet ihr mich nicht?“ rief der Fischer im Silberhaare. „Ueberfluß an Erfahrung ist in der Welt, aber das Gedächtniß des Menschen hat stets Erfrischung nöthig.“ Zollikofer.

---

21. Die Ketten.

Ein Landmann hatte zu seinem Ackergeschäfte eine starke Kette nöthig, ging zurück in seine Wohnung, und suchte derselben eine unter dem Geräthe. Da fand sich eine vor, die hatte lauter dicke und starke Ringe, bis nur auf einen einzigen gegen die Mitte hin, der auffallend dünner und zerbrechlicher war, als seine an ihm verbundenen Brüder. Diese Kette ließ der Bauer liegen und erkor sich dafür eine andere, deren Ringe zwar schwächer, allein gleichmäßig waren.

Da sprach jene zum Landmann: „Warum nimmst du nicht mich? siehe doch, wie viel dicker und größer meine Ringe sind.“ „„Weit gefehlt!““ versetzte der Bauer, „„du bist nur so stark, als dein mittlerer, schwacher Ring ist, und wenn nun dieser bald zerrissen ist, was hilft mir deine Stärke nebenher?““ —

Der Mensch hat nur so viel Stärke der Verführung entgegen zu setzen, als er stark in der schwächsten seiner Tugenden ist. Zollikofer.

22. Der Bach und der Strom.

Ein Bach kam silberhell und klar, wie Diamant, aus dem Felsen hervor. Darauf stürzten sich in ihn Bäche um Bäche, er schwoll an, es vereinigten sich mit ihm Flüsse um Flüsse, er ward zum Strom, der breit und majestätisch, aber auch trüb und schlammig, dahin floß. Doch der reine Krystall des Baches war auch noch in dem Strom.

Der Bach ist die Lehre Jesu, das Christenthum der Strom. Zollikofer.

Dritte Abtheilung.

Anekdoten und Lehr-Erzählungen

in poetischer Form.

Die poetische Erzählung ist der Vortrag eines kurzen und interessanten Auftritts einer Begebenheit im menschlichen Leben. Der Stoff dazu kann aus der Geschichte hergenommen, oder auch ganz erdichtet sein. Die Handlung und nicht die handelnde Person ist dabei Hauptsache.

Anekdote, irgend ein kleiner Zug, eine Aeußerung, eine Erzählung, worin sich der Charakter einer Person ausspricht.

1. Die zerbrochene Fensterscheibe.

Es hatte Karl ein Glas zerschlagen
Und war, wie wohl
Die Scherben er hinweggetragen,
Doch Sorgen voll.
Stets hegt' er Abscheu gegen Lügen,
Denn Gott hört sie!
Und sollte nun Mama betrügen?
Er that's noch nie.
Betroffen hört er Mutter kommen,
Sie tritt herein.

Sieht weinend ihn und ganz beklemmen,
Er stand wie Stein.
„Was hast du, Karlchen, angefangen?
„Was ist mit dir?“ —
„„Ich habe Böses hier begangen,““
Sprach er zu ihr.
„„Als ich mit meinem Bogen spielte
„„Am Erker dort,
„„Flog mir der Pfeil, weil ich schlecht zielte,
„„Durch's Fenster fort.
„„Doch wenn es Karl in seinem Leben
„„Nicht wieder thut,
„„Wirst du's ihm diesmal dann vergeben?
„„Du bist so gut!““
„Komm, Karlchen, hör' nur auf zu schreien;
„Das Unglück hier
„Will ich dir diesmal gern verzeihen;
„Küß' mich dafür.“ —
Wer immer will die Wahrheit sprechen,
Wird stets belohnt;
Wer Lügen suchet für Gebrechen,
Wird nie verschont.

v. Alphen.

---

2. Heldenmüthige Kindesliebe.

Ein Knabe war noch nicht acht Jahr,
Als ihn auf's nächste Dorf, wo eben Kirmiß war;
Um auch einmal ihm eine Lust zu machen,
Der Vater mit zu Pferde nahm.
Der Knabe, der vorher nicht aus der Stube kam,
Sah lauter wunderbare Sachen.
Neugierig war er von Natur,

Und das ist überhaupt den kleinen Leuten eigen.
Wie vielmal bat er nicht den Vater, abzusteigen,
Um ihm bald dies, bald das zu zeigen.
Bald sah er eine große Flur,
Die war ihm schon ein Reich, ein Hügel Pyrenäen *),
Ihm waren große Teiche Seeen,
Ein Birkenbusch ein ungeheurer Wald.
Zum Unglück kam aus einem Bauerngute
Ein großer Pudelhund daher.
„Was ist das?“ sprach das Kind, das nie mit Fragen ruhte.
„„Ach!““ rief der Vater aus, „„mein Sohn, ein Bär,
ein Bär; —
„„Umarme mich! Er lechzt nach unserm Blute!
„„Hier müssen wir des Todes sein!““
„Nein,“ sprach das Kind, „mir fällt ein Mittel ein:
„Gleich werfen Sie mich von dem Pferde,
„Indem ich nun mich fressen lassen werde,
„So jagen Sie davon. Das wird sie doch befrei'n!“ —

O, welch ein Muth in scheinbaren Gefahren,
Für unsern Knaben von acht Jahren. Michaelis.

---

3. Der Geizhals. (Anekdote.)

Ein Geizhals fiel in einen Fluß, der tief
Und reißend war. Ein Fischer, der das Leben
Ihm retten wollte, sprang ihm nach und rief:
Er möchte nur die Hand ihm geben.

---

*) Pyrenäen, ein großes Gebirge, das die Reiche Spanien und Frankreich von einander trennt.

Allein der Geizhals sprach, indem er untersank:
„Ich kann nichts geben!“ und — ertrank.

Blumauer.

4. Der Fischer und der Schatz.

Ein Fischer, der mit seinen Netzen
Brod und Zufriedenheit gewann,
That einen schweren Zug. Voll Mitleid und Entsetzen
Traf er im Sack des Garns jetzt einen Todten an.
„D.r soll,“ sprach er, „von mir den letzten Dienst erhalten;
„Wie er um's Leben kam, so kann auch ich erkalten.“

Er trug ihn fort an einen sichern Platz,
Den nicht die hohe Fluth erreichte.
Hier grub er tief, und schwitzt' und keuchte
Und fand im Schaufeln einen Schatz.

Schilt nicht die Schickung blind! Noch stets ist sie bereit,
Der Tugend Werke zu vergelten.
Sie sorgt mit gleicher Wachsamkeit
Für gute Menschen und für Welten. v. Hagedorn.

5. Der Herzog und der Paladin *).

Auf eines Herzogs Burg erschien
Ein armer, alter Pal.adin,

*) Paladin war ursprünglich der Name derjenigen Ritter, welche das Kriegsgefolge Kaiser Karl des Großen ausmachten; späterhin soviel, als ein fahrender Ritter, der auf Abentheuer ausging, ein Abentheurer.

Der tapfer unter ihm gestritten,
Und im gelobten Land ein Ohr,
Ein Aug' und einen Arm verlor,
Um sich ein Jahrgeld auszubitten.
Der Burgvogt zeigt sich; er verhört
Mit stolzem Ernst den grauen Helden,
Und weigert sich, ihn anzumelden,
Bis er bei seinem Schwert ihm schwört,
Die Spende mit ihm treu zu theilen.
Beim bloßen Namen Theogan
Befiehlt der Fürst dem Vogt, zu eilen.
„Was wollt Ihr, alter Kriegskumpan?"
Rief er dem Greis voll Huld entgegen.
„„Herr, fünfzig Prügel!"" sprach der Degen. —
„Ihr faselt, Mann! was kommt Euch an?"
„„Die Lust, dem Burgvogt Wort zu halten,""
Versetzt er, und erzählt den Streich.
„Wohlan denn!" sprach der Fürst zum Alten,
„Ich spende fünfzig Kronen *) Euch;
Die gleiche Zahl von Prügeln sollen
Dem Burgvogt meine Schergen zollen!

Pfeffel.

6. Der Menschenfreund.

In einer Stadt, die durch des Feuers Flammen
Fast ganz in Schutt und Asche fiel,
Ergab sich jüngst dies Trauerspiel:
Ein kleines Kind lag mitten in den Flammen,
Dem fürchterlichsten Tode nah.

*) Krone, Kronthaler. (1½ Thaler.)

Der edle Fürst, des Landes Vater, sah
Des Kindes Noth, rief vieles Volk zusammen,
Und bot dem, der es retten wollte,
Zum Lohne tausend Thaler an.
D'rauf stürzte sich ein armer Mann,
Weil keiner sonst es wagen wollte,
Hin durch die lichte Glut,
Und seinem Edelmuth
Gelang die schöne That. — Dem Tod' entrissen,
Legt er das Kind zu seines Fürsten Füßen.
„Freund," sprach der Fürst, „Du bist belohnenswerth;
„Hier nimm noch mehr, als Du begehrt!" —
„„Nein,"" sprach der Arme, „„Gott der Herr
„„Hat schon gelohnt, — er half. Wozu noch mehr?
„„Verkaufen wollt' ich ja mein Leben
„„Für einen Beutel Geldes nicht.
„„Sie mögens armen Leuten geben!
„„Das, was ich that, war meine Pflicht.""

Ein Herz von Edelmuth bewohnt,
Ist durch sich selbst am Herrlichsten belohnt. Götz.

7. Die Theilung.

Ein reicher Vater war gestorben;
Drei Söhne hatten, was sein Fleiß erworben,
Sich gleich getheilt. Nach kurzer Zeit
Kam Krieg in's Land. Da sah man weit und breit
Brandstätten, Blutgefilde, Wüsteneien. —
Zwei Brüder von den dreien
Verloren durch der Feinde Wuth
In wenig Jahren Hab' und Gut.

Der Dritte *) hörte dies und sprach: „Ich will den Segen,
„Den ich, seit unser Vater starb,
„Durch Glück gewann, durch Fleiß erwarb,
„Zu dem geerbten Drittheil legen. —
„Wie? Beide sollten elend sein?
„Sie, meine Brüder? ich allein
„Der Glückliche? — Verarmte Brüder,
„Kommt, theilt von Neuem! — Und sie theilten wieder.

Götz.

8. Kiefun.

Ein Mandarin **) ward wegen Räubereien
Zum Schwert verdammt. Kiefun, sein Sohn,
Warf sich vor des Beherrschers Thron
Und bat um seines Vaters Leben.
„Ich weiß, er ist des Todes werth;
„Doch mußt Du dem Gesetz ein Opfer geben,
„Hier ist es. Weise mich dem Schwert,
„Und laß ihn los!" Mit scheinbar strenger Miene
Sprach der Monarch: „„Dein Wunsch ist Dir gewährt,
„„Man führ' ihn auf die Todesbühne!""
Der Jüngling küßt entzückt des Kaisers Hand
Und springet auf. „„Halt!"" rief der Fürst voll Freude,
„„Den Vater schenk' ich Dir, und Dich dem Vaterland'.""

Er küsset ihn und hängt sein eig'nes Halsgeschmeide
Dem Helden um. Beschämt ergreift er den Talar

*) Er hieß Prokubejus und war ein Römer.
**) Mandarin, der hohe Titel der Staatsbeamten am Hofe des Kaisers von China und in den Provinzen dieses Reichs.

Des Kaisers. „Herr, erlaß mir diese gold'ne Bürde,“
Sprach er, „die täglich mich erinnern würde,
„Daß einst mein Vater schuldig war!“

Pfeffel.

9. Der junge Prinz.

Ein junger Prinz, der sich des Oheims Gunst empfohlen,
Bekam von ihm zweihundert Stück Pistolen, *)
Mit der Ermunterung, damit wohl umzugeh'n.
Er ließ nach ein'ger Zeit sich wieder vor ihm seh'n. —
Indem, daß nun der Oheim mit ihm red'te,
So fragt er ihn zu gleicher Zeit,
Ob er das letzte Geld wohl angewendet hätte.

„Hier,“ sprach der junge Prinz erfreut,
„Hier hab' ich meine ganze Kasse;
„An den zweihunderten fehlt nicht ein einzig Stück.“
Der Oheim nahm den Augenblick
Das Geld und warf es auf die Gasse.
„„Lernt, Prinz,““ fing d'rauf der Oheim an,
„„Die Kunst, das Geld nutzbarer anzuwenden:
„„Ein Prinz hat darum viel in Händen,
„„Damit er Vielen dienen kann.““

Gellert.

10. Der Harfner. (Anekdote.)

Der Kaiser Karl der Vierte spielte
Die Harfe trefflich schön; —

*) Pistolen, eine Goldmünze.

Einst, da er in den Saiten wühlte,
Ließ sich ein Harfner sehn;
Er horcht dem Spiele zu. „Auf Ehre!"
Rief er dann unbedacht,
„Wenn Karl ein Harfner worden wäre,
„Er hätt' sein Glück gemacht." —

Der Kaiser lächelt. — „„Guter Alter,""
Spricht er, „„du hattest vielleicht Recht!
„„Doch laß es gut sein! ich hab's halter
„„Als Kaiser auch nicht schlecht.""

Freiesleben.

11. Der Prediger und der Kranke.

Es lebten Pest und Tod in einer großen Stadt,
Die Pred'ger wurden heisch, die Todtengräber matt.
So wuchs der Kranken Zahl, so häuften sich die Bahren;
Geschlechter starben aus, viel Junge vor den Jahren,
Viel Alte, doch nicht gern; das sahe kläglich aus.
Einst kam ein Geistlicher in eines Armen Haus;
Hier lag der kranke Greis, und nahte seinem Ende,
Sein Bett war mürbes Stroh, sein Hüter leere Wände,
Zwei Sägen und ein Beil sein ganzes Hab' und Gut.
„Freund;" hub der Pred'ger an, „faßt einen frohen Muth!
„Der Kerker dieser Welt wird Euch nun aufgeschlossen,
„Wo ihr der Leiden viel, doch wenig Lust genossen!"
„„Verzeiht!"" antwortete der kranke Mann,
„„Ich habe gut gelebt, so lang' ich denken kann!
„„Mich quälten weder Haß noch Nahrungssorgen;
„„Mein Werkzeug, das hier liegt, erwarb mir jeden Morgen

„„Des Tages Unterhalt; von Schulden war ich frei,
„„Gesund, mein eigner Herr, was fehlte mir dabei?““ —
Der Pred'ger wußte nicht, was er hier sagen sollte;
Doch fragt' er ihn, ob er auch gerne sterben wollte.
„„Warum nicht?““ sprach der Greis, „„da wie Ihr sehen könnt,
„„Mir Gott so lange Zeit des Lebens Glück gegönnt.““ —
„O möchten Groß und Klein des Alten Lehre fassen!
„Wer sich begnügen läßt, lebt fröhlich, stirbt gelassen.“

Lichtwer.

12. Der schlaue Gast.

Weil er zu unterst saß am Tische,
Bekam ein Gast nur kleine Fische.
Das Unrecht schmerzt den guten Tropf;
Drum sucht' er Hülf' in seinem Kopf.
Er hält an's Ohr die kleinen Fische. —
Wie flüstern jetzt die Gäst' am Tische!
Und einer fragt: „Ist's nicht zu dreist
„Dies Spiel, vertraut mir, was es heißt.
„Sprecht, was bedeutet Euer Summen?
„Was wollt Ihr wissen von den Stummen?“ —
Der Gast spricht: „Ich vertrau's Euch gern.
„Kund sei Euch denn, hochwerthe Herrn!
„Mein Ohm ertrank vor vielen Jahren;
„Doch wo er blieb, ward nicht erfahren.
„Drum fragt' ich: Fischlein thut mir kund,
„Wo liegt mein Ohm im Meeresgrund?
„Die Fischlein sprachen dienstbeflissen;
„Wir sind zu jung, um es zu wissen:

„Doch von den ältern Fischen dort
„Wird dir Bescheid auf unser Wort!“
Gerühmt wird jetzt der Schalk von Allen,
Weil Jedem wohl sein Scherz gefallen.
Man setzt den größten Fisch ihm vor
Und spricht: „Läßt er dein frommes Ohr
„Von deinem Ohm nicht Kundschaft hören,
„So magst du rächend ihn verzehren!“ Weiße.

---

13. Holien.

In China*) lag beim Sternenlichte
Ein Jüngling — Dank sei der Geschichte
Für seinen Namen! — Holien
Lag müd' auf seiner Biesenmatte
Und sah, vom Räuber ungeseh'n,
Der sein Gemach erstiegen hatte,
Wie hurtig er, was ihm gefiel,
In seinen weiten Schnappsack steckte.
Er regt sich nicht auf seinem Pfühl,
Blinzt nur mit einem Aug'. — Nun streckte
Der Gaudieb die verruchte Hand
Nach einem Topf von Siegelerde,**)
Der leer in einem Winkel stand.
„Laß!“ rief mit flehender Geberde

*) China, ein großes Reich in Asien.

**) Siegelerde, eine feine, rothe Erdart, die im Feuer steinhart wird, und die man deswegen zu Gefäßen benutzt. Sie wird besonders in den Gegenden des Morgenlandes gefunden, und in Kugeln versandt, welche, um Verfälschungen zu verhüten, mit einem Siegel versehen werden, daher den Namen Siegel-Erde.

Jetzt Holien, „laß, armer Mann,
„Mir diesen Topf, damit ich morgen
„Für meine Mutter kochen kann!"
Der Räuber bebt. „„Schlaf ohne Sorgen!
„Solch einen Sohn bestehl' ich nicht,"
Lallt' er, legt all' die Beute nieder,
Und wischt sich Thränen vom Gesicht.
Seit diesem Tag stahl er nie wieder. Pfeffel.

---

14. Der Knabe und die Datteln.

Ein Schüler aß, wie viele Knaben,
Die Datteln um sein Leben gern;
Und um des Guten viel zu haben,
So pflanzt' er einen Dattelkern
In seines Vaters Blumengarten.
Der Vater sah ihm lächelnd zu
Und sagte: „Datteln pflanzest Du?
„O, Kind, da mußt Du lange warten;
„Denn wisse, dieser edle Baum
„Trägt oft nach zwanzig Jahren kaum
„Die ersten seiner süßen Früchte."
Karl, der sich dessen nicht versah,
Hielt ein und rümpfte das Gesichte:
„„Das Warten soll mich nicht verdrießen;
„„Belohnt die Zeit nur meinen Fleiß,
„„So kann ich ja dereinst als Greis,
„„Was jetzt der Knabe pflanzt, genießen.""

Pfeffel.

15. Der Greis und seine Söhne.

Ein Vater schied von seinen lieben Söhnen.
Doch eh' er schied, sucht' er durch ein Symbol
Zur Eintracht ihre Herzen zu gewöhnen.
„Ich scheide, sprach er, „Söhne lebet wohl!
„Doch Eins: zerbrecht mir diese Pfeile,
„Gebunden, wie sie sind!" — In größter Eile
Will Jeder den Befehl vollzieh'n;
Jedoch umsonst ist ihr Bemüh'n.

Der Vater lös't hierauf das Band,
Giebt Jedem einen Pfeil besonders in die Hand.
„Zerbrecht mir den!" sprach er mit nassen Blicken,
Und knack lag jeder Pfeil in Stücken.
„Merkt, Söhne, am zerbrochenen Geschoß;
„Durch Eintracht wird man stark und groß,
„Durch Zwietracht stürzet Alles nieder.
„Lebt wohl und liebt Euch stets wie Brüder!"

---

16. Lohn der Lügen.

„Helft, Brüder! helft! der Wolf hat schon ein Schaaf im Rachen!"
So rief ein junger Hirt, sich eine Lust zu machen.
Wenn nun das Hirtenvolk herbeigelaufen war,
Dann rief er: „Geht zur Ruh', es hat noch nicht Gefahr;
„Ich habe nur versucht, ob Ihr auch wachsam wäret."

Als er nun ihrer Hülf' ein andermal begehret;
Da's keinen Scherz mehr galt, und jetzt vom Wolf ein Stück

Schon hingewürget war, da blieben sie zurück,
Wie laut er immer schrie. Nun ward der Narr erst inne,
Wie thöricht er gethan: Nun kam ihm erst zu Sinne
Das Sprüchwort, daß man dem, der einmal Lügen liebt,
Auch wenn er Wahrheit spricht, nicht leichtlich Glauben
giebt.

Rammler.

17. Die Kirsche.

Im niedlichen Gärtchen Blandinens stand
Ein Bäumchen gepflanzet von ihrer Hand;
Und an dem Bäumchen im ersten Jahr
Ein einziges Kirschlein zu sehen war.
Doch glänzte das Kirschlein so roth wie Gluth,
Und schien vom Geschmacke gar süß und gut.

Blandine mit lächelndem Angesicht
Die röthliche Kirsche vom Bäumchen bricht,
Und eilt mit der Kirsche der Mutter zu:
„Da beste der Mütter, da nimm sie du!“
Die Mutter sich weigernd, die Kirsche nimmt,
Ihr freundliches Auge in Thränen schwimmt.

Die Kirsche seit Jahren vergessen schien,
Da wandelt Blandine zum Garten hin;
Im prächtigen Garten auf weitem Raum
Erhebt sich ein prächtiger Kirschenbaum,
Und zwischen der schattigen Blätter Grün
Wohl tausend der herrlichsten Kirschen blühn.

Die Mutter Blandinen nun sanft umschließt,
Und freundlich ihr Wangen und Lippen küßt:

„Sieh, Tochter, so spricht sie, der Baum ist Dein,
„Ihn trug jener einzigen Kirsche Stein!
„Auf dem, was ein Kind seinen Eltern thut,
„Der reichlichste Segen des Höchsten ruht."

Chr. Schmid.

---

18. Landgraf Ludwig und der Löwe.

Der heil'ge Ludwig tritt hervor
Aus Wartburgs hochgewölbtem Thor;
Er grüßet fromm den Morgenstrahl
Und schaut herab auf Stadt und Thal.

Und wie er so hinunterschaut,
Schreckt ihn ein donnergleicher Laut,
Er wendet sich nach dem Geschrei
Und sieht bestürzt den Löwen frei.

Den Löwen, den man ihm geschenkt,
Der seinen Kerker heut gesprengt,
Sein Haupt, von Mähnen dicht umrollt,
Bewegt er wild, die Stimme grollt.

Und seiner Augen Flammenstern
Ist starr gerichtet auf den Herrn;
Der aber blickt so fest ihn an,
Wie ihm der Löwe kaum gethan.

Und Auge fest im Auge ruht,
Der Landgraf aber droht voll Muth:
„Gleich lege dich, mein edles Thier,
„Bei meinem Zorn befehl ich's dir!"

Da hat der Löwe sich erschreckt
Zu Ludwigs Füßen hingestreckt;

Der Wärter eilt herbei entsetzt,
Der Landgraf steht noch unverletzt.

Ein fester Blick, ein hoher Muth,
Die sind zu allen Zeiten gut.
Der Leu des feindlichen Geschick's
Weicht oft dem Feuer kühnen Blick's. L. Bechstein.

---

19. Graf Eberhard im Bart.

Es saßen einst zu Worms am Rhein,
Der Kaiser Max beim frohen Mahl,
Und um ihn her in bunten Reih'n
Die deutschen Fürsten ohne Zahl.
Da duften rings die Braten frisch,
Da perlt der Wein zum Becherklang,
Und um den reich besetzten Tisch
Erschallt Trompet' und Festgesang.

Schon labte sich der heit're Muth
An mancher Rede froh und traut,
Und von dem edlen Rebenblut
Ward alsbald jede Zunge laut.
Und wie sie nun — ein Brüderbund —
Umjauchzt den väterlichen Hort,
Da that mit Lächeln seinen Mund
Der Pfälzer auf und sprach das Wort:

„Ihr Herr'n! wer rühmt ein Erb' zu sein
„Gleich mir? — Von meinen Höh'n ergießt
„Aus vollem Borne sich der Wein,
„Der Allen heut zur Labe fließt. —

„Wie herrlich ist's, von diesen Höh'n
„Hernieder nach dem alten Rhein
„Ins fruchtgeschwellte Land zu seh'n
„Bei einem solchen Glase Wein!“ —

D'rauf sprach der Sachse streng und schlicht:
„Hat Euch allein das Glück gelacht? —
„Wohl, auf den Bergen find' ich's nicht,
„Doch unten tief im Erdenschacht;
„Ich nenn' Euch gültigen Ersatz;
„Seht nur mein liebes Sachsen an!
„Ist nicht das Eisen auch ein Schatz,
„Das ich im Schweiße mir gewann?“

Dann hub der Bayern Churfürst an:
„Nicht Wein noch Eisen ist mein Glanz,
„Doch steh' auch ich nicht hintenan
„In deutscher Fürsten stolzem Kranz.
„Seht der Palläste kühnen Bau,
„Der Gotteshäuser Doppelreih'n;
„Die Burgen seht in jedem Gau, —
„Und dieses Alles nenn' ich mein!“

So rühmte, wie's begonnen ward,
Ein jeder nach der Reihe fort;
Und kam zuletzt an Eberhard,
Den Grafen Würtembergs, das Wort.
„Fast sollt' ich schämen mich, Ihr Herr'n,
„Vor Eurer Länder prunken Schein!
„Doch, wollt Ihr's hören, preis' ich gern
„Auch meines Landes Edelstein.

„Verirr' ich mich in einem Wald,
„In einem dichten, finstern Tann,
„Und kommt des Weges alsobald
„Ein Würtemberger mir heran,
„So leg' ich mich in seinen Schooß;
„Und schlafe sanft und ruhig ein;
„Und sel'ger, als im Fürstenschloß;
„So wird auch mein Erwachen sein!"

Da blickten sie den frommen Herrn
Mit großen Augen staunend an,
Und reichten ihm den Preis so gern,
Und schämten sich vor solchem Mann.
Er aber strahlte licht und hehr
Und so von Lust und Liebe warm,
Als ob er just entschlafen wär'
In eines Würtembergers Arm!

Grüneisen.

20. Der großmüthige Räuber.

Auf off'nem Weg' hielt einen Wandersmann
Ein Räuber nah' bei London an.
„Ach!" sprach der arme Wandersmann,
„Ich bitt' Euch, laßt mir nur das Leben!
„Ich hab' Euch ja kein Leid's gethan
„Und wollt' Euch gern, was Ihr verlanget, geben;
„Doch heute hab' ich nichts bei mir.
„Jetzt geh' ich nach der Stadt, um da zehn Pfund *) zu heben,

*) Ein Pfund Sterling ist eine Summe Geldes in England von ungefähr 11 rheinischen Gulden oder 6 Thaler.

„Und morgen bin ich wieder hier
„Und theile sie mit Euch, so wahr Gott über mir!“
„„Gut!““ fing er an, „„du hast geschworen;
„„Ich glaube dir. Geh' hin! Ich wünsche dir viel Glück.““

In Kurzem kam der Wandersmann zurück.
„Ach!“ sprach er mit erfreu'tem Blick,
„Seht, was ich Armer fand! Ihr habt's doch wohl verloren;
„Zehn Pfund und mehr noch — welch ein Glück!
„Und diese bring' ich Euch zurück;
„Erlaßt mir das, was ich beschworen.“
„„Nein,““ hub der Räuber an, „„ich habe nichts verloren.
„„Behaltet Euer Geld, weil Ihr so ehrlich seid.““
So fühlt oft selbst ein Schelm den Werth der Redlichkeit!

Gellert.

21. Die Schatzgräber.

„Hört, Kinder!“ sprach ein kranker Mann,
Der durch den Weinbau viel gewann,
„In unserm Berge liegt ein Schatz.
„Grabt nur darnach.“ — „„An welchem Platz?““
So fragten Alle. — „„Sagt den Ort!““ —
„Grabt, grabt!“ Er starb bei diesem Wort.
Kaum war der Greis zur Gruft gebracht,
So ward gegraben Tag und Nacht;
Mit Hacke, Karst und Spaten ward
Der Weinberg um und um gescharrt.
Da war kein Klos der ruhig blieb,
Man warf die Erde gar durch's Sieb.

Zog Furchen in die Läng' und Quer'
Nach jedem Steinchen hin und her;
Allein es ward kein Schatz verspürt,
Und Jeder hielt sich angeführt. —
Doch kaum erschien das nächste Jahr,
So nahm man mit Erstaunen wahr,
Daß jeder Weinstock dreifach trug.
Da wurden erst die Söhne klug,
Und gruben nun Jahr ein, Jahr aus,
Des Schatzes immer mehr heraus. Bürger.

---

22. Die Liliputer.

In Liliput — ich glaub' es kaum,
Doch Swift *) erzählt's — giebt's Leute
So groß, als ungefähr ein Daum.
Man denk' erst in die Weite!
Da müssen sie gewiß so klein,
Als bei uns eine Mücke sein.

O wär' ich dort, wie groß wär' ich!
Man nennte mich den Riesen,
Und mit den Fingern würd' auf mich,
Wo man mich säh', gewiesen.
„Dort," sprächen sie, „dort gehet er!"
Und vor mir ging Bewund'rung her.

Doch wenn ich nun nicht klüger wär'
Als jetzt, sie aber wären

*) Swift, ein Engländer, in seinen lehrreichen, erdichteten Reisen Gulivers, übersetzt von Risbeck. 1788.

Gesitteter, verständiger?
Wie? würden sie mich ehren?
Ich glaube kaum. Sie würden schrei'n:
„Am Leibe groß, am Geiste klein!“ Weiße.

23. Der Leichenzug des Armen.

Im einfachen Gewande, und ohne äußern Glanz
Ging jüngst durch Badens Straßen der gute Kaiser Franz;
Doch in der Völker Herzen, da lebt so treu sein Bild,
Und Jeder kennt die Züge, so theuer, sanft und mild.

Vorbei vor einer Kirche führt jetzt des Kaisers Gang;
Da schallet ernst und düster der Glocke dumpfer Klang,
Und aus der Kirchenpforte trägt man einen Sarg heraus;
Doch folgt kein Freund dem Verblichenen zum dunkeln, letzten Haus.

Still stehet hier der Kaiser, und sein Begleiter meint,
Daß der im Sarge ruhet, wohl arm und dürftig scheint;
Denn ihn begleite betend kein Mensch zum kühlen Grab,
Und keine Thräne falle auf seinen Sarg herab.

„Nun ist er so verlassen,“ rief Kaiser Franz: „wohlan!
„So wollen wir ihn begleiten, den armen, verlassenen Mann;
„Sieht man den Landesvater mit dieser Leiche geh'n,
„So werden wir die Andern gewiß uns folgen seh'n.“

Er spricht's; es folgt dem Sarge, dem Niemand folgen will,
Das greise Haupt entblößet, der Herrscher ernst und still;

Das Haupt, das vierzig Jahre die Kaiserkrone[1] trägt,
Und stets mit Vatergüte der Völker Wohl erwägt.

Erstaunet und erschüttert, mit tiefbewegtem Sinn,
Blickt Jeder auf dies Bild der Fürstenmilde hin,
Und Jeder folgt dem Kaiser, der durch sein Beispiel ruft;
Mehr als vierhundert Menschen begleiten den Armen zur
Gruft.

Dies Denkmal Deiner Güte, Du milder Vater Franz,
Wie giebt es Deiner Krone noch neuen Tugendglanz!
Wie hebt es in der Ferne stolz freudig meinen Sinn,
Daß ich von Deinem Volke, von Oestreichs Fluren bin.

Nina v. Guyon, geb. Rouland.

---

24. Der Bauer und sein Sohn.

Ein guter, dummer Bauerknabe,
Den Junker Hans einst mit auf Reisen nahm,
Und der, trotz seinem Herrn, mit einer guten Gabe,
Recht dreist zu lügen, wieder kam,
Ging, kurz nach der vollbrachten Reise,
Mit seinem Vater über Land.
Fritz, der im Gehn recht Zeit zum Lügen fand,
Log auf die unverschämtste Weise.
Zu seinem Unglück kam ein großer Hund gerannt.
„Ja, Vater," rief der unverschämte Knabe,
„Ihr mögt mir's glauben, oder nicht:
„So sag' ich's Euch und Jedem in's Gesicht,
„Daß ich einst einen Hund bei -- Haag gesehen habe,
„Hart an dem Weg, wo man nach Frankreich fährt,

„Der — ja ich bin nicht ehrenwerth,
„Wenn er nicht größer wär, als Euer größtes Pferd.

„„Das,““ sprach der Vater, „„nimmt mich Wunder;
„„Wiewohl ein jeder Ort läßt Wunderdinge sehn.
„„Wir, zum Exempel, gehn jetzunder,
„„Und werden keine Stunde gehn:
„„So wirst Du eine Brücke sehn,
„„(Wir müssen selbst darüber gehn,)
„„Die hat Dir Manchen schon betrogen;
„„(Denn überhaupt soll's dort nicht gar zu richtig sein.)
„„Auf dieser Brücke liegt ein Stein,
„„An den stößt man, wenn man denselben Tag gelogen,
„„Und fällt und bricht sogleich das Bein.““

Der Bub' erschrak, sobald er dies vernommen.
„Ach!“ sprach er, „lauft doch nicht so sehr!
„Doch wieder auf den Hund zu kommen,
„Wie groß sagt ich, daß er gewesen wär'?
„Wie Euer großes Pferd? dazu will viel gehören.
„Der Hund, jetzt fällt mir's wieder ein, war erst ein halbes Jahr;
„Allein, das wollt' ich wohl beschwören,
„Daß er so groß als mancher Ochse war.“

Sie gingen noch ein gutes Stücke;
Doch Fritzen schlug das Herz. Wie konnt' es anders sein?
Denn Niemand bricht doch gern ein Bein.
Er sah nunmehr die richterische Brücke,
Und fühlte schon den Beinbruch halb.
„Ja, Vater,“ fing er an, „der Hund, von dem ich red'te,

„War groß, und wenn ich ihn auch was vergrößert
„So war er doch viel größer, als ein Kalb."

Die Brücke kommt. „„Fritz! Fritz! wie wird Dir's gehn!""
Der Vater geht voran; doch Fritz hält ihn geschwind.
„Ach, Vater!" spricht er, „Seid kein Kind,
„Und glaubt, daß ich dergleichen Hund' gesehen.
„Denn kurz und gut, eh' wir darüber gehen:
„Der Hund war nur so groß, wie alle Hunde sind.

Du mußt es nicht gleich übel nehmen,
Wenn hie und da ein Geck zu lügen sich erkühnt.
Lüg' auch, und mehr als er, und such ihn zu beschäme
So machst Du Dich um ihn, und um die Welt verdien

Gellert.

---

25. Die beiden Bauern.

Zwei Bauern, Hein und Kiljan,
Die nachbarlich auf einen Jahrmarkt stiegen,
Durchstrichen einen Wald. Hein ging voran.
Jetzt sah er einen Sack mit Geld im Grase liegen;
Er rafft ihn gierig auf, und steckt ihn lächelnd ein.
„Das war ein schöner Fund, Herr Vetter Hein!"
Sprach Kilian: „Der hilft uns auf die Beine!"
„„Uns, sagt Ihr? — Wie versteht Ihr das?
„„Das rechte Wort ist Euch."" — „Je nun, ich meine
„Die Hälfte sei für mich." „„Ei Spaß!
„„Der Fisch ist mein, ich hab' ihn ja gefangen!""
Rief Hein. — Der Vetter ließ die Flügel hangen,

Und schlich so stumm, als wär' er selbst ein Fisch,
Dem neuen Krösus *) nach, als schnell aus dem Gebüsch
Ein paar verwegner Räuber sprangen.
Hein klapperte vor Furcht: „was fangen wir nun an?
„Wir sind verloren!“ „„Wie?““ sprach Kilian;
„„Ihr irrt Euch, lieber Spießgeselle;
„„Das rechte Wort ist Ihr!““ Husch, flog er in's Gehölz.
Hein konnte gar nicht von der Stelle.
Die Räuber fielen ihn mit Säbeln auf den Pelz:
„Geld oder Blut!“ hieß es. In Todesangst versenkt
Gab er den Schatz, und obendrein sein Kleid.

Wer, wenn das Glück ihm lacht, an sich nur denkt,
Hat keinen Freund in Widerwärtigkeit. Pfeffel.

26. Rufin und Graf Woldemar.

Rufin, den reichen Handelsmann,
Sprach einst um zwanzigtausend Gulden
Graf Woldemar, der viele Schulden
Und wenig Güter hatte, an.

„Es thut mir leid, Herr Graf, daß Ihnen
„Ich nicht im Stande bin, in diesem Stück zu dienen.“
„„Wie so? Ich weiß ja doch, daß einem Mann,
„„Wie Sie, es nie an Gelde fehlen kann.““
„Herr Graf, die Wahrheit frei zu sagen,
„Es räth mir ein Gewisser an,

*) Krösus, ein überaus reicher und mächtiger Fürst, herrschte im Königreiche Lydien in Kleinasien etwa 559 v. Chr., wurde von Cyrus in der Ebene von Sardes in einer Schlacht geschlagen und gefangen u. s. w.

„Das Darlehn Ihnen abzuschlagen.
„„Der Schurke der! Wie heißt er denn?““ —
„Kein Schurke, mein Herr Graf; ich kann den Mann
gleich nennen;
„Sie werden mit mir ihn für weis' und klug erkennen;
„Kurz, Sirach ist es. Dieser spricht:
„Dein Geld, wenn Du nicht zu den Thoren
„Gehören willst, leih' denen nicht,
„Die höher sind, als Du, sonst halt' es für verloren.“

---

27. Seelengröße einer Bauermagd.

(Eine wahre Geschichte.)

Auf eines Müllers Hofe hatte sich bei Nacht
Ein angeschloss'ner Hund von seiner Kette
Einst losgerissen. Von dem Lärm erwacht
Der Herr und ruft die Magd. Die springt schnell aus
dem Bette
Und eilt halb nackt heraus, den Hund
An seine Kette wieder anzulegen.
Doch vor der Thüre springt er wüthend ihr entgegen
Und beißt an Arm und Fuß sie wund.

Der Müller eilt auf ihr Geschrei
Stracks mit den Seinigen herbei.
Sie reißt die Thüre zu. „Zurück!“ ruft sie,
„Der Hund ist toll; ich bin nun schon gebissen,
„Laßt mich! Ich will allein schon wieder fest ihn schließen.“

Sie kämpft hierauf mit großer Müh'
Sich mit dem Hund herum. Es floß
Das Blut ihr stromweis' aus den Wunden;

Doch ließ sie ihn nicht eher los,
Bis sie ihn wieder festgebunden,
Worauf man ihn alsbald erschoß.
Die Magd ging still und ohne Klagen
In ihre Kammer und erwartete den Tod.
Umsonst war Hülfe; sie befahl sich Gott.
Die Wuth brach aus; sie starb in wenig Tagen.

Die Seelengröße hängt an keinem Stande.
Zum Heldentode stärkt den Krieger oft der Blick
Auf Mausoleen *); nur für Menschenglück
Starb uns're Dörferin, und ruht — in schlechtem Sande.

---

28. Die Worte des Koran **).

Emir †) Hassan, Enkel des Propheten, ††)
Faltet seine Hände, um zu beten,
Setzt sich auf den Teppich dann im Saale
Nieder, um zu kosten von dem Mahle. —

Und ein Sclave trägt vor ihm die Speise,
Und er schüttet ungeschickter Weise
Von der Schüssel Inhalt, daß die Seide
Ward beflecket auf des Emirs Kleide.

Und der Sclave wirft sich auf die Erde
Und beginnt mit ängstlicher Geberde:

---

*) Mausoleum, Prachtgrab, Prunkgrab, Ehrendenkmal des karischen Königs Mausolus.

**) Koran, Gesetzbuch der Türken.

†) Emir, Titel arabischer Fürsten, die ihr Geschlecht von Muhamed und seiner Tochter Fatime ableiten.

††) Prophet, Seher, Weissager, Religionslehrer, Schriftausleger.

„Herr! des Paradieses Freuden theilen,
Die ihr Zürnen zu bemeistern eilen.“

„„Nun ich zürne nicht!““ antwortet heiter
Hassan; und der Sclav' versetzte weiter:
„Doch noch mehr belohnt wird, wer Verzeihen
Dem Beleidiger läßt angedeihen!“ —

„„Ich verzeihe!““ So des Emir's Worte.
„Doch geschrieben steht am selben Orte,“
Sprach der Sclave, „daß am Höchsten thronen
Soll, wer Böses wird mit Gutem lohnen!“ —

„„Deine Freiheit will ich Dir gewähren,
Und dies Gold hier, das Gebot zu ehren;
Mög' es nie gescheh'n, daß die Gesetze
Des Propheten Gottes ich verletze!““

J. C. v. Zedlitz.

---

29. Wie Ludwig der Zwölfte straft.

Ein Page schlug einen Bauer fast todt.
Der König erhielt davon Kunde:
„Man reich' ihm von dieser Stunde“ —
Befahl der Erzürnte — „kein Stückchen Brod.“

Und als der Page zu Tische kam,
Wohl Fleisch und Gemüse d'rauf standen;
Doch kein Bissen Brod war vorhanden,
Was unser Junge sehr übel nahm.

Und so oft er auch Brod von den Dienern begehrt,
Die sonst ihm gehorchten sehr schnelle;

Jetzt Keiner sich rührt von der Stelle,
Und nimmer ward sein Wunsch ihm gewährt.

Da läuft er zum König, beklagt sich und spricht:
„„Man giebt mir der Speisen nicht wenig,
„„Doch Brod fehlt mir, gnädigster König,
„„Und dies ist die Würze bei jedem Gericht.“

Da erwiedert Ludwig: „So ehre den Fleiß.
„Und statt Landleute grob zu begegnen,
„Sollst Du Diejenigen segnen,
„Die Dir es erwerben im Angesichtsschweiß.“

E. Langbein.

---

30. Persische Galanterie.

Der letzte persische Gesandte
Am Wiener Hof sah's herzlich gern,
Wenn ihn die Damen und die Herr'n,
Natürlich aus dem höchsten Stande,
Besuchten; — einstmals gab er Thee,
Und reichte selbst mit eignen Händen,
Ihr wißt, was große Herren spenden! —
Bonbon's der hohen Assemblée *).
Da fragte eine von den Damen
Neugierig ihn: „Warum bekamen
„Die Andern eins nur, und ich zwei?“
Jetzt lauschte sie der Schmeichelworte
Des Nachbars von der hohen Pforte;

---

*) Assemblée, Versammlung, Gesellschaft.

Doch was versetzt der Antichrist *)? —
„„Weil hier Dein Mund der größte ist.““
Zimmermann.

31. Der Candidat. **)

Ein Candidat, der gern befördert werden wollte,
Lag einem sehr berühmten Mann,
Der viel vermocht', inständig an,
Daß er sein Glück ihm machen sollte,
Und reichte, weil ein Platz im Rathstuhl offen war,
Dem Gönner eine Bittschrift dar.
Der Gönner las sie durch, und las sie mit Vergnügen;
„Es kränkt mich," fing er an, und nahm ihn bei der Hand,
„Daß ich Sie eher nicht gekannt,
„Ich lieb' und ehre den Verstand.
„Sie sollen dieses Amt vor allen Andern kriegen."
Er sprach darauf mit ihm, und was der Jüngling sprach,
Verrieth den besten Geist, geschaffen zum Studiren,
Zum größten Amte nicht zu schwach.

„Ach!" sprach der Gönner ganz erfreut,
„Nun kenn' ich Sie, das Amt ist Ihre,"
Und in der größten Freundlichkeit
Ging er mit ihm bis an die Thüre.
Hier bot der Jüngling ihm ein großes Geldstück an,
Um sich'rer noch zu gehen. „Nein," sprach der wackre Mann,
„Nunmehr sei dieses Amt nicht Ihre;

*) Antichrist — Heide.

**) Candidat, (gelehrter) Amtsbewerber, Dienstsuchender.

„Denn, wer Geschenke giebt, nimmt sie auch wieder an;
„Ihr Herz ist schlecht!"" Hier griff er nach der Thüre.

---

32. Der graue Esel.

Ein Gastwirth — hab' ich recht gehört,
So wohnte er in Wesel —
Ward wirklich reich und sehr geehrt
In seinem grauen Esel,
Weil er die vielen Gäste
Bewirthete auf's Beste. —
Allein das Glück soll bei den reichen Spenden
Die schwachen Menschen ganz und gar verblenden.

Der Wirth — von Hochmuth eingenommen —
Ließ einen Advokaten kommen,
Und bat durch ihn den Fürst — das Schild wär' zu gemein —
Ihm allergnädigst doch sein Bildniß zu verleih'n.
Zwei Wochen — nein, sie sind noch nicht verschwunden —
Als schon der Supplikant geneigt Gehör gefunden.
Es darf — zahlt er nur die Gebühren —
Sein Haus den Titel: Kronprinz führen. — —

Ein And'rer, — der bei Fleiß und vielem Streben —
In seiner Wohnung kaum erhielt das Leben,
Nahm den verlaß'nen Esel willig auf. —
Doch was geschieht jetzt in der Zeiten Lauf? —
Die Fremden — kamen sie nach Wesel —
Erfragten gleich den grauen Esel,
Denn — natürlich — Niemand kennt
Ein Haus, das man den Kronprinz nennt;

Und so ward dieser groß und reich,
Doch jener durch die Sorgen bleich, —
Vom Kummer und vom Harm
Krank, ungesund und arm. — —

So geht es in der Welt,
Wer hoch steigt, der hoch fällt. —
Man sei doch ja mit dem zufrieden,
Was einmal das Geschick beschieden,
Und hebe sich durch eitlen Tand,
Nicht über den bestimmten Stand. —
Wie Manchen würde man mehr schätzen und mehr lieben,
Wenn er der graue Esel ruhig wär' geblieben.

Heinroth.

---

33. Das Trotzköpfchen.

Mit schönen Augen, himmelblau und klar,
Sah Lottchen erst in's vierte Lebensjahr.
Sie war gebildet, wie ein Engel;
Doch das verrieth schon Erdenmängel;
Daß sie ein kleiner Trotzkopf war.
Beleidigte, nach ihrem Dünkel,
Sie nur ein Blick, so ging sie schmollend fort,
Saß mäuschenstill in einem Winkel,
Und sprach den ganzen Tag kein Wort.

Vom Weihnachtsmarkte zog mit Prangen
Die stattlichste der Puppen bei ihr ein.
Sie küßte die gemalten Wangen,
Und schien mit zärtlichem Umfangen,
Der Freundin ganz ihr Herz zu weih'n.

Viel schwatzte sie mit ihr am ersten Tage;
Doch nach vergeblichem Bemüh'n,
Daß auch die Pupp' ein holdes Wörtchen sage,
Begann die Freundschaft zu verblüh'n,
Und Lottchen warf, nach einem derben Schlage,
Das stumme Bild in den Kammin.
Die Mutter sah den Streich verüben,
Und fragte schnell: „Was bringt Dich so in Wuth?
„Du schienst die Puppe sehr zu lieben,
„Und stürzest sie doch in die Gluth?"

„„Ja, sie verdient auch nicht zu leben!""
Versetzte Lottchen ärgerlich.
„„Ich sagte hundert Mal: Mein Kind, ich liebe Dich!
„„Doch ihr gefiel es nicht, mir Antwort d'rauf zu geben.""
„Sieh Mädchen," sprach die Mutter ernst,
„Den Trotz der Puppe nennt man Schmollen.
„Mich freut's, daß Du die Unart kennen lernst!
„Man hat sie auch an Dir bemerken wollen.
„Laß ja dies böse Giftkraut nicht,
„In Deinem Herzen Wurzel fassen.
„Sonst trifft Dich einst das Strafgericht,
„Daß Dich die Menschen flieh'n und hassen."

Langbein.

34. Der Knabe und die Mücken.

„Mein Vater geht in's Holz, wie ich gemerket habe,"
So sagte Fritz, ein kleiner, muntrer Knabe,
Und hüpft', indem er dieses sprach,
Dem Vater schon von weitem nach.
Kaum trat er in den Busch, als ihn hier eine Mücke,

Dort wieder eine Mücke stach.
Er schalt und lief ein gutes Stücke,
Dem bösen Schwarme zu entfliehn;
Allein, je mehr er lief, je mehr verfolgt' er ihn.
„Ha!“ sprach er, „laßt ihr nicht das Ding im Guten bleiben,
„Den Spaß will ich euch schon vertreiben.“
Und muthig nahm er seinen Stab
Und schlug in ihren Schwarm; doch ließen sie nicht ab;
Und stachen sie zuvor aus bloßer Lust zu stechen,
So stachen sie nunmehr, um sich zu rächen.

Verwundet im Gesicht, auf beiden Händen roth,
Eilt Fritz dem Vater zu und klagt ihm seine Noth.
„O sieh' mal, Vater! das heißt stechen!
„Ich hab's bald so, bald so versucht;
„Ich lief, ich schlug, und doch half weder Schlag noch Flucht.“

„„Fritz,““ hub der Vater an, „„Du hast's nicht recht versucht.
„„Geh künftig ruhig fort; so kann ich Dir versprechen,
„„Sie werden weniger Dich stechen.
„„Denn wer mit kleinen Feinden ficht,
„„Der hat vor ihnen nimmer Friede;
„„Am klügsten ist, man achtet ihrer nicht,
„„So werden sie zuletzt des Streitens selber müde.““

Gellert.

---

35. Emil.

An seiner Mutter Bette stand
Emil, sonst Blondhaar auch genannt,

Ob seiner blonden Locken Fülle;
Er fühlte, was sie litt, er sah
Die Beste schon dem Tode nah,
Und weinte in der Stille.

Der Wittwe Schatzgeld, Lein und Schrein
Verschwanden längst für Arzenei'n,
Sie konnte nicht für Lohn mehr stricken;
Sie lag im bittern Mangel krank,
Und hatte Speise nicht und Trank,
Sich kärglich zu erquicken.

Als endlich sie der Schlaf befiel,
Entflog mit Sturmes=Flug Emil,
Rief aus: „ich schaffe Trank und Speise!“. —
Schritt dann geheimen Tritts herein
Mit warmer Kost und Labewein,
Und ordnet Alles leise.

Wie rückt mit wonnevollem Sinn
Er nun das reiche Tischchen hin,
Als Mütterchen vom Schlaf erwachte!
„Genieße, was der Arzt gebot,
„Hier ist zum Retter aus der Noth
„Auch blankes Geld! betrachte!“

„„Woher, mein Kind?““ „Verzeihe mir!
„Ich gab mein blondes Haar dafür.“
Er kniete freundlich bittend nieder.
„„Der Segen Gottes sei Dein Lohn!
„„Schon Deine That, mein lieber Sohn,
„„Erlabt und stärkt mich wieder.““

So hat der Arzt es mir vertraut,
Der stillen Herzthat weih' ich laut
Des Feierliedes schlichte Gabe.
Ja, Gottes Segen sei Dein Lohn
Im Himmel und auf Erden schon,
Du guter, liebenswürd'ger Knabe!

---

36. David und sein Sohn.

Der junge Salomo saß vor der Thür
Der väterlichen Burg, ein Körbchen Feigen
Auf seinem Schooß; mit lüsterner Begier
Aß er davon. Es war dem Knaben eigen,
Was er begann, mit Leidenschaft zu thun,
Und keine Frucht war ihm so lieb, als Feigen.
Indem er zehrte, bat der kleine Nun,
Ein armes Waislein, ihn um eine Gabe. —
Der Prinz durchsucht den Rock, das Unterkleid.
„Du siehst," sprach er, „daß ich nichts bei mir habe;
„Komm wieder, Freund!" — Auf diesen Hofbescheid
Trat Nun zurück. — „„Wie!"" rief des Vaters Stimme,
Der auf dem Soller stand, dem Prinzen zu:
„„Den Armen, der Dich bat, entfernest Du?"" —
„Ich habe nichts." — Mit angenommnem Grimme
Fuhr David fort: „„So spricht nur ein Barbar;
„„Gleich theile mit dem Knaben Deine Früchte!""
Der Erbprinz zählt mit flammendem Gesichte
Dem Schmachtenden des Schatzes Hälfte dar;
Und gönnt ihm einen Platz an seiner Seite,
So lästig ihm des Vaters Machtspruch war.
Der arme Nun genoß die süße Beute

Mit seltner Lust. Die Balsamfrucht erquickt
Den ausgedorrten Gaum und stillt die Qualen
Des Hungers ihm. — „Heil Dir zu tausend Malen,
„Mein Prinz!“ rief er und küsset ihm entzückt
Die milde Hand, die er mit Thränen weihet. —
„Gott Israels, o segne diese Hand!
„Vom Hungertode hat sie mich befreiet!“
Der Prinz verstummet; seine Brust empfand,
Was, seine Harf im Arm, der Vater fühlte,
Wenn er ein neues Lied Jehoven spielte.
Er reicht der Früchte Rest dem Knaben hin,
Sinkt weinend an sein Herz und küsset ihn.

Der Mensch, ein Kind, lernt zwar die Tugend üben,
Wenn sein Verstand sie ihm als Pflicht gebeut,
Doch fühlt sein Herz erst ihre Seligkeit,
So lernt er bald als höchstes Gut sie lieben.

Pfeffel.

---

37. Der Vater und die drei Söhne.

Von Jahren alt, an Gütern reich,
Theilt einst ein Vater sein Vermögen
Und den mit Müh' erworb'nen Segen
Selbst unter die drei Söhne — gleich.

„Ein Diamant ist's,“ — sprach der Alte,
„Den ich für den von Euch behalte,
„Der mittelst einer schönen That
„Darauf den meisten Anspruch hat.“

Um diesen Anspruch zu erlangen,
Sieht man die Söhne sich zerstreu'n. —

Drei Monden waren kaum vergangen,
Da stellten sie sich wieder ein.

Drauf sprach der Aelteste der Brüder:
„Hört, es vertraut' ein fremder Mann
„Sein Gut ohn' einen Schein mir an;
„Dem gab ich es getreulich wieder.
„Sagt, war die That nicht lobenswerth?"

„„Du thatest, Sohn, wie sich's gehört,"" —
Ließ sich der Vater hier vernehmen —
„„Wer anders thut, der muß sich schämen;
„„Denn ehrlich sein, heißt uns die Pflicht.
„„Die That ist gut, doch edel nicht."" —

Der And're sprach: „Auf meiner Reise
„Fiel einst ganz unachtsamer Weise
„Ein armes Kind in einen See. —
„Ich sprang ihm nach, zog's in die Höh'
„Und rettete des Kindes Leben;
„Ein Dorf kann davon Zeugniß geben."

„„Du thatest,"" sprach der Greis, „„mein Kind,
„„Was wir als Menschen schuldig sind!""

Der Jüngste sprach: „Bei seinen Schaafen
„War einst mein Feind fest eingeschlafen
„An eines tiefen Abgrunds Rand.
„Sein Leben stand in meiner Hand;
„Ich weckt' ihn, und zog ihn zurück."

„„O!"" rief der Greis mit holdem Blick —
„„Der Ring ist Dein! Welch edler Muth,
„„Wenn man den Feinden Gutes thut!""

Lichtwer.

38. Der arme Schiffer.

Ein armer Schiffer stack in Schulden
Und klagte dem Philet sein Leid.
„Herr,“ sprach er, „leiht mir hundert Gulden!
„Allein zu Eurer Sicherheit
„Hab ich kein ander Pfand, als meine Redlichkeit;
„Indessen leiht mir aus Erbarmen
„Die hundert Gulden auf ein Jahr.“

Philet, ein Retter in Gefahr,
Ein Vater vieler hundert Armen,
Zählt ihm das Geld mit Freuden dar.
„„Hier,““ spricht er, „„nimm es hin und brauch' es ohne Sorgen!
„„Ich freue mich, daß ich Dir dienen kann.
„„Du bist ein ordentlicher Mann;
„„Dem muß man ohne Handschrift borgen!““

Ein Jahr und noch ein Jahr verstreicht,
Kein Schiffer läßt sich wiedersehen.
Wie? sollt' er wohl Phileten hintergehen
Und ein Betrüger sein? Vielleicht.
Doch nein. Hier kommt der Schiffer gleich.

„Herr,“ fängt er an „erfreuet Euch!
„Ich bin aus allen meinen Schulden,
„Und seht, hier sind zweihundert Gulden,
„Die ich durch Euer Geld gewann.
„Ich bitt' Euch herzlich, nehmt sie an;
„Ihr seid ein gar zu wack'rer Mann!“

„„O,““ spricht Philet, „„ich kann mich nicht besinnen,
„„Daß ich Dir jemals Geld gelieh'n.

„„Hier ist mein Rechnungsbuch, ich will's zu Rathe ziehn;
„„Allein ich weiß es schon, Du stehest nicht darinnen!““

Der Schiffer sieht ihn an und schweigt betroffen still,
Und kränkt sich, daß Philet das Geld nicht nehmen will.
Er läuft und kommt mit voller Hand zurücke.
„Hier,“ spricht er, „ist der Rest von meinem ganzen Glücke,
„Noch hundert Gulden, nehmt sie hin,
„Und laßt mir nur das Lob, daß ich erkenntlich bin!
„Ich bin vergnügt, ich habe keine Schulden,
„Und dieses Glück verdank' ich Euch allein;
„Und wollt Ihr ja recht gütig sein,
„So leiht mir wieder fünfzig Gulden!“

„„Hier,““ spricht Philet, „„hier ist Dein Geld!
„„Behalte Deinen ganzen Segen!
„„Ein Mann, der Treu und Glauben hält,
„„Verdient ihn seiner Treue wegen.
„„Sei Du mein Freund! Das Glück ist Dein;
„„Es sind nicht mehr als hundert Gulden mein,
„„Und diese sollen Deinen Kindern sein!““

Mensch, mache Dich verdient um Andrer Wohlergehn!
Denn was ist göttlicher, als wenn Du liebreich bist
Und mit Vergnügen eilst, dem Nächsten beizustehn,
Der, wenn er Großmuth sieht, großmüthig dankbar ist.

Gellert.

---

39. Das Testament.

„Sohn,“ fing der Vater an, indem er sterben wollte,
„Wie ruhig schlief' ich jetzt nicht ein,

„Wenn ich nach meinem Tod' Dich glücklich wissen sollte!
„Du bist es werth und wirst es sein.
„Hier hast Du meinen letzten Willen.
„Sobald Du mich ins Grab gebracht,
„So brich ihn auf und such ihn zu erfüllen; —
„Dann ist Dein Glück gewiß gemacht.
„Versprich mir dies, so will ich freudig sterben."
Der Vater starb, und kurz darauf
Brach dann der Sohn den letzten Willen auf
Und las: „Mein Sohn, Du wirst von mir sehr wenig erben,
„Als etwa ein gut Buch und meinen Lebenslauf;
„Den setz' ich Dir zu Deiner Lehre auf.
„Mein Wunsch war meine Pflicht. Bei tausend Hindernissen
„Befliß ich stets mich auf ein gut Gewissen.
„Verstrich ein Tag, so fing ich zu mir an:
„Der Tag ist hin, hast Du was Nützliches gethan?
„Und bist Du weiser als am Morgen?
„Dies, lieber Sohn, dies waren meine Sorgen.
„So fand ich denn von Zeit zu Zeit
„Zu meinem täglichen Geschäfte
„Mehr Eifer und zugleich mehr Kräfte,
„Und in der Pflicht stets mehr Zufriedenheit.
„So lernt' ich mich mit Wenigem begnügen
„Und steckte meinem Wunsch ein Ziel!
„Hast Du genug, dacht' ich, so hast Du viel,
„Und hast Du nicht genug, so wird's die Vorsicht fügen.
„Was folgt Dir, wenn Du heute stirbst?
„Die Würden, die Dir Menschen gaben?
„Der Reichthum? Nein! das Glück, der Welt genützt zu haben.

„Drum sei vergnügt, wenn Du Dir dies erwirbst.
„So dacht' ich, liebster Sohn; so sucht' ich auch zu leben;
„Und dieses Glück kannst Du, mit Gott Dir selber geben.
„Vergiß es nicht: das wahre Glück allein
„Ist, ein rechtschaffner Mann zu sein." **Gellert.**

40. Die Milchfrau.

Auf leichten Füßen lief ein artig Bauerweib,
— Geliebt von ihrem Mann, gesund an Seel' und Leib, —
Frühmorgens nach der Stadt, und trug auf ihrem Kopfe
Vier Kannen süße Milch in einem großen Topfe; —
Sie lief, und wollte gern: „Kauft Milch!" am ersten schrein;
„Denn" — dachte sie bei sich: — Die erste Milch ist theuer.
„Will's Gott, so nehm' ich heut' sechs baare Groschen ein!
„Und kaufe mir dafür ein halbes hundert Eier;
„Mein Hühnchen brütet sie mir all' auf einmal aus.
„Gras stehet rund herum um unser kleines Haus;
„Da weiden sie sich schon im Grünen selbst ernähren,
„Die kleinen Küchelchen, die meine Stimme hören;
„Und, ganz gewiß, der Fuchs, der müßte fleißig sein,
„Ließ er mir nicht so viel, daß ich ein kleines Schwein,
„Nur eins zum wenigsten dafür erhandeln kann.
„Wenn ich etwa schon im Geiste darauf freue,
„So denk' ich nur dabei an meinen lieben Mann.
„Zu mästen kostet's mir ja nur ein wenig Kleie.
„Ist es dann fett gemacht, so kauf' ich eine Kuh,
„In uns'ren kleinen Stall, auch wohl ein Kalb dazu.
„Das Kälbchen will ich dann auf meine Weide bringen,

„Und munter hüpft's und springt's, wie da die Lämmer springen!
„Hei!" sagt sie, und springt auf — und von dem Kopfe fällt
Der Topf mit Milch herab, und ach! ihr baares Geld,
Ihr Kalb und ihre Kuh, Glück, Reichthum und Vergnügen
Sieht sie nun vor sich da in kleinen Scherben liegen.
Betrübt steht sie dabei und sieht sie weinend an.
„Die schöne weiße Milch," seufzt sie, „auf schwarzer Erde!"
Wehmüthig geht sie fort, erzählt es ihrem Mann,
Der ihr entgegen kommt mit zitternder Geberde.
Was sagte der dazu? Erst sah er ernsthaft aus,
Als wär' er bös' auf sie, ging schweigend in das Haus,
Kehrt aber um und sprach: „„Kind, bau' ein ander Mal
„„Nicht Schlösser in die Luft; man bauet seine Qual.
„„Am Wagen, welcher läuft, dreht sich so schnell kein Rad,
„„Als sie verschwinden in den Wind.
„„Wir haben alles Glück, das unser Junker hat,
„„Wenn wir zufrieden sind.""

Gleim.

41. Der Held und der Reitknecht.

Ein Held, der sich durch manche Schlacht,
Durch manch verheertes Land des Lorbeers werth gemacht,
Floh einstens, nach verlorner Schlacht,
Verwundet in den Wald, den Feinden zu entkommen;
Traf einen Eremiten an,
Und ward von diesem frommen Mann
Nebst seinem Reitknecht aufgenommen;
Doch beider Tod war nah'.

„Ach!“ fing der Reitknecht an,
„Werd' ich denn auch in Himmel kommen?
„Ich habe, leider! nichts gethan,
„Als meines Herrn Vieh getreu in Acht genommen,
„Ich armer, unwürdiger Mann!
„Allein mein Herr, der muß in Himmel kommen;
„Denn er, ach! er hat viel gethan:
„Er hat drei Könige bekrieget,
„In sieben Schlachten stets gesieget,
„Und Sachen ausgeführt, die man kaum glauben kann.“

Der Eremit sah d'rauf den Helden kläglich an:
„Warum habt Ihr denn Alles dies gethan?“
„„Warum? Zu meines Namens Ehren,
„„Und meine Länder zu vermehren,
„„Und, was ich bin, ein Held zu sein.““

„O!“ fiel der Eremit ihm ein,
„Deswegen mußtet Ihr so vieles Blut vergießen?
„Ich sag' es Euch auf mein Gewissen,
„Ich bitt' Euch, laßt's Euch nicht verdrießen;
„Der Reitknecht, ein gemeiner Mann,
„Hat wahrlich mehr, als Ihr gethan!“ Gellert.

---

42. Der Affe und der Geizige.

Einst hielt ein Geiziger sich einen Affen. —
Ein Geizhals sein und den sich anzuschaffen,
Das scheint dir sonderbar; allein bedenke doch:
Gesellschaft kostet Geld und Menschen können stehlen.
Auch hat ein Affe diese Tugend noch:

Sein Herr darf nichts vor ihm verhehlen;
Er darf vor seinen Augen rechnen, zähl.n.
Kein Mensch erfährt's, er stört ihn nie darin.
Kurz, die Gesellschaft war nach unsers Harpax Sinn.
Der Glockenschlag rief einst den Mann zur Kirche hin;
Denn durch sein Fasten, Beten, Singen
Dacht' er dem Himmel noch mehr Gaben abzuzwingen.
Da ließ er in der Eil' das Schreibpult offen steh'n,
Wo ihm sein Petz im Gold oft hatte wühlen sehn.
Der Affe, der den Haufen Geld erblicket,
Und den die Langeweile drücket,
Sinnt sich gar bald ein Spielchen aus.
Er fängt ein Goldstück an hervorzulangen,
Und zielt und wirft es durch die Fensterstangen.
Er wiederholt sein Spiel. Man sammelt sich ums Haus,
Man ruft: „Mir auch ein Stück, mein Petzchen!" man fängt und springet
Und wem mit Hut und Hand ein Fang gelinget,
Dem jagt's ein And'rer wieder ab.
Indem der Affe noch dies Schauspiel gab,
Kam unser Harpax. — „Was ist hier zu sehen?
„Worüber lacht man denn? — O, wehe mir!
„Mein schönes Gold! Verfluchter Räuber, dir
„Will ich den Kopf vom Rumpfe drehen!
„Das Eingeweide will ich dir
„Aus deinem Leibe reißen!". — — „„Mäßigt Eure Hitze,""
Sprach hier ein Greis; „„Das Geld ist Euch so wenig nütze
„„Als ihm. Er wirft es weg, Ihr sperrt es ein;
„„Wer mag von Euch der Klügste sein?""

von Hagedorn.

43. Der alte Krieger.

Ihr Leutchen, hört, es lebt' einmal
Auf seinem Rittergute
Ein alter, bied'rer General,
Ein Mann von edlem Muthe. —
Und helfen und trösten, erfreuen und geben,
Dies war ihm die einzige Freude im Leben.

Ihm starb sein Sohn, da nahm der Mann
Ein armes Fräulein Bäschen
Aus Menschlichkeit zur Tochter an —
Die trug sehr hoch das Näschen!
Sie liebte das Geld nur, nur Perlen und Ringe
Und andre dergleichen vergängliche Dinge.

„Kind," sprach einmal der graue Held,
„Du machst mir wenig Freude;
„Du liebst nur Tand und Putz und Geld,
„Und hassest arme Leute;
„Du siehst es, ich altre und werde bald sterben —
„D'rum bess're Dich, bess're Dich, willst Du mich erben.

„Doch hör'! jetzt reis' ich über Land;
„Ich will — hier steht die Kasse! —
„Daß niemals man mit leerer Hand
„Den Dürftigen entlasse.
„Doch jeden ehrwüdigen, alten Soldaten
„Beschenke mir, hörst Du! mit einem Dukaten."

So ritt er fort; im Abendlicht
Hinkt über die Schloßbrücke,
Die Bärenmütz' tief im Gesicht,
Ein Kriegsmann an der Krücke.

Der ehrliche Alte schien nahe dem Grabe,
Und flehte um eine mildherzige Gabe.

„„Pack' Dich,““ fuhr ihn das Fräulein an,
„„Betrunkner Bärenhäuter;
„„Du alter, unverschämter Mann,
„„Mit Deiner Krücke weiter.
„„Sonst laß' ich, Du Tag'dieb, mit Hunden Dich hetzen,
„„Die mögen dann tüchtig den Balg Dir zerfetzen.““

„Ha!“ rief der Mann mit einem Mal
Mit Augen voller Blitze,
„Sieh her, ich bin der General —
„Hier liegen Krück' und Mütze.
„Ich wollte Dein Herz nur, mein Bäschen, erproben —
„Doch kann jetzt der Vetter das Bäschen nicht loben.

„Du kannst nicht meine Erbin sein —
„Du sollst mir ohne Säumen,
„Und da hilft weder Fleh'n noch Schrei'n,
„Die Nacht das Schloß noch räumen.
„Denn wer sich nicht annimmt der leidenden Armen,
„Verdienet, beim Himmel! auch selbst kein Erbarmen.“

Chr. Schmid.

44. Das Buch ohne Buchstaben.

Vor seiner Thür ein Bäu'rlein saß,
In einem kleinem Büchlein laß, —
Die liebe Einfalt war der Greis,
Sein Haar und Bart war silberweiß;
Doch röthlich noch sein Wangenpaar,
Benetzt mit Thränlein hell und klar.

Schmelfungus auch des Wegs herkam,
Und wahr des armen Bäu'rleins nahm. —
Der dicke Herr, gar hochgelehrt,
Das Bäu'rlein mit dem Gruß beehrt:
„Was machst Du alter Narre da?
„Du kennst ja nicht einmal das A!“

„„Herr Doktor, in dem Büchlein steht
Nicht A noch Z, wie Ihr da seht!
Leer sind die Blättlein allzumal,
Nur ihrer sechse an der Zahl.
Die Farben sind auch sechserlei
Merkt, was mir die Bedeutung sei!

„„Das erste Blatt ist himmelblau
Und sagt: Mensch oft nach oben schau!
Das andere, wie Rosen roth,
Mahnt an des Heilands Blut und Tod;
Das dritte, wie die Lilien weiß,
Spricht: rein zu leben, dich befleiß!

„„Das vierte Blatt, so schwarz wie Ruß,
Lehrt, daß ich auf die Bahre muß;
Des fünften feuerfarbner Schein
Erinnert an der Hölle Pein;
Das sechste Blatt, von Golde ganz,
Mahnt an des Himmels Pracht und Glanz!

„„Bedenk' ich, was das Büchlein spricht,
Mein Aug' sich netzt, das Herz mir bricht —
Was ich nur brauch', mein Büchlein lehrt,
D'rum halt' ich's tausend Mal mehr werth,

„„Als Eure Elephanten all'
In Eurem großen Bücherstall.““

Still gehet der gelehrte Mann;
„Hm!“ denket er, „es ist was d'ran!
„Wer wenig thut, weiß er gleich viel,
„Der kommt doch nimmermehr zum Ziel;
„Wer wenig weiß, es aber thut,
„Ist noch so weise, fromm und gut.“

Chr. Schmid.

45. Der Holzhacker.

Ein Bäuerlein fällte die knurrige Eich' —
Er seufzte und murrte bei jeglichem Streich':
„Es ist doch ein Jammer, es ist ein Verdruß,
„Wie unser Eins immer sich peinigen muß!
Wie ist doch der Arme so übel daran —
„Wär' ich doch ein reicher, vermögender Mann!“

Da kommt ein holder, schönlockiger Knab'
Im Silbergewande mit goldenem Stab',
Er redet gar freundlich das Bäuerlein an:
„„Gott grüß' Dich, Du armer, unglücklicher Mann!
„„Verlange, was immer Dein Herz nur begehrt, —
„„Es sei Dir die Bitte zur Stunde gewährt!““

Es wird zwar dem Bäu'rlein ganz schau'rlich und bang,
Bei all' dem bedenkt sich mein Bäu'rlein nicht lang.
Er ziehet gar höflich das Pelzkäpplein ab,
Und spricht, sich verneigend: „O himmlischer Knab'!
„Ich bitte, weil Ihr es doch selber so wollt,
„Was ich nur berühre, das werde zu Gold.“

Da lächelt gar seltsam der lockige Knab', —
Berühret das Bäu'rlein mit goldenem Stab':
„„Ich wollte, Du hättest was Bessers begehrt —
„„Indessen sei dennoch die Bitte gewährt!““
So spricht er, verschwindend in goldenen Duft,
Und himmlischer Wohlgeruch füllet die Luft.

„Gottlob!“ ruft das Bäu'rlein, „nun bin ich ja reich!“
Er prüfet die herrlichen Künste sogleich.
Kaum faßt er der Eiche gekrümmeten Ast,
So kracht er von goldener Eichelein Last,
Die Blättlein und Knösplein ohn' Ende und Zahl,
Sie schimmern von lauterem Golde zumal.

„O Wunder, o Freude! Jetzt geh' ich nach Haus!
„Die Arbeit hier mache ein Anderer aus.
„Nun esse ich nichts mehr, als Braten und Wurst,
„Und trinke Burgunder und Rheinwein für Durst.
„Nur diesmal noch ess' ich vom Brode genug,
„Und trinke die Letzte aus irdenem Krug'!“

Er langet sein irdenes Krüglein herbei, —
Wie schwer ist's, wie schimmert's und funkelt's! Ei, ei,
Doch weh! auch das Wasser gerinnet zu Gold,
Kein Tröpflein dem goldenem Krüglein entrollt.
Er bricht von dem Brode und beißet, — o Graus!
Am goldenen Bröcklein die Zähne sich aus.

„O Schrecken, o Jammer! Was fang' ich jetzt an? —
„Was hab' ich aus Dummheit und Goldgier gethan? —
„Nichts hilft mir im Hunger die goldene Wurst,
„Und Gold statt des Weines stillt nimmer den Durst.

„O, hätt' ich statt Goldes nur Wasser und Brod!
„Ach! was mir ein Glück schien, das ist jetzt mein Tod."

Von Aengsten und Jammer mein Bäu'rlein erwacht,
Denn alles dies war nur ein Träumlein der Nacht.
„Gottlob!" spricht er, froh der verschwundenen Noth,
„Ich habe statt Goldes das tägliche Brod,
„Gottlob, daß ich wieder bei ruhigem Sinn,
„Und nicht das verwünschte Goldkäferlein bin."

„Gar gut ist's, so hat mich das Träumlein gelehrt,
„Daß Gott nicht gleich Jeglichem jedes gewährt,
„Gar Mancher begehrte des Goldes wie Stroh,
„Und würde doch nimmer zufrieden und froh.
„Ja, Mancher fleht' Manches mit thörichtem Mund,
„Und ginge an Leib und an Seele zu Grund.

Chr. Schmid.

---

46. Der Löwe von Florenz.

„Der Löw' ist los! Der Löw' ist frei!
„Die ehernen Banden riß er entzwei. —
„Zurück! daß ihr den vergeblichen Muth
„Nicht schrecklich büßt in dem eigenen Blut!"

Und Jeder suchte mit scheuer Eil'
In des Hauses Innerm Schutz und Heil,
Auf Markt und Straßen all umher
Ward's plötzlich still und menschenleer.
Ein Kindlein nur, deß unbewußt,
Verloren in des Spieles Lust,
Fern von der sorglosen Mutter Hand,
Saß auf dem Markt am Brunnenrand.

Wohl Viele schauten von oben herab,
Sie schauten geöffnet des Kindleins Grab,
Sie rangen die Hände und weinten sehr
Und blickten nach Hülfe rings umher;
Doch keiner wagte, das eigene Leben
Um des Fremden willen dahin zu geben.
Denn schon verkündet ein nahes Gebrüll
Das Verderben, das jeglicher meiden will;
Und schon mit der rollenden Augen Gluth
Erlechzt der Löwe des Kindleins Blut,
Erhebt er drohend die grimmige Klau —
O qualvoll herzzerreißende Schau! —
So rettet nichts das zarte Leben,
Dem gräßlichsten Tode dahingegeben?
Da plötzlich stürzet aus jenem Haus
Mit fliegenden Haaren ein Weib heraus —
„Um Gottes Willen, o Weib, halt ein!
„Willst Du Dich selbst dem Verderben weih'n?
„Unglückliche Mutter; zurück den Schritt!
„Du kannst nicht retten, du stirbst nur mit!" —

Doch furchtlos fällt sie den Löwen an,
Und aus dem Rachen mit scharfem Zahn
Nimmt sie das unversehrte Kind
In ihren rettenden Arm geschwind. —
Der Löwe stutzt, und unverweilt
Mit dem Kinde die Mutter von dannen eilt.
Da erkannte gerührt, so Jung wie alt,
Des Mutterherzens Allgewalt
Und des Leuen großmüthigen Sinn zugleich.
Doch manche Mutter, von Schrecken bleich,

Sprach still: „Um des eignen Kindes Leben
„Hätt' ich mich auch dahin gegeben.“ Bernhardi.

47. Schnell aus Kassel.

(Eine wahre Geschichte.)

Begleitet von zwei treuen Hunden
Ging Schnell, ein Fleischer, über Land.
Schon waren ihm nach wenig Stunden
Die Thürme seiner Stadt entschwunden,
Als in dem Wald, durch den sein Weg sich wand,
Ein Mann mit Knotenstock, im Blicke
Mehr tiefen Gram als Herzenstücke,
Bescheiden flehend vor ihm stand.
„Freund, nur ein Kleines einem Armen!
„Gott näher bringt Dich das Erbarmen.“

Schnell wendet sich und zieht hervor
Ein Silberstück, als über's Ohr
Der Unhold ihm mit einem Schlag
Zu Boden stürzt. Der Fleischer lag
Betäubt und auf den Punkt, beraubt zu sein. —
Die Hunde stürzen drauf gleich auf den Mörder ein,
Zerfleischen schrecklich ihn und zerren
Ihn endlich bis zum nahen Sumpf;
Dann fliegen sie zurück zu ihrem Herrn,
Der noch an allen Sinnen stumpf,
Am Boden lag; beriechen und belecken,
Um ihn in's Leben zu erwecken,
Ihm freundlich Händ' und Angesicht,
Schnell wachet auf; sieht seinen Mörder nicht;

Doch findet er sein Geld und seine Hunde,
Fühlt keine Beule, keine Wunde,
Und wandert seines Weges fort.
Urplötzlich dringt aus einem nahen Ort
Ein kläglich Wimmern ihm zu Ohren.
Er geht dem Laute nach und sieht
Den Räuber blutend und verloren,
Wenn Niemand rettet. Hochentglüht
Von Menschlichkeit und Tugend, springet
Er muthig in den Sumpf und zieht
Selbst seinen Mörder an das Land; er ringet
Ihm Haar und Kleider aus, und jagt
Die Hunde fort; worauf er endlich fragt:

„Was that ich Dir, daß Du mich schlugest,
„Und friedlich nicht ein klein Geschenk von mir
„Zurück in Deine Hütte trugest?“ —

„„Mitleiden!““ sprach der Räuber hier.
„„Ich that's, weil höchster Grad der Noth
„„Die Wahl mir ließ von mein' und Deinem Tod.““
„Ich könnte, sprach der edle Fleischer hier
„Ich könnte jetzt auf Tod und Leben
„Dich den Gerichten übergeben;
„Doch, armer Mann, Verzeihung Dir;
„Nimm diesen blanken Thaler hier
„Und ruhig eil' dann fort von mir;
„Kein Mensch soll wissen, was sich hier begeben.“

Engelschall.

48. Der Galeerensklave *).

„Zieh hin in Frieden, Du bist frei!
„Die theure Lösung ist gespendet,
„Noch heute gnädig Dich der Dey **)
„In's ferne Vaterland entsendet!“ —
Er hört die Fesseln klirrend sinken,
Er sieht die Freiheit freundlich winken,
Und thränenfeucht jauchzt sein Geschrei:
„Ich träume nicht? und ich bin frei?“

Und freundlich sieht er schon am Strande
Des Schiffes luft'ge Wimpel wallen,
Wo Töne aus dem Vaterlande
Und heim'sche Jubellieder schallen.
Mitleidig blickt er auf die Brüder,
Des vor'gen Leid's Genossen, nieder.
„Lebt wohl!“ so ruft er tief bewegt,
„Bis auch für Euch die Stunde schlägt.“

Da schwanket müd' ein fremder Kiel †)
Voll schwerer Ladung in den Hafen,
Und ihn ergreift ein Schmerzgefühl,
Denn, ach! es waren neue Sklaven.
Und welk, gebleicht von tiefem Jammer,
Entsteigen sie der dunkeln Kammer,

*) Galeeren sind lange, schmale Schiffe mit niedrigem Bord und 5 Feldstücken, in den Raubstaaten werden die Christensklaven gewöhnlich als Ruderer auf denselben gebraucht.

**) Dey — der oberste Befehlshaber in der Republik Tripolis, in Tunis heißt er Bey.

†) Kiel — der unterste lange Grundbalken eines Schiffes; dichterisch — das Schiff.

Tief athmen sie das frische Licht
Der Stärkung; doch zum Troste nicht.

Und mit des Mitleids Allgewalt
Durchschaut Oswin die Jammerschaaren;
Da fällt ihm plötzlich die Gestalt
Von einem Greis in Silberhaaren
In's nasse Aug', und schmerzdurchwühlet
Auf einmal sich der Jüngling fühlet,
Er stürzt dem Greise in den Arm:
„Mein Vater! daß sich Gott erbarm'!"

Und lange ruht in tiefem Gram
Er an dem theuern Vaterherzen,
Bis die Besinnung wiederkam,
Doch mit ihr wild erneute Schmerzen.
„So soll des frommen Alters Schwächen
„Die harte Sklavenkette brechen?" —
„„Sei ruhig, Sohn! Wie lange noch,
„„Erlöst der sanfte Tod mich doch!""

Den Sohn ergreift des Vaters Wort,
Er sinnt und kämpft, doch endlich siegt er.
Zum Sklavenhändler eilt er fort;
Ha seht! zu seinen Füßen liegt er:
„O fühlet Ihr ein menschlich Regen,
„So lasset, Herr, Euch jetzt bewegen,
„Mich nehmt zu Eurem Sklaven an,
„Und gebt ihn frei, den alten Mann!"

Der kennt den Vortheil: „„Wohl es sei!
„„Sei Deines Herrn Befehl gewärtig!

„„Den legt in Eisen, — der ist frei!““
So ist der Schreckenshandel fertig.
Und schon die rauhen Schergen winken,
Zwei stumme Zähren ihm entsinken:
„Er ist gerettet! Gott sei Dank!“
Und schnell kehrt er zur Ruderbank.

Doch, was er kindlich fromm vollbracht,
Schnell sieht man's alle Herzen rühren;
Ein warmes Mitgefühl erwacht,
Und vor den Dey läßt man sie führen.
Der fühlt sich menschlich sanft ergriffen;
„Man lasse frei den Edeln schiffen!“
Befiehlt er mild, und tief bewegt
Er an des Vaters Brust ihn legt.

Blankenburg.

---

49. Der Rettig.

Ludwig der Eilfte gelangte zum Throne,
Frankreichs Lust war gerecht und groß,
Und er zog, auf dem Haupte die Krone,
Feierlich ein in der Väter Schloß.
Jedes Herz flog ihm hoffend entgegen,
Jeder Mund schallt' ihm Glück und Segen.

Als er dankend nun schritt durch die Säle,
Wo ihn begrüßt' ein bebändertes Heer,
Da schon empfand er, wie sehr es quäle,
Steuermann sein auf dem trüg'rischen Meer,

Wo der Syrenensang*) schmeichelnder Lippen
Leicht verlockt an gefahrvolle Klippen.

Und er musterte forschend die Menge,
Welche gesenkten Blickes sich neigt,
Ob ihm denn unter all' dem Gedränge
Nicht ein offenes Auge sich zeigt?
Sieh, da erblickt' er zu hinterst so Einen,
Der zu beten schien und zu weinen.

(Es) 's war ein Bauer. — Der König blieb stehen,
Sprechend zu einemn ahen Hatschier: **)
„Jenen Mann an der Thüre will ich sehen,
„Führ' ihn auf der Stelle zu mir!"
Und es theilt sich der Kreis unterthänig,
Alsbald führt man den Bauer zum König.

Hin auf die Knie' warf sich der Alte,
Drückt auf des Königs Mantel den Mund,
Und sein: „„Heil meinem Herrn!"" erschallte
So recht herauf aus des Herzens Grund;
Ludwig erhob ihn, da sprach er dann heiter,
Wie hier wörtlich zu lesen, weiter:

„„Ach mein gnädigster Herr! Ihr kennet
„„Wohl Euren alten Hauswirth nicht mehr,
„„Der sich Robert Mathurin nennet,
„„Und aus dem fernen Burgund kommt her,
„„Um den schönsten der Tage zu sehen
„„In der Königstadt festlich begehen?

*) Syrene — Seejungfer; Syrenensang — Lockgesang, Zaubergesang.
**) Hatschier — Leibtrabant, Leibwache des Königs.

„„Wißt Ihr, wie oft Ihr bei uns seid gesessen,
„„Noch als Dauphin*) in der Meinen Kreis?
„„Wie Ihr mit uns manchmal Rettig gegessen?
„„War ja stets Eure Lieblingsspeis',
„„Immer noch denken wir d'ran, und die Meinen
„„Freu'n sich, so oft bei uns Rettig' erscheinen.

„„Nun im heurigen**) Jahr hat gesegnet
„„Uns der Himmel ganz beispiellos,
„„'s hat im Frühjahr tüchtig geregnet,
„„Und da wurden die Rettige groß;
„„Seh't da bring' ich unterthänig
„„Euch die schönste der Wurzeln, Herr König!'' "

„Daß Dein Rettig, mein Freund etwas tauge,"
Sagte der König, „Das merk' ich wohl schon,
„Denn es steigt mir das Wasser in's Auge,
„Und wir reden doch nur davon, —
„Gieb! — beim Festmahl will ich ihn essen
„Und dabei Deiner gewiß nicht vergessen!"

Und der Bauer, erfreuet nicht wenig,
Zog einen Rettig, bewundernswerth groß,
Schnell aus der Tasch', überreicht' ihn dem König',
D'rauf eine Thrän' aus dem Aug' ihm floß,
Wollt' mit dem Aermel schnell wischen sie auf,
„Laß — sprach der König — den Tropfen nur drauf."

Und einem Pagen, der stand daneben,
Reicht' er die Frucht, rief den Zahlmeister vor,

---

*) Dauphin — Erbprinz.
**) heurigen (veraltet) — jetzigen — diesen.

Und befahl ihm, dem Bauer zu geben
Alsogleich hundert ganz neue Louisd'or;
Augenblicklich war dieses geschehen,
Und der König will weiter gehen.

Plötzlich stürzet zu seinen Füßen
Aus dem Gedräng' ein Edelmann.
„„Herr! laßt auch mich die Wonne genießen,
„„Welche der Bauer sich heute gewann,
„„Mir auch erlaubt an dem festlichen Tage,
„„Daß ich Euch etwas zu bieten wage.

„„Bin der Gutsherr von jenem Alten,
„„Habt mein Schloß als Dauphin auch beehrt,
„„Habt zu jener Zeit viel gehalten
„„Auf mein schönes arabisches Pferd;
„„Nun, der Sprößling von diesem Pferde
„„Wurde das herrlichste Thier auf der Erde.

„„D'rum vergönnet mir, daß ich es stelle
„„Alsbald in meines Monarchen Stall!““
Schwieg der König? — er sah ganz helle —
Als ein Geizhals war überall
Dieser Edelmann laut beschrieben,
Ward vom Geschenk' zum Geschenke getrieben.

„Wohl! — versetzte der Mann mit der Krone —
„Stell't es nur in den Marstall mir,
„Und damit ich Euch würdig lohne,
„Nehmet — diesen Rettig dafür:
„Jenes das herrlichste Pferd von den Pferden,
„Dieser der seltenste Rettig auf Erden.“

J. F. Castelli.

50. Die edle Rache.

Friedlich nach durchlaufner Bahn
Den erstarrten Leib zu pflegen,
Kam, gepeischt vom Herbstorkan
Und durchnäßt von Schnee und Regen
Der mobile Handelsmann,
Levi Schmuhl, im Wirthshaus an.

Zechend in zufried'nem Kreise
Saß des Städtchens Bürgerschaft,
Labte sich am Gerstensaft
Und besprach sich wechselsweise,
Hier von Schul- und Kirchenzucht,
Vom erschienenen Kometen,
Dort von Pest und Kriegesnöthen
Und der schlecht gerathnen Frucht.
Levi grüßt' und nahm bescheiden
In der Eck' ein Plätzchen ein.
Unwillkommnes harrte sein;
Schmach und Kränkung mußt' er leiden,
Statt der Ruhe sich zu freu'n;
Denn zur Lust der Kümmelbrüder
Brannte mit dem Pfeifenspan,
Barkenfeld, der Seifensieder,
Ihm den Bart von hinten an.
Gellendes Gelächter krönte
Seine Großthat für und für;
Schamvoll schlüpfend durch die Thür
Sucht' im Stall sich der Verhöhnte
Friedensrast und Nachtquartier.

Mitternacht mit dunkler Hülle
Deckte Thal und Hügel schon
Alles Leben war entflohn;
Aber furchtbar durch die Stille
Drang der Feuerglocke Ton! —
Prasselnd schlägt die Wuth der Flammen
Um des Seifensieders Dach;
Heulend läuft das Volk zusammen,
Alle Schläfer werden wach.
Alles regt sich, und geschwinde
Wird der Wasserschlauch gefüllt,
Daß die Flammen, kühn und wild,
Aufgejagt vom Wirbelwinde,
Den gewalt'gen Gegner finde. —
Doch wer faßt ein Herz und fliegt
Rettend nach dem zarten Kinde,
Das im Erker schlummernd liegt?
Denn die Mutter sieht man rinnen;
Angst beflügelt ihren Lauf,
Und verzweifelt schreit sie auf:
„Lasset Haus und Habe brennen,
„Reißt mein Kind aus Feuersgluth!“
Sieh! da zeigt mit hohem Muth,
Wo die Funken sprühn und stieben,
Sich ein Fremdling, eilt in's Haus
Eilt, vom Dampf zurückgetrieben,
Wieder vor die Thür heraus,
Blickt empor und klimmt behender
Als der Marder, scheu im Lauf,
Giebelwärts am Weingeländer,
Bricht die Fensterpfosten auf,

Steigt hinein mit Windeseile,
Knüpft, indeß mit Todesgraun
Aller Augen aufwärts schaun,
Mit gelös'tem Wiegenseile
Sich das Kind am Busen fest,
Eilt, vom Augenblick gepreßt,
Aus dem dampfenden Reviere,
Steigt am schwankenden Spaliere
Niederwärts mit heitrer Lust,
Legt das Kind, wie er's gefunden,
Lebend an der Mutter Brust,
Wendet sich — und ist verschwunden.
Und das Haus, der Gluthen Raub,
Sinket schnell in Schutt und Staub.

Doch so wie der Morgen wieder
Purpurfarbig sich erneut,
Tritt der Gastwirth, still erfreut,
Zum verarmten Seifensieder,
Einen Beutel in der Hand.
„„Levi,““ spricht er, „„der die Wand
„„Deines Giebelwerks erklommen,
„„Der Dein Kind der Wieg' entnommen,
„„Levi hat mich hergesandt,
„„Diese Gabe Dir zu reichen.
„„Dank und Thränen spare Dir!
„„Seine Baarschaft ließ er hier,
„„Doch ihn selbst sah ich entweichen.““ —

Christi Namen führet ihr;
Gehet hin und thut desgleichen.

Prätzel.

51. Karl der Zwölfte und der Pommersche Bauer Müsebank.

In seinem Zelt' vor Bender sitzt Karl der Zwölfte still,
Kein Schach ihn mehr zerstreuen, kein Buch ermuntern will;
Von aller Welt verlassen, versagt in seiner Noth
Der Türk' dem trotz'gen König gemach schon Fleisch und Brod.
Vergebens mahnet Düring: „Gieb Deinen Feinden nach!"
Vergebens Rosen: „Fliehe, o Held, Dein Ungemach!
„„Was sitzest Du und sinnest, wie ein vergrämter Aar*)
„„Im Horst von Folgefonde **), und trotzest der Gefahr?
„„Mach' auf die edlen Schwingen, und aus dem Sonnenbrand
„„Zieh' heim in's kühlumwogte, geliebte Vaterland;
„„Da sammle wieder eilig die alte Kraft zu Hauf,
„„Und gehe, wie das Nordlicht, in blut'gen Striemen auf!""
Doch trotzig spricht der König: „Schweigt, Ihr erlebt es nie,
„Daß ich vor Türkenhunden, wie eine Memme flieh';
„Wohl sehnt sich Nordland's Wogen mein Herz, wie Eures zu,
„Doch sterb' ich, eh' ich weiche, und Achmed's Willen thu'!"
Da naht der Kanzler Müller: „„O Herr, Dein Häuflein schreit,
„„Gedrückt vom bitter'n Hunger; womit erhalt' ich's heut'?"" —

---

*) Aar, Adler.

**) Folgefonde ein 5432 Fuß hohes und 12 Meilen langes Gebirge im südlichen Norwegen.

„Schießt die Araberrosse des Sultans Achmed todt;
„Da habt Ihr Fleisch, und hier ist mein eig'nes letztes Brod!“

Der Kanzler geht mit Thränen. Bald krachet Schuß auf Schuß.
Der König hebt das Auge voll Sorge und Verdruß;
Denn sieh', man führet schonend sein Leibroß ihm zurück,
D'rum greift er zum Pistole im nächsten Augenblick —
„„Halt, halt!““ — und setzet grausam den Lauf ihm hinter's Ohr —
— Nie brachte je Arabien ein schön'res Thier hervor; —
„„Ach, schießet nicht!““ ruft Rosen, ruft Düring, doch er schoß,
Und ächzend stürzt zusammen ihm sein erlauchtes Roß.

„Glaubt Ihr, ich solle hungern?“ fragt bitter lachend er,
Derweilen Alles schreiet: „Was macht Ihr, gnäd'ger Herr?“
Doch, gleich als ahn't ihm düster schon jetzt sein gleich Geschick,
Hebt von dem Roß er lange nicht den bewegten Blick;
Setzt bald sich d'rauf, wie wenn es ihn unsichtbar ergreift,
Indeß das Blut des Thieres ihm in die Stulpen läuft,
Und wühlet mit den Sporen im Sande hin und her
Und blicket nicht vom Boden und seufzet oft und schwer.

Da kommt auf hagerm Klepper ein Bauer hergetrabt,
Im blauen, woll'nen Wamse, zerfetzt und abgeschabt,
Mit rundem Hut' und Troddeln um sein gestiefelt Bein.
„Glück zu!“ ruft Rosen, „Freunde, das muß ein Pommer sein!“

„„Wo find' ich hier den König?““ der alte Bauer spricht,
Und sitzet ab und wischet den Schweiß sich vom Gesicht.
„Da sitzt er auf dem Rosse, geh' muthig nur hinan!“
„„Gott grüß' Euch, edler König! Ihr seid wohl schlecht daran?““

Der König hebt das Auge: „Wer bist Du, und von wo?“
„„O Herr ich bin ein Bauer vom Dorfe Conerow
„„Bei Wolgast, Eurer Stadt im fernen Pommerland“
„„Und heiße Müsebank und bin an Euch gesandt!““
„Und wer hat Dich gesendet?“ darauf der König spricht.
„„Das will ich Euch wohl sagen, jedoch verübelt's nicht:
„„Wir wohnen dort zusammen, drei Bauern an der Zahl,
„„Und hörten oft mit Schmerzen, Ihr trüget Hungerqual;
„„Drum brachten wir zusammen, was uns're Armuth litt,
„„Und ich stieg selbst zu Pferde und that den sauren Ritt.
„„Doch Gott hat mich geschützet, die Reis' ist mir nicht leid,
„„Wollt Ihr nur nicht verschmähen, was Euch ein Bauer beut!““
Und spricht's und löst die Troddeln von seinen Stiefeln los,
Und holt aus jedem Schafte zwei Düten schwer und groß,
Gefüllt mit rothem Golde, und senkt sich auf sein Knie,
Und spricht: „„Nun, gnäd'ger König, da sind sie, nehmet sie!““ —

Wie das der König höret, da springet er empor,
Und zwischen seinen Wimpern bricht eine Thrän' hervor.
„O Freunde, seht, mein Adel gedenket mein nicht mehr;
„Doch einen armen Bauer führt seine Liebe her!
„Und ob Dich Gott geschlagen schon selbst zum Edelmann,
„Nimm auch von Deinem König den Ritterschlag noch an;

„Knie hin, daß ich Dich ehre, so wie Du mich geehrt!“
Und spricht's, und aus der Scheide reißt er sein Königsschwert.
Jedoch der Bau'r versetzet: „„Herr König, haltet an,
„„Was thät' ich armer Bauer wohl mit dem Edelmann?
„„Hab' schon genug zu sorgen vom Morgen bis zur Nacht,
„„Und habe Nichts erworben, als was ich Euch gebracht.
„„D'rum bitt' ich, lieber König, daß Ihr mich nicht beschämt,
„„Ich bin ja schon zufrieden, wenn Ihr mein Schärflein nehm't;
„„Als Bau'r bin ich geboren, und wenn es Gott gefällt,
„„So geh' ich auch als Bauer einst wieder aus der Welt!““
Der König senkt den Degen und sieh't ihn düster an:
„Ich nehme keinen Groschen, den ich nicht lohnen kann!“
Der Alte steh't und sinnet: „„So laßt uns Bau'rn die Pacht,
„„Die wir von unsern Höfen bis dahin aufgebracht!““
Der König winkt, der Kanzler entwirft das Instrument,
Der König nimmt es hastig, sein Adlerauge brennt;
Drei Haare reißt der Edle aus seinem Bart und legt
Sie auf das Wachs, das rothe, und rufet tiefbewegt:

„Verflucht, wer dieses Siegel, wer dies Versprechen löst!“
Indem er mit der Rechten das Petschaft niederstößt
Und mit der Linken drohend an seinen Degen schlägt,
Daß ihm die Hüfte klirret und sich der Tisch bewegt:

„So lange noch ein Sprößling von diesen Bauern blüh't,
„So lang' auf Con'row's Hufen, der Pflug noch Furchen zieh't,

„So lange noch in Pommern ein ed'ler Fürst regiert
„Und den Greif in seinem Wappen und Gott im Herzen führ't:
„Sollt Ihr auf Euren Höfen auch sitzen frank und frei
„Und späten Zeiten künden den Lohn der Bauerntreu!"

Schon mehr denn hundert Jahre verstrichen seit der Zeit,
Doch Friedrich Wilhelm ehrt dies Fürstenwort bis heut'.
Preis dem gerechten König', der Pommerland regiert,
Und den Greif in seinem Wappen und Gott im Herzen führt!
Auf ihren Hufen sitzen die Enkel frank und frei
Und künden späten Zeiten den Lohn der Bauerntreu'.
O blieben diese Enkel der edlen Väter werth
Und ehrten ihre Fürsten, wie diese sie geehrt! —

W. Meinhold.

---

52. Der Acker der Edlen.

Ludwig, der Eiserne genannt,
Lebt' in den Jünglingstagen
Am Kaiserhofe, wie bekannt,
Bei Spiel und Festgelagen,
Und stieg dann sorgenlos, ein Sohn
Der Lust, auf seiner Väter Thron.

Als solches die Vasallen sah'n,
Die Grafen und die Ritter,
So machten sie dem Unterthan
Das Leben karg und bitter,

Und schrieben Schoß und Steuern aus,
Und lebten selbst in Saus und Braus.

Es kann da keiner Klage Ton
Zu seinen Ohren dringen,
Weil jene listig ihm den Thron
Mit Schmeichelei'n umringen,
Und nur ein Zufall macht ihm klar,
Wie schändlich er verrathen war.

Einst hatt' er nämlich auf der Jagd,
Vom Dienertroß umgeben,
Im Eifer sich zu weit gewagt,
Ein Wildpret zu erstreben,
Und fand sich plötzlich in dem Hain
Bei schauervoller Nacht allein.

Er lenkt das Roß wohl hin und her
Durch Sumpf und dorn'ge Hecken,
Und lauscht und späht die Kreuz und Quer,
Den Ausweg zu entdecken.
Allein der Hörner Klang verhallt,
Und immer dunkler wird der Wald.

Auf einmal blinket, wie ein Stern,
Ihm Lichterschein entgegen,
Auch hört er deutlich dumpf und fern
Den Schall von Hammerschlägen,
Und freudig spornte er das Roß,
Ihm dünkt die Hütt' ein Feenschloß.

„Gott grüß' Euch, Meister!“ ruft er froh,
„Darf ich um Herberg' bitten?

„Nur einen Trunk und wenig Stroh,
„Denn ich bin weit geritten!“
Der Hufschmidt lud ihn freundlich ein,
Und sprach: „„Ihr sollt willkommen sein!

„„Ich seh's, Ihr seid wohl müd' und matt,
„„Gebt her den Pfeil und Bogen.
„„Das brave Jagdroß frißt sich satt,
„„Hab's in den Stall gezogen.
„„Nehmt nur fürlieb, mein edler Gast!
„„Die Hütt' ist freilich kein Pallast.““

Ein munt'rer Wirth, ein Becher Wein
Erquicken ihm die Glieder,
D'rauf legt er in dem Kämmerlein
Sich auf das Bette nieder,
Und sorgsam deckt der Alt' ihm zu
Und wünscht ihm eine sanfte Ruh.

Kaum aber, daß der Morgen graut,
Wo wir zu ruhen pflegen,
So weckt ihn schon der Hufschmidt laut
Mit seines Hammers Schlägen,
Er bläs't die Kohlen, schürt die Gluth,
Und hämmert d'rauf mit frohem Muth.

Und wie das Eisen dann erstarrt,
Ruft er bei jedem Schlage:
„„O Landgraf, Landgraf werde hart!
„„Bist sonst des Landes Plage!““
Der Landgraf hört es, spitzt das Ohr,
Und hebt vom Lager sich empor.

„Mein lieber Meister, Euch ist ja
„Recht schnurr'ger Sinn beschieden;
„Was murmelt ihr vom Ludwig da?
„Ich glaub', Ihr wollt' ihn schmieden.
„Mich hat das Sprüchlein aufgeweckt,
„Vertraut mir, was dahinter steckt!“

Der Alte sprach: „„Mein Jägersmann,
„„Ich ziele nach den Rittern,
„„Die, wenn der Bauer was gewann,
„„Den letzten Heller wittern.
„„Mich dünkt, für solche böse Brut
„„Sei unser Landgraf viel zu gut.

„„Im Schweiße bauen wir das Feld
„„Und sammeln in den Scheuern,
„„Da kommt denn so ein Lanzenheld,
„„Und plaget uns mit Steuern;
„„Der gute Ludwig wird genarrt,
„„D'rum sagt' ich: Landgraf, werde hart!““

„Wie!“ rief entrüstet jener aus,
„So ließ ich mich bethören?
„Bring' eilig mir den Hengst heraus!
„Das Weit're sollst Du hören. —
„Ich bin der Landgraf selber, Freund!
„Dein Meisterspruch war gut gemeint!“

Drückt ihm die Hand, besteigt das Roß,
Fliegt im Galopp von dannen,
Schickt von der Wartburg festem Schloß
Nach seinen treuen Mannen,

Und nimmt der argen Ritterschaft
Gefährlichste sogleich in Haft.

Und viele And're rotten zwar
Rebellisch sich zusammen;
Doch Ludwig dämpft mit seiner Schaar
Des Aufruhrs wilde Flammen;
Indem er All' in einer Schlacht
Bei Naumburg zu Gefang'nen macht.

Gebunden führt man sie zum Thron,
Die Ritter und die Grafen.
„Ihr Schurken," rief der Landgraf, „Hohn
„Soll man mit Hohn bestrafen;
„Ihr seid vom ad'ligem Geschlecht,
„Und habt doch Böses Euch erfrecht."

„Der Milde spottend triebt Ihr's toll,
„Im Schutze fester Mauern,
„Und fülltet Eure Säckel voll
„Und drücktet meine Bauern;
„Nun fühlet auch Eu'r stolzes Blut,
„Und fühlet, wie's dem Bauer thut."

D'rauf stieg der Fürst vom Thron' herab,
Und sprach: „Ihr treuen Mannen,
„Nehmt ihnen Helm und Rüstung ab,
„Laßt in den Pflug sie spannen!"
Und die getreue Dienerschaar,
Vollstreckte, wie's befohlen war.

Sie pflügten, gleich dem Stier und Roß,
Den nah geleg'nen Acker;

Gab's Einen, den das Ding verdroß,
So peitschte man ihn wacker.
Und selbst der Landgraf ritt dabei,
Und prüft', ob recht geackert sei.

Von solcher Strafe hart geschreckt,
Empfanden nun die Pflüger
Vor ihrem Fürsten mehr Respekt,
Und wurden besser, klüger;
Der Bauer ward nicht mehr gedrückt,
Und jeder Unterthan beglückt.

Und wie der nächste Morgen graut,
Schickt auf dem schnellsten Rappen
Zu dem, der ihm den Spruch vertraut,
Der Landgraf einen Knappen:
„Er bringe Zeug' und Hammer mit
„Und sei fortan mein Waffenschmidt."

Der Alte kommt mit frohem Blick,
Scheint vor dem Herrn zu zagen,
Und bittet ihn, sein Meisterstück,
Ein Panzerhemd, zu tragen,
Und Ludwig trug es, wie bekannt
Und ward der Eiserne genannt.

Den Acker aber, wo in's Joch
Die Ritter sich gebogen,
Sah man in späten Zeiten noch
Mit einer Wand umzogen,
Und Mancher fühlte tief die Schmach,
Wenn man vom Acker der Edlen sprach.

W. Gerhard.

Vierte Abtheilung.

Legenden.

Die Legende ist eine wundersame Heiligengeschichte aus den kirchlichen Ueberlieferungen.

1. Die Trauerweide.

Als der Herr am Kreuz gestorben
Finstert sich der Sonne Licht,
Trauern alle Kreaturen,
Ja, das Herz der Felsen bricht.

Aber tief betrübt vor Allen
Steht ein Baum an dunkler Fluth,
Stille Weid' am stillen Bache,
D'runter oft der Herr geruht.

Ach, die Arme mußt es dulden,
Daß mit ihren Zweigen, hart,
Bis auf's Blut, mit Weidenruthen
Unser Herr gegeißelt ward.

Und sie senkt seit dem die Zweige,
Bleiches Laub zur Erd' hinab;
Wird zur stillen Trauerweide
An des lieben Heilands Grab.

Wetzel.

2. Die wandelnde Glocke.

Es war ein Kind, das wollte nie
Zur Kirche sich bequemen,
Und Sonntags fand es stets ein Wie,
Den Weg in's Feld zu nehmen.

Die Mutter sprach: die Glocke tönt,
Und so ist Dir's befohlen,
Und hast Du Dich nicht hingewöhnt,
Sie kommt und wird Dich holen.

Das Kind es denkt: die Glocke hängt
Da droben auf dem Stuhle.
Schon hat's den Weg in's Feld gelenkt,
Als lief es aus der Schule.

Die Glocke, Glocke tönt nicht mehr,
Die Mutter hat gefackelt.
Doch welch ein Schrecken hinterher!
Die Glocke kommt gewackelt.

Sie wackelt schnell, man glaubt es kaum; —
Das arme Kind in Schrecken,
Es läuft, es kommt, als wie ein Traum; —
Die Glocke wird es decken.

Doch nimmt es richtig seinen Husch,
Und mit gewandter Schnelle
Eilt es durch Anger, Feld und Busch
Zur Kirche, zur Kapelle.

Und jeden Sonn- und Feiertag
Gedenkt es an den Schaden;

Läßt durch den ersten Glockenschlag,
Nicht in Person sich laden. v. Göthe.

---

3. Elisabeth's Rosen.

Kennt Ihr das herrliche Weib, vom Schwarm
Der Bettler umringt, — mit dem Körbchen am Arm? —
Elisabeth ist es; von Wartburgs Höh'n
Kam sie, den Dürftigen beizusteh'n. —

Die Edelknaben und Höflinge sah'n
Die Spende mit scheelen Augen an,
Und das landgräfliche Küchenamt
Ward im Geheimen darüber entflammt. —

Man raunt' es hämisch dem Fürsten in's Ohr,
Und stellte die Sache so wichtig vor,
Und so gehässig, als ob dabei
Das Beste des Landes gefährdet sei. —

Und Ludwig verbot mit hartem Sinn
Solch' Mitleid der sanften Helferin,
Und rief im Zorn: „Es ziemt sich nicht,
„Wenn eine Fürstin mit Bettlern spricht.“ —

Sie unterwirft sich dem strengen Gemahl
So lange, bis laut die Bettler im Thal
Zum Felsen herauf um Hülfe schrei'n,
Da kann sie nicht länger gehorsam sein.

Sie winket verstohlen den Kammerfrau'n,
Nach einigen Schüsseln sich umzuschau'n —

Füllt schnell ihr Körbchen vom festlichen Schmaus,
Und stiehlt sich zum Pförtchen der Burg hinaus. —

Das wird von jener genäschigen Schaar
Der Edelknaben Einer gewahr,
Und schadenfroh läuft er zum Fürsten hin,
Und verräth die edle Gebieterin. — —

Wie Ludwig nun auf die Brücke trat,
Den Hut verschob, sich räuspert und that,
Als schau er behaglich das Thal entlang,
Da wurde der armen Elisabeth bang.

Sie hört des Eheherr'n klingenden Sporn,
Sein Auge scheint ihr entflammet von Zorn;
Sie weiß von Angst nicht, wie ihr gescheh'n,
Und bebt, und vermag nicht weiter zu gehn.

Schnell unter der Schürze leichtes Gewand
Das Körbchen verbergend mit zitternder Hand,
Hat eben der Landgraf sie spähend entdeckt,
Und rufet voll Wuth: „Was hältst Du versteckt?

„Bekenne mir's, Weib! Gewiß ist's Brod
„Für Bettler, die ich zu füttern verbot!“
Sie senkte das Antlitz erröthend und sprach:
„„Nur Rosen sind's, die ich im Burgzwinger brach!““

„Laß seh'n!“ rief zornig der Eh'herr, und keck
Riß er vom Körbchen die Schürze weg, —
Indeß ihre Heil'gen im stillen Gebet
Die Fürstin beklommen um Rettung fleht.

Und seht! — o Wunder! — ein schöner Strauß
Der frischesten Rosen blüh'te heraus. —
Der Landgraf staunet, verletzt vom Dorn,
Und Milde verjagt den gebiet'rischen Zorn. —

Er steckt ein Röschen auf seinen Hut,
Und ruft: „O, Lisbeth! bleibe mir gut!
„Du bist so unschuldig, edel und rein,
„Kein Engel des Himmels kann frömmer sein."

Drauf küßt er den Engel mit Innigkeit,
Und gab den Höflingen diesen Bescheid:
„Wer je meine Lisbeth wieder veklagt,
„Der büß' es im Kerker, wo's nimmer tagt!" —

Elisabeth aber allein und fern
Vom Falkenblicke des Eheherrn,
Begab sich nun freudig den Felsenhang
Hinunter und folgt ihrem Herzensdrang! —

Und als sie d'rauf zu den Bettlern kam,
Und, Gott vertrauend, ihr Körbchen nahm,
Da war es vom Duft der Rosen umhüllt,
Mit kräftiger Kost bis zum Rande gefüllt.

4. Das Spiel am Sabbath.

Als Christus noch ein Knabe war,
Ging er mit einer Kinderschaar
An einem Sabbath *) hinaus vor's Thor.
Sie nahmen allerhand Kurzweile vor.

*) Sabbath, Sonntag.

Und schweiften umher in des Feldes Räumen,
Bis endlich bei einer Grube voll Leimen *)
Die muntre Gesellschaft niedersaß,
Und Christus ein Stück des Leimens erlas,
Um kleine Vögel daraus zu bilden;
Und sie gelangen und glänzten wie gülden.
Sofort versuchten's auch seine Gesellen,
Dergleichen Geschöpfchen aufzustellen.

Jetzt kam des Weges ein alter Jud',
Ein Mann von grämlichem Gemüth,
Der sah der Knaben Bildnerei,
Und machte darob ein großes Geschrei:
„Was treibt Ihr Narrentheidung hier?
„Den Sabbath Gottes entheiliget Ihr!"
Besonders fuhr er auf Christum zu:
„Der Rädelsführer des Unfugs bist Du!
„Du lehrst die Andern den Sabbath schänden,
„Und übel wird's mit Euch Allen enden!"
„„Nimm doch,"" sprach Christus, „„an unserm Heil
„„Nicht unberufen und hadernd Theil!
„„Am besten weiß der Herr der Welt,
„„Wer seinen Tag am heiligsten hält.
„„Drum, alter Vater, kann zwischen uns Beiden
„„Nur Gott, nur Gott allein entscheiden.""

Der Jude, darüber von Zorn entbrannt,
Kam wild, mit funkelnden Augen, gerannt,
Um seiner Rachgier ein Opfer zu bringen,
Und auf die Leimengebilde zu springen.

*) Leimen, Lehm.

Doch Christus klatschte geschwind mit den Händen,
Als wollt' er, daß die Vögel verschwänden!
Und sieh', er hatte das kaum gethan,
So flogen sie lebend himmelan.
Versteint sah Jener das schwebende Chor,
Und Christus sprach: „„Sie fliegen empor,
„„Um Gott über unsern Streit zu befragen,
„„Und der gerechte Richter wird sagen:
„„Der Sabbath und jede heilige Zeit
„„Wird nicht durch schuldlose Freuden entweih't.““

Langbein.

5. Das Hufeisen.

Als noch verkannt und sehr gering
Unser Herr auf der Erde ging,
Und viele Jünger sich zu ihm fanden,
Die sehr selten sein Wort verstanden,
Liebte er ganz über die Maßen
Seinen Hof zu halten auf den Straßen,
Weil unter des Himmels Angesicht
Man immer besser und freier spricht;
Er ließ sie da die höchsten Lehren
Aus seinem heil'gen Munde hören;
Besonders durch Gleichniß und Exempel
Macht er einen jeden Markt zum Tempel.

So wandelt er in Geistesruh'
Mit ihnen einst einem Städtchen zu,
Sah' etwas blinken auf der Straß'
Das ein gebrochen Hufeisen was*).

*) was, altdeutsch, so viel als war.

Er sagt zu Sankt Peter d'rauf:
„Heb' doch einmal das Eisen auf!“
Sankt Peter war nicht aufgeräumt,
Er hatte so eben im Gehen geträumt
So was vom Regiment der Welt,
Was einem Jeden wohlgefällt;
Denn im Kopf hat das keine Schranken,
Das waren seine liebsten Gedanken.
Nun war der Fund ihm viel zu klein,
Hätte müssen Kron' und Zepter sein;
Aber wie sollt' er seinen Rücken
Nach einem halben Hufeisen bücken?
Er also sich zur Seite kehrt,
Und thut, als hätt' er's nicht gehört.

Der Herr mit seiner Langmuth d'rauf
Hebt selber das Hufeisen auf,
Und thut auch weiter nicht dergleichen.
Als sie nun bald die Stadt erreichen,
Geht er vor eines Schmiedes Thür,
Nimmt von dem Mann drei Pfenning dafür.
Und als sie über den Markt nun gehen,
Sieht er daselbst schöne Kirschen stehen,
Kauft ihrer so wenig oder so viel,
Als man für einen Dreier geben will,
Die er sodann nach seiner Art
Ruhig im Aermel aufbewahrt.

Nun ging's zum andern Thor hinaus,
Durch Wies' und Felder ohne Haus,
Auch war der Weg von Bäumen bloß,
Die Sonne schien, die Hitz' war groß,

So daß man viel an solcher Stätt'
Für einen Trunk Wasser gegeben hätt'.
Der Herr geht immer voraus vor Allen,
Läßt unversehens eine Kirsche fallen.
Sankt Peter war gleich dahinter her,
Als wenn es ein goldener Apfel wär';
Das Beerlein schmeckte seinem Gaum.
Der Herr nach einem kleinen Raum
Ein ander Kirschlein zur Erde schickt,
Wonach Sankt Peter schnell sich bückt;
So läßt der Herr ihn seinen Rücken
Gar vielmal nach den Kirschen bücken.
Das dauert eine ganze Zeit.
Dann sprach der Herr mit Heiterkeit:
„Thätst Du zur rechten Zeit Dich regen,
„Hätt'st Du's bequemer haben mögen.
„Wer geringe Ding' wenig acht't,
„Sich um geringere Mühe macht." Göthe.

6. Das Amen der Steine.

Von Alter blind, fuhr Beda fort
Zu predigen das Wort des Herrn.
Von Stadt zu Stadt, von Dorf zu Dorfe wallte
An seines Führers Hand der fromme Greis,
Und predigte mit Jünglingsfeuer.

Einst leitet' ihn sein Knabe in ein Thal,
Das übersä't war mit gewalt'gen Steinen.
Leichtsinnig mehr als boshaft sprach der Knabe:

„Ehrwürd'ger Vater! viele Menschen sind
„Versammelt hier und warten auf die Predigt.“

Der blinde Greis erhub sich alsobald,
Wählt' einen Text, erklärt' ihn, wandt' ihn an,
Ermahnte, warnte, strafte, tröstete
So herzlich, daß die Thränen mildiglich
Ihm niederflossen in den grauen Bart. —
Als er beschließend drauf das Vater unser,
Wie sich's geziemt, gebetet und gesprochen:
Dein ist das Reich, und Dein die Kraft, und Dein
Die Herrlichkeit, bis in die Ewigkeiten,
Da riefen rings im Thal viel tausend Stimmen:
Amen, ehrwürd'ger Vater! Amen! Amen!

Der Knab' erschrak; reumüthig kniet' er nieder,
Und beichtete dem Heiligen die Sünde.
„Sohn!“ sprach der Greis, „hast Du denn nicht gelesen:
„Wenn Menschen schweigen, werden Steine schreien? —
„Nicht spotte künftig, Sohn, mit Gottes Wort.
„Lebendig ist es, kräftig, schneidet scharf,
„Wie kein zweischneidig Schwert. — Und sollte gleich
„Das Menschenherz sich ihm zum Trotz versteinen,
„So wird im Stein' ein Menschenherz sich regen.“

Kosegarten.

7. Sankt Augustin.

Es ging einmal Sankt Augustin
Am Meergestade her und hin;
Das Wesen Gottes, unsers Herrn,
Wollt' er erforschen gar zu gern,

Und es dann bringen in ein Buch.
Er kannte jeden Bibelspruch,
Drum schien die Sach' ihm gar nicht schwer;
So wallt er sinnend hin und her,
Und meint wohl schon in eitlem Wahn,
Ihm sei der Himmel aufgethan.
Auf einmal wird sein Aug' gewahr
Ein Knäblein, schön und wunderbar;
Es macht ein Grüblein in den Sand,
Und bückt sich dann hinab am Strand,
Und schöpft vom Meer das Wasser drein
Mit einer Muschel, weiß und fein.

„Du lieber Knab'! was machst Du da?"
Fragt Augustin. „„Du siehst es ja;
„„Zum Zeitvertreibe fass' ich mir
„„Die See in dieses Grüblein hier.""
Der Heil'ge lächelt. „Dieses Spiel,
„Mein Kind, es bringt Dich nicht zum Ziel."
„„Ei,"" sagt' der Knab'. „„wer das nicht kann,
„„Der bleibe hübsch auf seiner Bahn.
„„Viel ist dem Herzen offenbar,
„„Doch wird es dem Verstand nicht klar.""
Und flugs, da schießt ein Flügelpaar
Den Knaben an, und wie der Aar
Schwebt er empor zum Sonnenlicht.
Der Heil'ge schaut ihm nach und spricht:
„Der Knab' hat Recht; des Menschen Sinn
„Kann über Zeit und Raum nicht hin.
„Wer wandelt fromm und ohne Trug,
„Der weiß vom lieben Gott genug."

8. Sankt Martin.

Sankt Martin mit viel Rittersleut'
Wohl über's Feld zum Jagen reit't,
Und als sie kamen an einen Hag *),
Ein nackter Mann an der Straße lag,
Dem klapperten vor Frost die Zähne
Und an der Wimper fror ihm die Thräne.
Er rang die Hände und bat mit Beben:
Sie möchten ihm ein Almosen geben. —
Und all' die Ritter zogen fürbaß **),
Dem nackten Armen gab Keiner was;
Sie wendeten von ihm das Angesicht,
Die Jammergestalt zu schauen nicht.
Der Martin aber sein Roß hielt an:
„Von mir, Du Armer, sollst was ha'n †)!"
Er nimmt sein Schwert und alsogleich
Haut er seinen Mantel, gesticket reich
Mit Gold und Silber, entzwei in Eil',
Und giebt dem Nackten den einen Theil,
Die and're Hälfte er selber behalt't
Und reitet den Andern nach in den Wald.
Und wie den Martinus erblicket die Rott'
Ueberhäufen sie ihn mit Hohn und Spott:
„„Da seht nur einmal den Narren an,
„„Theilt sein Kleid mit dem Bettelmann;
„„Der halbe Mantel steht ihm gar schön,
„„Er kann damit zum Banquette ††) geh'n,

*) Hag — Hecke, Zaun, Busch, Gehege.
**) fürbas — vorbei, vorüber.
†) ha'n — haben.
††) Banquette — Ball, Fest, Festspiel.

„„Damit ihn künftig mag Jeder kennen,
„„So woll'n wir den halben Ritter ihn nennen.““

Sie lachten und witzelten noch gar viel,
Martinus war all' ihres Spottes Ziel. —
Doch wie der Abend zu dämmern beginnt,
So wehet ein kalter, schneidender Wind;
Die Ritter hüllten sich alle fein
In ihre großen Mäntel ein,
Und wollten reiten sogleich von hinnen,
Doch konnten sie keinen Ausweg gewinnen,
Nur immer tiefer kommen 's *) in Wald
Und pfiff der Wind noch einmal so kalt;
Sie jammerten sehr und vermeinten schier,
Sie müßten vor Kälte heut' sterben hier.
Martinus nur mit dem halben Kleid'
Empfindet's nicht, daß der Wind so schneid't,
Er lachet über ihr Schnappen und Bangen
Und sitzt auf dem Roß mit glühenden Wangen.
Und jetzo ein rosenfarbiges Licht
Hervor aus der dunkelen Wildniß bricht,
Und unter die Starrenden tritt heran
Herr Christ mit dem halben Kleid' angethan,
Das jenem Armen Martinus gegeben,
Und um ihn herum seine Engel in schweben.
Und Jesus sich zu Martino wendet:
Ja wahrlich, was Ihr den Armen spendet,
„Das habet Ihr mir selber gegeben,
„Und Früchte trägt's Euch im Tod' und im Leben,

*) man spreche: kommen sie in'n Wald.

„Jedwede Wohlthat, noch so klein,
„Wird Euch erwärmen und lohnend sein!“

Sie fielen All' auf ihr Angesicht,
Und Jesus verschwand; doch des Glaubens Licht,
Es leuchtete über dem heidnischen Haufen,
Sie ließen sich Alle zu Christen taufen. Castelli.

---

9. Die Gott Suchenden.

Die Liebe und die Wissenschaft,
Die liefen einst behende,
Und suchten Gott aus ganzer Kraft:
Wer ihn wohl schneller fände.

Die Wissenschaft lief stolz voran
Durch Erde, Meer und Sterne,
Durchzog der Wolken Ozean
Bis in die tiefste Ferne.

Und plötzlich wendet sie den Blick:
Ob sie die Liebe sähe;
Und spricht: „Wie weit blieb die zurück!
„Ich — bin in Gottes Nähe!“

Und mit den letzten Kräften schwang
Sie flugs sich in die Höhen,
Bis sie zu Gottes Bergen drang,
Sein Angesicht zu sehen.

Doch konnt' im äußern Vorhof nur
Sie einen Platz gewinnen,

Wo mit Erstaunen sie erfuhr:
Längst sei die Liebe drinnen!

Und bei der Liebe Wiederkehr,
Da fragte sie betroffen:
„Auf welchem Weg' kamst Du hierher,
„Und fand'st die Pforten offen?“

Die sprach: „„Wohl weißt Du, Schwester, Viel,
„„Nichts ist Dir fremd geblieben;
„„Ich — kenne nur ein einzig Ziel,
„„Und weiß nur Eins: zu lieben! —

---

10. Die Johannisbeere.

Im Felsenthal, der Welt entfloh'n,
Weilt still und ernst der Wüste Sohn,
Johannes, der berufen war,
Zu sammeln der Verirrten Schaar.

Er wallt umher, der Sonne Gluth
Gießt zehrend Feuer in sein Blut,
Doch denkt, versenkt in ernst're Pflicht,
Er auf des Leibes Pflege nicht.
Schon thaut der Abend auf die Flur;
Da siegt die menschliche Natur,
Und tief ermüdet sinkt sein Haupt
Auf eine Felsbank, kühl umlaubt.

Er schaut umher; wohin er blickt,
Ist keine Hand, die ihn erquickt;
Nicht Speis' und Trank, nicht Quell' und Frucht,
Wo auch sein spähend Auge sucht.

Er seufzt, doch blickt er auf und spricht:
„Der Herr läßt doch sein Werkzeug nicht!“

Von Dornen wund, ist Fuß und Arm;
Es fließt in Tropfen hell und warm
Sein Blut hernieder zu dem Strauch,
Der ihn gekühlt mit sanftem Hauch;
Bald schlummert er und träumet süß
Von lichter Zukunft Paradies,
Und von der Liebe starkem Held,
Dem rüstig er das Feld bestellt.

Indessen hat der Strauch mit Lust
Geschmiegt sich an des Schläfers Brust;
Ihm ist so wohl, ihm ist so gut,
Seit ihn getränkt Johannisblut,
So hat kein Lichtstrahl ihn erquickt,
So hat ihn noch kein Lenz geschmückt.

Und als gestärkt von sanfter Nacht
Der Seher heiter nun erwacht,
— O Wunder! ist des Strauches Grün
Geschmückt mit funkelndem Rubin
Und Beeren, purpurroth und hell,
Wie ihres Ursprungs reiner Quell,
— An Labung süßen Trauben gleich —
B.kränzen fröhlich das Gesträuch.

Da sinkt Johannes betend hin,
Und blickt empor mit Kindessinn,
Und schlürft den süßen Labetrank
Der reifen Frucht mit Lieb' und Dank.

Die Traube aber blieb zur Zier
Dem guten Strauche für und für,
Und wird bis heut' in jedem Land
Johannisbeere noch genannt.

Agnes Franz.

---

11. Der ewige Jude*).

Von des Hügels kahlem Rücken
Wankt ein hag'rer Greis herab,
Wandelt fort mit stieren Blicken
Ueber Bäche ohne Brücken,
Nimmer ruht sein Wanderstab.

Unter Blumen sieht er blinken
Einen Quell im Abendlicht;
Aus der Quelle will er trinken,
In den Schatten will er sinken;
Doch ihn treibet das Gericht.

Eine Blume will er pflücken,
Laben sich an ihrem Duft,
Nieder kann er sich nicht bücken,
An sein Herz kein Wesen drücken;
Denn der Geist der Rache ruft.

Unter abgestorb'nen Eiben, **)
Ueber Gräber geht sein Lauf.

*) Ein Jude zur Zeit Jesu, Namens Ahasverus, der dem Heilande, bei dessen Hingange zur Richtstätte, die begehrte Ruhe vor seinem Hause versagte und ihn unter Verwünschungen hinweg stieß. Seit der Zeit soll er rastlos von Ort zu Ort wandern und nirgend den Tod finden, nach dem er sich sehnt. Derselbe Stoff ist auch von Dan. Schubart und andern Dichtern bearbeitet worden.

**) Eiben, sonst auch Taxus Baum, wegen seiner dunkeln Farbe ein Bild des Todes.

„Wird es mich denn ewig treiben?
„Darf ich auch bei Euch nicht bleiben?
„Nimmt auch hier mich Keiner auf?"

Und die alten Gräber dröhnen,
Geisterstimme ruft ihm zu:
„Gott läßt nimmer sich verhöhnen,
„Eile fort, ihn zu versöhnen,
„Störe nicht auch unsre Ruh."

Und er geht mit Angst und Beben,
Sieht zerknirscht zum Himmel an,
Eine Wolke sieht er schweben
Sieht ein Wetter sich erheben,
Und ihn faßt ein Hoffnungswahn.

Nacht erwacht; die Donner schallen!
Röthlich zuckt ein Strahl herab,
Freudig hört er's um sich hallen;
Aber, ach! in Staub zerfallen
Ist ihm nur sein Wanderstab.

Und er irrt mit scheuem Tritte
Immer weiter ohne Plan,
Und es suchen seine Schritte
Keine Heimath, keine Hütte;
Er gehört ja Niemand an.

Unter alten Zwillingseichen
Sieht er jetzt ein Denkmahl stehn.
Weh, es ist des Mittlers Zeichen
Und es kann ihm Trost nicht reichen,
Will ihn auch im Stein nicht sehn.

Doch es drängt ihn, hinzuwallen
Zu dem heil'gen Angesicht,
Auf die Kniee kann er fallen
Und mit schwacher Stimme lallen:
„Floß für mich Dein Blut denn nicht?"

„Ach! in Deiner Todesstunde
„Raubt' ich Dir die kleine Rast,
„Mit der Frevler Schaar im Bunde
„Höhnt' ich Dich mit frechem Munde
„Unter Deines Kreuzes Last!

„Dein Gericht hat schwer getroffen;
„Ewig irrt mein Wanderstab.
„Ohne Ruhe, ohne Hoffen,
„Ach! kein Arm ist für mich offen,
„Und kein Himmel und kein Grab."

Sieben gold'ne Strahlen reihen
Jetzt sich um des Mittlers Haupt:
„Wer gefehlt hat, darf bereuen,
„Und mein Anlitz keiner scheuen,
„Der mich liebt und an mich glaubt."

„Alle sind zu mir berufen,
„Alle durch des Vaters Huld;
„Hättest an des Kreuzes Stufen
„Früher Du zu mir gerufen,
„Längst getilgt wär' Deine Schuld!" — —

Und der Wandrer sieht die Wunden
Und das Blut, — das ewig wallt;
Plötzlich ist sein Geist entschwunden —

Und vom Leben losgebunden
Knie't am Kreuze die Gestalt. Schreiber.

Fünfte Abtheilung.

Romanzen, Balladen, Sagen und Märchen.

Die Romanze ist ein romantisch — erzählendes Gedicht in Liederform.

Romanzen von tragischem, schauerhaftem Inhalte heißen Balladen.

Die Sage ist die unwillkürliche Dichtung im Drange eines Volkes, irgend ein Ereigniß, oder überhaupt etwas Geschehenes, Gegebenes erzählend aufzufassen und hat demnach einen geschichtlichen Grund, mag sie nun Früheres oder Gegenwärtiges darstellen. (Götter=Helden=Menschen=Sagen.)

Märchen, Volksmärchen ist diejenige Dichtung, in welcher Handlungen oder Begebenheiten zur Anschauung gebracht werden, die sich ganz oder zum Theil unter dem Einflusse einer in die menschlichen Verhältnisse wunderbar eingreifenden Geisterwelt (Gnomen, Riesen, Zwerge, Feen 2c.) entwickeln.

1. Die Rache.

Der Knecht hat erstochen den edeln Herrn,
Der Knecht wär' selber ein Ritter gern?

Er hat ihn erstochen im dunkeln Hain
Und den Leib versenket im tiefen Rhein.

Hat angelegetet die Rüstung blank,
Auf des Herrn Roß sich geschwungen frank.

Und als er sprengen will über die Brück',
Da stutzet das Roß und bäumt sich zurück.

Und als er die gold'nen Sporen ihm gab,
Da schleudert's ihn wild in den Strom hinab.

Mit Arm, mit Fuß er rudert und ringt,
Der schwere Panzer ihn niederzwingt.

Uhland.

---

2. Das Hirschlein.

Hirschlein ging im Wald spazieren,
Trieb allda sein artig Spiel,
Daß es unter allen Thieren
Als ein lust'ger Freund gefiel.

Aber hinter einer Linde
Hielt der Jäger und sein Hund,
Und der Jäger mit der Flinte
Schoß das arme Thierlein wund.

Hirschlein kann nun nicht mehr springen,
Denn sein wundes Bein thut weh,
Aber wenn die Vöglein singen
Legt sich's weinend in den Klee.

Uhland.

3. Der Retter.

Still lehnt sich an die Pforte der Diener, grau und alt;
Sein Auge scheint so trübe, gebückt ist die Gestalt;
Er schließt nicht mehr die Hallen den Gästen auf mit Gruß;
Es regen sich ihm nimmer geschäftig Hand und Fuß.
Da hüpft des Grafen Söhnlein heran mit leichtem Schritt:
„Komm mit, Du Grauer, Alter, komm auf die Wiese mit.“
„„Ich kann nicht mit Dir kommen, nicht auf die Wiese geh'n;
„„Mich lassen kaum die Füße noch an der Pforte steh'n.““
„Wir wollen Blumen pflücken am grünen Bachesrand.“
„„Vom Alter, ach, gebunden, gelähmt ist meine Hand.““
„Wir wollen rüstig treiben die Hirsche mit dem Speer.“
„„Ich kann nicht mit Dir jagen; mein Auge sieht nicht mehr.““
Leicht hüpft der Knabe weiter in frohem Jugendmuth
Und von dem Rand der Brücke, da schaut er in die Fluth.
Mit Lust blickt er hinunter, tief in die Fluth hinein,
Weit lehnt er sich hinüber — da bricht der falsche Stein.
„„Zur Hülfe, Knecht' und Mägde! Was säumt das Hofgesind'!
„„Die Fluth verschlingt den Knaben; o helft dem armen Kind!
„„Herbei, herbei in Eile! Wehrt ab den graus'gen Tod;
„„Zur Rettung eilt dem Knaben in seiner schlimmen Noth!““
Matt klingt des Alten Stimme; kein Diener hört den Schrei,
Wie er in Angst mag rufen; kein Retter eilt herbei.

Da schleppt der Greis mit bangem, verzweiflungsvollem Sinn
Auf Händen und auf Füßen sich selbst zur Brücke hin;
Er blickt zur Fluth hinunter — droht sie auch wie ein Grab —
Er wirft vom hohen Rande zum Knaben sich hinab.
Und wie die grausge Welle ihn packt mit Ungestüm,
Da strömen Jugendkräfte durch alle Glieder ihm.
Er faßt das Kind behende, das schon die Fluth begräbt,
Er trägt es hin zum Ufer — O Himmel, Dank, es lebt!
Der Knabe steht gerettet, blickt auf mit süßer Lust
Und wirft mit wildem Jubel sich an des Retters Brust.
Und der — ihm bleibt die Jugend, die rettend er gewann;
Er schaut mit hellen Blicken den holden Knaben an;
Er folgt ihm auf die Wiese, er wirft mit ihm den Speer;
Gefesselt sind vom Alter ihm Hand und Fuß nicht mehr.

W. Schnitter.

4. Einkehr.

Bei einem Wirthe, wundermild,
Da war ich jüngst zu Gaste;
Ein goldner Apfel war sein Schild
An einem langen Aste.

Es war der gute Apfelbaum,
Bei dem ich eingekehret;
Mit süßer Kost und frischem Schaum
Hat er mich wohl genähret.

Es kamen in sein grünes Haus
Viel leicht beschwingte Gäste;

Sie sprangen frei und hielten Schmaus
Und sangen auf das Beste.

Ich fand ein Bett zu süßer Ruh
Auf weichen grünen Matten;
Der Wirth, er deckte selbst mich zu
Mit seinem grünen Schatten.

Nun fragt' ich nach der Schuldigkeit,
Da schüttelt' er den Wipfel;
Gesegnet sei er allezeit,
Von der Wurzel bis zum Gipfel!

Uhland.

---

5. Des Knäblein's Tod.

Es spielte ein Knäblein
Im blumigen Klee,
Am grünenden Walde,
Am blühenden See;
Und sieh, in den Binsen
Des Ufers, da lacht
Die schönste Seerose
In goldener Pracht.

Mein Knäblein, das watet
Mit frevelndem Muth,
Die Blume zu pflücken,
Hinein in die Fluth.
„Halt," rief ihm die Mutter
Mit warnendem Mund,
„O bleibe zurück doch,
Sonst gehst Du zu Grund!"

Das Knäblein verachtet
Ihr Warnen und Fleh'n;
„„Ei,““ ruft es, „„es wird mir
„„So leicht nichts gescheh'n!““
Schon pflückt er die Blume,
Da sinkt er hinab
Und findet im Wasser
Ein schauerlich Grab.

Die Mutter erhebet
Ein Jammergeschrei,
Es laufen die Kinder
Des Dorfes herbei;
O, ruft sie, o ehret
Der Aeltern Gebot;
Nichtfolgen bringt Kindern
Verderben und Tod!

---

6. Der Bettler.

Habt Erbarmen! habt Erbarmen!
Seht mein Elend, meine Noth!
Gebt mitleidig doch mir Armen
Einen Pfenning oder Brod!

Schon zwei Tage kam kein Bissen
Speise, ach, in meinen Mund;
Steine waren meine Kissen,
Und mein Bett der Wiesengrund.

O wie reich war ich als Knabe,
Von den Eltern hochgeliebt;

Aber wehe mir! ich habe
Sie bis in den Tod betrübt.

Ich verschmähte ihre Lehren,
Achtete nicht ihre Gunst,
Wollte nichts von Weisheit hören,
Nichts von Arbeitslust und Kunst.

Locker waren meine Sitten,
Leer blieb immer Kopf und Herz;
Fruchtlos war der Eltern Bitten,
Taub war ich für ihren Schmerz.

Und sie starben. — Statt zu sparen,
Lebt' ich hin in Saus und Braus;
Und im dritten Sommer waren
Schon verschwunden Hof und Haus.

Ach, mein Loos ist nun — zu darben.
Traute Kinder seht mich an!
Jammer, Elend sind die Garben,
Die die Thorheit ernten kann. Schubart.

---

7. Des Todten Freund.

Sie hatten den Freund zur Ruhe gebracht,
Und gingen nun Alle nach Haus;
„Der ist jetzt daheim," hat der Eine gedacht,
Der Zweite: „Sein Leiden ist aus." —
Der Dritte sprach: „Es macht doch Schmerz,
„Verlieren schon so früh den Freund;"

Der Vierte: „Nun, wackeres Bruderherz!
„Bist Du mit den Deinen vereint.“ —
Der Fünfte: „Auf Erden ist's nun schon so!“
Der Sechste: „Ruh' über sein Grab!“
Der Siebente: „Wir waren zusammen so froh,
„Weiß nicht, wo ich's wieder so hab'!“
Der Achte nur blieb stumm bis zur Schwell',
Der hat nichts gesagt und gemeint,
Dem blinkte im Aug' eine Thräne hell —
Der war sein bester Freund! J. N. Vogl.

---

8. Knabe und Waldblümlein.

Knabe. Woher so vornehm und so dreist,
In meinem Blumengarten?
Und darf man fragen, wie Du heißt,
Und weß Du hier zu warten? —

Waldbl. Ich weiß auf Erden nicht Bescheid,
Bin über Nacht geboren;
Ich thue Niemand was zu Leid,
Und bin noch halb erfroren.

Knabe. Für deinesgleichen ist der Ort
Im dunkeln Waldgehege;
Ich sage Dir, Du mußt mir fort,
Du stehst mir hier im Wege.

Waldbl. O sieh, ich bin so still und klein
Und will mich gerne bücken;
Für eine Spanne Sonnenschein
Magst Du mich morgen pflücken.

Knabe. Was hast Du mit dem Schmetterling
Und kleidest Dich in Seiden?
Du bist ein aufgeblas'nes Ding,
Ich will Dich hier nicht leiden!

Waldbl. O schöner Knabe, bitte sehr,
Du wollest mich nicht hassen;
Es ist wahrhaftig nicht um Ehr',
Ich kann das Blüh'n nicht lassen!

Der Knabe reißt, — die Stirne kraus, —
Das Blümlein aus der Erde
Und wirft es über'n Zaun hinaus,
Daß es zertreten werde.

Da muß in stiller Morgenlust
Vorbei die Gräfin wallen;
Sie steckt das Blümlein an die Brust
Und sieht's mit Wohlgefallen.

Schmidt v. Lübeck.

---

9. Des Städtchens Name.

Ein neues Städtchen ward erbaut;
Der Sachsenkönig steht und schaut
Vom nahen Berge froh hinein,
Auf all' die Häuser groß und klein.

Schaut auf das rege Leben d'rin,
Und neben ihm die Königin,
Sie zeigt ihm wie der Abendstrahl
Vergoldet Berge, Stadt und Thal.

Er sprach: „wie nennen wir die Stadt,
„Die jetzt noch keinen Namen hat?
„So wie Du nennen wirst den Ort,
„Soll er genannt sein fort und fort.“

Sie steht, lächelt, — lächelt — sinnt,
Bis sie errötheud nun beginnt:
„„O Schatz““ — schnell ruft der König froh:
„Du hast's gesagt! Sie heiße so!“

Und Oschatz wird die Stadt genannt
Im Sachsenlande wohl bekannt,
Als ich vom Berg sie überschaut,
Hat man die Sache mir vertraut.

L. Bechstein.

10. Der seltene Beter.

Zu Hall' auf off'nem Markte steh'n harrend greise Krieger,
Die Stürmer von Torino, von Kesselsdorf die Sieger;
Der alte Schnurrbart reitet mit seinem Stab heran;
Die Grenadiere schultern und präsentiren dann.

Herab vom hohen Rosse schallt seine Donnerstimme;
Es zucken seine Lippen von schmerzverbiß'nem Grimme:
„Ihr habt so vielen Feinden in Schlachten Tod gebracht;
„Jetzt gilt's, dem Tode selber zu liefern eine Schlacht.“ —

Und durch die düstern Gassen geht's fort mit dumpfem Schweigen
Die Straßen immer weiter bis sich die Stunden neigen;

Im Abendgolde glänzet zu Bärenburg das Schloß,
Da hält der alte Schnurrbart mit seinem langen Troß.

Man schultert, präsentiret die blinkenden Gewehre
Und Jeder fragt wohl schweigend: Wem gilt die hohe Ehre?
Der Feldherr steigt vom Rosse und geht in's Schloß hinein.
Man sagt, er hätt' gebetet; weiß nicht, wohl könnt' es sein.

Im Sterben liegt die Tochter, die er geliebt vor Allen;
Sie kann mit ihren Lippen kaum noch: „„Mein Vater!““ lallen. —
Sichtbar bewegt, faßt er die todeswelke Hand;
Dann geht er still und schweigend zum Garten hingewandt.

An abgeschied'nem Orte beugt er das Knie zum Beten.
Schön ist's, wenn greise Helden vor Gott mit Bitten treten: —
„Du alter Feldherr oben, der größ're Heere führt,
„Als ich in meinem Leben zusammen kommandirt,

„Viel Schufte kommen zu Dir, die lange Reden machen;
„Laß über meine Worte auch Deine Engel lachen;
„Du, aber Du verstehest, was Vaterschmerzen sind;
„Sobald komm' ich nicht wieder; laß mir mein einzig Kind!“

Drauf schreitet er zum Schlosse, vom Glauben aufgerichtet,
Die Tochter ist verschieden; das hätt' ihn bald vernichtet.
Er küßt die bleiche Lippe und spricht dann für sich hin:
„Leb' wohl und sag' der Mutter, daß ich alleine bin.“

Man sagt, es sei ihm murmelnd noch dieses Wort entfahren:
„Wär' Gott zu mir gekommen, wär' nicht so hart verfahren." —
Der Dessauer Marsch ertönt; sie schultern das Gewehr;
Der Feldherr vor der Fronte hat nie gebetet mehr!

Fitzau.

---

11. Das Vaterland.

„Fahre hin für alle Zeiten
„Falsches Vaterland!
„Und für immer sei zerrissen,
„Was mich an Dich band!"

Also rief, im raschen Zürnen,
Eines Jünglings Mund,
Grünen Stab in kräft'gen Händen
Zog er fort zur Stund'.

Zog hinaus viel hundert Meilen
Ueber Berg und Thal,
Schmucke Häuser, bunte Triften
Fand er allzumal;

Volle Becher, süße Blicke,
Manchen Druck der Hand:
Aber ach, es war doch immer
Nicht sein Vaterland!

Und so zog er immer weiter,
Weilte hier und dort,

Aber immer trieb es wieder
Ihn auf's Neue fort.

Jahre schwanden, bleich geworden
War sein braunes Haar,
Was die Heimath ihm ersetzte,
Sucht er immerdar.

Und er kann den Ort nicht finden
Unterm Sonnenlicht,
Was die Heimath ihm ersetzet,
Ist auf Erden nicht.

Und den Stab nun wendet wieder
Gramgebeugt der Greis,
Nach der Heimath, der verschmähten,
Lenket er die Reis'.

Eine Hoffnung, ach, geleitet
Ihn nur noch am Stab,
Dort das müde Haupt zu legen
In der Väter Grab.

Und mit Schluchzen sinkt er nieder
An dem theuren Ort:
„Vaterland, es ist Dein Name
Doch kein leeres Wort!“

Vogl.

---

12. Der Erlenkönig.

Wer reitet so spät durch Nacht und Wind?
Es ist der Vater mit seinem Kind;

Er hat den Knaben wohl in den Arm,
Er faßt ihn sicher, er hält ihn warm.

„Mein Sohn, was birgst Du so bang' Dein Gesicht?“ —
„„Siehst, Vater, Du den Erlenkönig nicht?
„„Den Erlenkönig mit Kron' und Schweif?““ —
„Mein Sohn, es ist ein Nebelstreif.“ —

— Du, liebes Kind, komm', geh' mit mir!
Gar schöne Spiele spiel' ich mit Dir;
Manch' bunte Blumen sind an dem Strand;
Meine Mutter hat manch gülden Gewand. —

„„Mein Vater, mein Vater, und hörest Du nicht,
„„Was Erlenkönig mir leise verspricht?““ —
„Sei ruhig, bleibe ruhig, mein Kind;
„In dürren Blättern säuselt der Wind.“ —

— Willst, feiner Knabe, Du mit mir gehn?
Meine Töchter sollen Dich warten schön;
Meine Töchter führen den nächtlichen Reihn,
Und wiegen und tanzen und singen Dich ein. —

„„Mein Vater, mein Vater, und siehst Du nicht dort
„„Erlkönigs Töchter am düstern Ort?““ —
„Mein Sohn, mein Sohn, ich seh' es genau;
„Es scheinen die alten Weiden so grau.“ —

— Ich liebe Dich, mich reizt Deine schöne Gestalt,
Und bist Du nicht willig, so brauch' ich Gewalt. —
„„Mein Vater, mein Vater, jetzt faßt er mich an!
„„Erlkönig hat mir ein Leids gethan!““

Dem Vater grauset's, er reitet geschwind,
Er hält in den Armen das ächzende Kind,
Erreicht den Hof mit Mühe und Noth;
In seinen Armen das Kind war todt. v. Göthe.

---

13. Von dem Bäumlein, das andere Blätter hat gewollt.

Es ist ein Bäumchen gestanden im Wald,
Im guten und schlechten Wetter;
Das hat von unten bis oben
Nur Nadeln gehabt statt Blätter;
Die Nadeln, die haben gestochen,
Das Bäumlein hat gesprochen:

Alle meine Kameraden
Haben schöne Blätter an,
Und ich habe nur Nadeln,
Niemand rührt mich an;
Dürft' ich wünschen, wie ich wollt',
Wünscht' ich mir Blätter von lauter Gold.

Wie's Nacht ist, schläft das Bäumlein ein,
Und früh ist's wieder aufgewacht,
Da hatt' es goldene Blätter fein;
Das war ein Pracht!
Das Bäumlein spricht: Nun bin ich stolz,
Goldne Blätter hat kein Baum im Holz.

Aber wie es Abend ward,
Ging der Jude durch den Wald,

Mit großem Sack und langem Bart,
Der sieht die gold'nen Blätter bald;
Er steckt sie ein, geht eilends fort
Und läßt das leere Bäumlein dort.

Das Bäumlein spricht mit Grämen:
Die gold'nen Blättlein dauern mich;
Ich muß vor den Andern mich schämen,
Sie tragen so schönes Laub an sich;
Dürft' ich mir wünschen noch Etwas,
So wünscht' ich mir Blätter von hellem Glas.

Da schlief das Bäumlein wieder ein,
Und frisch ist's wieder aufgewacht.
Da hatt' es gläserne Blätter fein;
Das war eine Pracht!
Das Bäumlein spricht: Nun bin ich froh;
Kein Baum im Walde glitzert so.

Da kam ein großer Wirbelwind
Mit einem argen Wetter,
Das fährt durch alle Bäume geschwind
Und kommt an die gläsernen Blätter;
Da lagen die Blätter von Glase
Zerbrochen in dem Grase.

Das Bäumlein spricht mit Trauern:
Mein Glas liegt in dem Staub;
Die andern Bäume dauern
Mit ihrem grünen Laub;
Wenn ich mir noch was wünschen soll.
Wünsch' ich mir grüne Blätter wohl.

Da schlief das Bäumlein wieder ein,
Und früh ist's wieder aufgewacht;
Da hatt' es grüne Blätter fein.
Das Bäumlein lacht
Und spricht: Nun hab ich doch Blätter auch,
Daß ich mich nicht zu schämen brauch'.

Da kommt mit vollem Euter
Die alte Geis gesprungen;
Sie sucht sich Gras und Kräuter
Für Ihre Jungen;
Sie sieht das Laub und fragt nicht viel,
Sie frißt es ab mit Stumpf und Stiel.

Da war das Bäumlein wieder leer.
Es sprach nun zu sich selber:
Ich begehre nun keiner Blätter mehr,
Weder grüner, noch rother, noch gelber:
Hätt' ich nur meine Nadeln
Ich wollte sie nicht tadeln.

Und traurig schlief das Bäumlein ein,
Und traurig ist es aufgewacht.
Da besieht es sich im Sonnenschein
Und lacht, und lacht.
Alle Bäume lachen's aus,
Das Bäumlein macht sich aber nichts daraus.

Warum hat das Bäumlein denn gelacht?
Und warum seine Kameraden?
Es hat bekommen in einer Nacht
Wieder alle seine Nadeln,

Daß Jedermann es sehen kann;
Geh' hinaus, sieh' nach, doch rühr's nicht an!

Rückert.

14. Des Hauses letzte Stunde.

Im Garten zu Schönbronnen
Da liegt der König von Rom,
Sieht nicht das Licht der Sonnen,
Sieht nicht des Himmels Dom. —
Am fernen Inselstrande,
Da liegt Napoleon;
Liegt nicht in seinem Lande,
Liegt nicht bei seinem Sohn.
So liegt er lange Jahre
In öder Einsamkeit,
Da klopft es an die Bahre
Um mitternächt'ge Zeit.

Es klopft und rufet leise:
„Mach' auf Du todter Held,
„Es kommt nach langer Reise
„Ein Gast aus jener Welt."

Es klopft zum zweiten Male:
„Mach', großer Kaiser, auf,
„Es kommt vom Erdenthale
„Ein Bote Dir herauf!"

Es klopft zum dritten Male:
„Mach', Vater, auf geschwind,
„Es kommt im Geisterstrahle
„Zu Dir Dein einzig Kind!".

Da weichen Erd' und Steine,
Es thut sich auf der Sarg,
Der lange die Gebeine
Des größten Helden barg;
Da streckt des Kaisers Leiche
Die Knochenarme aus,
Und zieht das Kind, das bleiche,
Hinab in's Bretterhaus,
Und ziehet es hernieder:
„„So seh' ich, theurer Sohn,
„„Seh' ich Dich endlich wieder,
„„Mein Kind, Napoleon.

Und rücket an die Seite,
Und rücket an die Wand:
„„Mein Kind, das ist die Breite
„„Von meinem ganzen Land!““ —
Da schlingen die Gerippe
Die Knochen in einand',
Und liegen Lipp' an Lippe,
Und liegen Hand in Hand.
Und zu derselben Stunde
Schließt auch das Grab sich schon:
Das war die letzte Stunde
Vom Haus Napoleon. Saphir.

15. Der Knabe Robert.

Der Knabe Robert fest und werth,
Hält in der Hand ein blankes Schwert,
Er legt das Schwert auf den Altar
Und schwört beim Himmel treu und wahr:

„Ich schwöre Dir, o Vaterland!
Mit blankem Schwert in fester Hand,
An des Altares heil'gem Schrein:
Bis in den Tod getreu zu sein.

„Ich schwöre dir, o Freiheit! auch
Zu dienen bis zum letzten Hauch,
Mit Herz und Seele, Muth und Blut;
Du bist der Menschen höchstes Gut!

„Du droben in dem Himmelszelt,
Der Sonnen lenkt und Herzen hält,
Du großer Gott, o steh' mir bei,
Daß ich es halte wahr und treu!

„Daß ich von Lug und Truge rein,
Dein rechter Streiter möge sein;
Daß dieses Eisen ehrenwerth,
Für's Recht nur aus der Scheide fährt!"

16. Der Riese Goliath und David.

War einst ein Riese Goliath,
Ein gar gefährlich Mann.
Er hatte Tressen an dem Hut
Mit einem Klunker d'ran,
Und ein von Silber strotzend Kleid,
Mit einem Saum, wer weiß wie breit!

An seinem Schnurrbart sah man nur
Mit Zittern und mit Graus.
Und dabei sah er von Natur
Ganz wie ein Teufel aus.

Sein Säbel war, man glaubt es kaum,
So groß fast, als ein Weberbaum.

Er hatte Knochen wie ein Gaul,
Und eine freche Stirn',
Und ein entsetzlich großes Maul,
Doch nur ein kleines Hirn;
Gab Jedem einen Rippenstoß
Und funkelte und prahlte groß.

So kam er alle Tage her
Und sprach Israel Hohn:
Wer ist der Mann? Wer wagt's mit mir?
Sei's Vater oder Sohn,
Er komme her, der Lumpenhund,
Ich box' ihn nieder auf den Grund!

Da kam in seinem Schäferrock
Ein Jüngling zart und fein,
Der hatte nichts als seinen Stock,
Die Schleuder und den Stein,
Und sprach: „Du hast viel Stolz und Wehr,
„Ich komm' im Namen Gottes her."

Und damit schleudert' er auf ihn
Und traf die Stirne gar;
Da fiel der große Esel hin,
So lang und dick er war,
Und David haut in guter Ruh
Ihm nun den Kopf noch ab dazu.

Trau nicht auf Deinen Tressenhut,
Nicht auf den Klunker d'ran!

Ein großes Maul es auch nicht thut,
Das lern' vom großen Mann;
Und von dem kleinen lerne wohl,
Wie man mit Ehren fechten soll! Claudius.

---

17. Theonise.

Mit einem Blick voll Seelenruh
Erschien die junge Theonise
Auf einer blumenreichen Wiese,
Und schnitt sich Gras für ihre Kuh.

Im Reiz der Unschuld kniet sie hier
Und singt. Schnell wandt' sich eine Schlange
Um ihren Arm. Ihr ward nicht bange,
Sie schwang die Sichel nach dem Thier.
Da sprach die Schlange: „Tödt'st Du mich,
„So lebst Du zwar, doch Deine Mutter
„Erblaßt!“ „„Ha!““ rief sie, „„meine Mutter?““
Und ihre Brust schlug fürchterlich.
Sie wirft noch einen Thränenblick
Nach ihrem Dach: „„Nun sauge! — sauge!““
Spricht sie zur Schlange, schließt ihr Auge,
Und sinkt betäubt in's Gras zurück.
Doch schnell erwacht sie. Ihre Hand
Umfaßt ein Jüngling; gleich den Söhnen
Des Himmels, lächelt er der Schönen,
Die bebend ihm zur Seite stand.

„Der Spruch des Schicksals ist erfüllt:
„Das frömmste Kind, — so war sein Wille, —

„Befreit mich von der Schlangenhülle,
„Die lange mich gefangen hielt.
„Ich bin ein Prinz," — fuhr Idonant
Zu reden fort; — „die blauen Wellen
„Des Euphrats spülen um die Schwellen
„Des Throns, den ich jetzt wieder fand.
„Komm, Edle, weihe mir ihn ein!
„Durch Dich erst kann ich glücklich werden;
„Heil mir! das beste Kind auf Erden
„Muß auch die beste Gattin sein!" —

Die Tugend, Mädchen, darbet nie;
Denn warten ihrer keine Kronen,
Die Kindestreue zu belohnen;
So krönt der Eltern Segen sie. —

18. Das Riesen-Spielzeug.

Burg Niedeck ist im Elsaß der Sage wohl bekannt,
Die Höhe, wo vor Zeiten die Burg der Riesen stand;
Sie selbst ist nun verfallen, die Stätte wüst und leer,
Du fragest nach den Riesen, Du findest sie nicht mehr.

Einst kam das Riesen-Fräulein aus jener Burg hervor,
Erging sich sonder Wartung und spielend vor dem Thor,
Und ging hinab den Abhang bis in das Thal hinein,
Neugierig zu erkunden, wie's unten möchte sein.

Mit wen'gen raschen Schritten durchkreuzte sie den Wald,
Erreichte gegen Haslach das Land der Menschen bald,

Und Städte dort und Dörfer und das bestellte Feld
Erschienen ihren Augen gar eine fremde Welt.

Wie jetzt zu ihren Füßen sie spähend niederschaut,
Bemerkt sie einen Bauer, der seinen Acker baut;
Es kriecht das kleine Wesen einher so sonderbar,
Es glitzert in der Sonne der Pflug so blank und klar.

„Ei! artig Spiel-Ding!" ruft sie, „das nehm' ich mit nach Haus."
Sie knieet nieder, spreitet behend ihr Tüchlein aus
Und feget mit den Händen, was da sich Alles regt,
Zu Haufen in das Tüchlein, das sie zusammenschlägt;

Und eilt mit freud'gen Sprüngen — man weiß wie Kinder sind —
Zur Burg hinan und suchet den Vater auf geschwind;
„Ei, Vater, lieber Vater, ein Spiel-Ding, wunderschön!
„So allerliebstes sah ich noch nie auf unsern Höh'n."

Der Alte saß am Tische und trank den kühlen Wein,
Er schaut sie an behaglich, er fragt das Töchterlein:
„„Was Zappeliches bringst Du in Deinem Tuch herbei?
„„Du hüpfest ja vor Freuden, laß sehen, was es sei.""

Sie spreitet aus das Tüchlein und fängt behutsam an,
Den Bauer aufzustellen, den Pflug und das Gespann;
Wie Alles auf dem Tische sie zierlich aufgebaut,
So klatscht sie in die Hände und springt und jubelt laut.

Der Alte wird gar ernsthaft, und wiegt sein Haupt und spricht:
„„Was hast Du angerichtet? Das ist kein Spielzeug nicht;

„„Wo Du es hergenommen, da trag' es wieder hin,
„„Der Bauer ist kein Spielzeug; was kommt Dir in den Sinn?

„„Sollst gleich und ohne Murren erfüllen mein Gebot;
„„Denn wäre nicht der Bauer, so hättest Du kein Brod;
„„Es sprießt der Stamm der Riesen aus Bauermark hervor;
„„Der Bauer ist kein Spielzeug, da sei uns Gott davor!"“

Burg Niedeck ist im Elsaß der Sage wohl bekannt,
Die Höhe, wo vor Zeiten die Burg der Riesen stand;
Sie selbst ist nun verfallen, die Stätte wüst und leer,
Und fragst Du nach den Riesen, Du findest sie nicht mehr.

Chamisso.

---

19. Die Elster.

In die dunkeln Forsten Polens zog ein Jäger wohlgemuth,
War geschmückt mit Speer und Degen und dem grünen Federhut;
Und er jagt mit seiner Meute fröhlich über Berg und Thal,
Doch ein alt Zigeunerweiblein stellt sich vor ihn aufeinmal,
Und sie ruft mit hohler Stimme, die wie Grabesruf erklang:
„Hüte Dich vor einer Elster!“ sprach's und ging den Wald entlang.
Und der Polenfürst betroffen, stellt sogleich das Jagen ein,
Scheut den Elstervogel immer, will dem Spruch gehorsam sein.

Da scholl durch Europens Reiche laut die Mähr' vom Korporal,

Der den Kaiserthron erschwungen und gesieget überall.
Und die edeln Polensöhne sammeln sich zu seiner Schaar,
Mit den Fahnen, weiß und purpurn, und dem weißen Polenaar.
Auf von seiner Burg erhebet sich sogleich der Fürstensohn,
Will im heißen Kampfeswetter sich erwerben Siegeslohn.
Läßt daheim die theure Gattin in dem fernen Polenland,
Zieht mit seiner Schaar Uhlanen bis zum grünen Elbestrand,
Doch es wich der Stern des Glückes, Leipzig hemmt der Siege Fluth,
Vor der Macht des Dreigestirnes flieht der Mann im kleinen Hut;
Treu ihm folgend will der Pole über einen Fluß sich zieh'n,
Doch — dem Spruch der Unsichtbaren kann kein Erdensohn entflieh'n,
Denn es hieß der Fluß die Elster, und der Pole sinkt hinab,
Poniatowsky ist geblieben in dem dunklen Fluthengrab.

Hugo Hagendorf.

---

20. Agnes und Albrecht.

In der Väter Hallen ruhte
Ritter Rudolf's Heldenarm,
Rudolf's, den die Schlacht erfreu'te,
Rudolf's, den ganz Frankreich scheu'te,
Und der Sarazenen Schwarm.

Er, der letzte seines Stammes,
Weinte seiner Söhne Fall;
Zwischen moosbewachs'nen Mauern
Tönte seiner Klage Trauern
In der Zellen Wiederhall.

Agnes mit den gold'nen Locken
War des Greises Trost und Stab;
Sanft wie Tauben, weiß wie Schwäne,
Küßte sie des Vaters Thräne
Von den grauen Wimpern ab.

Ach! sie weinte selbst im Stillen,
Wenn der Mond in's Fenster schien.
Albrecht mit der off'nen Stirne
Brannte für die ed'le Dirne;
Und die Dirne liebte ihn!

Aber Horst, der hundert Krieger
Unterhielt in eig'nem Sold *),
Rühmte seines Stammes Ahnen,
Prangte mit erfocht'nen Fahnen,
Und der Vater war ihm hold.

Einst bei'm frohen Mahle küßte
Albrecht ihre weiche Hand;
Ihre sanften Augen strebten,
Ihn zu strafen; ach! da bebten
Thränen auf das Busenband.

Horst entbrannte, blickte seitwärts
Auf sein schweres Mordgewehr;
Auf des Ritters Wange glüh'te
Zorn und Liebe; Feuer sprüh'te
Aus den Augen wild umher.

*) Die mächtigeren, reicher begüterten Ritter wurden, wenn sie in den Kampf auszogen, von einer Schaar von 20, 30 und mehreren Reitern und deren Knappen oder Waffenträgern begleitet.

Drohend warf er seinen Handschuh
  In der Agnes keuschen Schooß;
„Albrecht, nimm! Zu dieser Stunde
„Harr' ich Dein im Mühlengrunde!" —
  Kaum gesagt, schon flog sein Roß.

Albrecht nahm das Fehdezeichen
  Ruhig, und bestieg sein Roß;
Freu'te sich des Mädchens Zähre,
Die der Lieb' und ihm zur Ehre
  Aus dem blauen Auge floß.

Röthlich schimmerte die Rüstung
  In der Abendsonne Strahl;
Von den Hufen ihrer Pferde
Tönte weit umher die Erde,
  Und die Hirsche floh'n in's Thal.

Auf des Söllers Gitter lehnte
  Die betäubte Agnes sich,
Sah die blanken Speere blinken,
Sah — den edlen Albrecht sinken,
  Sank, wie Albrecht, und erblich.

Bang von leiser Ahnung spornet
  Horst sein schaumbedecktes Pferd;
Höret nun des Hauses Jammer,
Eilet in des Fräuleins Kammer,
  Starrt, und stürzt sich in sein Schwert.

Rudolf nahm die kalte Tochter
  In den väterlichen Arm,
Hielt sie so zwei lange Tage

Thränenlos und ohne Klage,
Und verschied im stummen Harm.

Fr. L. Graf zu Stolberg.

---

21. Die großmüthigen Belagerten *).

Schön, schön ist Heldentapferkeit,
Ihr Ruhm fliegt himmelhoch;
Doch unbesiegte Menschlichkeit
Unendlich höher noch.

O goldne Zeit, wo Treue groß,
Noch größer Großmuth war,
Wo Heldenblut für Brüder floß,
Und Mensch der Feind auch war!

O schöne That, zu graben werth
In Marmor und auf Erz!
Wer fühllos sie erzählen hört,
Hat der ein menschlich Herz?

Noch nicht der Niederlagen satt,
Kam Herzog Leopold
Vor Solothurn und schloß die Stadt,
Dem König Ludwig hold.

Vierhundert Helden sandt' ihr bald
Die treue Schwester Bern.

---

*) In dem Kriege Friedrich's von Oestreich und Ludwig's von Baiern erklärte sich Solothurn für Letzteren. Friedrich's Bruder, Herzog Leopold von Oestreich, zog 1318 gegen diese Stadt, deren Einwohner, durch Vierhundert aus Bern verstärkt, sich zehn Wochen lang auf's Hartnäckigste vertheidigten, bis endlich das oben erzählte Ereigniß den Herzog zur Aufhebung der Belagerung bestimmte.

Groß war die feindliche Gewalt,
Der Bluttag nicht mehr fern.

Schon zehen lange Wochen lag
Das Heer da. Welche Noth!
Wie manche Nacht, wie manchen Tag
Für Krieger ohne Brod!

Urplötzlich schwoll und riß die Aar,
Des Feindes Brücke weg
Und schwemmte, was ihr nahe war
Roß, Mann und Wagen weg *).

Vom Thurme konnten fern die Noth
Die lang' Bedrängten sehn.
„Kommt, rettet," riefen sie, „vom Tod
„Die Feinde! Das ist schön!"

Und eilten schnell vom Thurm herab,
Zum Thor hinaus voll Muth,
Und reichten liebreich Speer und Stab
Den Feinden in der Fluth.

Und liefen tapfer in den Strom,
Mit warmer Heldenlust,
Und wateten im tiefen Strom
Bis an die hohe Brust.

Und boten, felsenfest den Fuß,
Den Schwimmenden die Hand,

---

*) Leopold hatte eine Verbindungsbrücke über die Aar, die in Gefahr stand, einzustürzen, aus Mangel an Steinen mit bewaffneter Mannschaft belastet. Dessen ungeachtet ward sie mit Allen, die darauf standen, von den Fluthen hinweggerissen.

Und trugen hoch durch wilden Fluß
Die Leichnam' hin an's Land.

Und drückten sie mit treuem Arm
An ihre Brust, als todt;
Die kalten Körper wurden warm,
Die blassen Lippen roth,

Ihr Auge schloß sich auf und sah —
Und schloß sich wieder zu.
„Nein!“ rief der Schweizer, „wir sind da,
„Zu helfen! Wache Du!“ —

O welch' ein Wachen! welche Freud'!
Jetzt kam der Geist zurück;
Ganz war die Seele Dankbarkeit,
Und Segen jeder Blick.

Wie drückte man sich brüderlich
Die Hand! O welch' ein Sieg!
Man weinte, man umarmte sich,
Und Friede ward aus Krieg.

Lavater.

---

22. Pipin der Kurze.

„Der Stärkste soll König der Starken sein,
„Der Größte Herrscher der Großen!
„Nicht ziemt's, daß Jenem so schwach und klein,
„Die mächtigen Recken Gehorsam weih'n,
„Zu Childerich sei er verstoßen!“

So murmelt's frech und frecher im Heer',
So höhnen die kecken Vasallen.

„O seh't auf die Franken, ihr Völker, her,
‚Der Kleine, der Kurze, ihr Fürst Er,
‚Wohl wird's euch herrlich gefallen!

„Seht, wenn er reitet auf mächtigem Gaul',
‚Ein Aeffl in auf hohem Kameele,
‚Reicht just sein Helmbusch dem Marschall an's Maul;
‚Doch ist er auch klein, so ist er nicht faul
„Zu trotzig'm, stolzem Befehle.“

Und wohl vernimmt's der wack're Pipin,
Bemerkt, wie die Grollenden flüstern,
Mit Murren folgend, gen Welschland zieh'n,
Ihm säumig gehorchen und frevelhaft kühn
Sich mürrischer täglich verdüstern.

Und stark im Geiste, gewaltig und klug,
Erwägt er's mit weisen Gedanken
„„Sei heut' des Weges, der Mühen genug,
„„Gehemmt der Schaaren gewaltiger Zug!
„„Errichtet zum Festspiel' die Schranken!

„„Herbei gebracht den gewaltigen Leu!
„„Den Kämpfer will ich ihm stellen!““
Wohl seltsam scheint die Bestellung und neu,
Und mit Neugier murmeln, es murmeln mit Scheu
Die trotzigen, stolzen Gesellen.

Rings wird der Platz mit Gittern umhegt,
Dahinter die Sitze der Ritter,
Erhaben des Königs Balcon, — da frägt
Wohl Jeder, zu Unmuth und Sorgen erregt:
„Wie schwach doch, wie schwankend das Gitter!

„Ein Ruck mit der mächtigen Tatz' und es fällt,
„Und das Ungethüm sitzt uns im Nacken.
„Doch der dort oben, der winzige Held,
„Wohl hat er sich trefflich sicher gestellt,
„Zu schau'n, wie die Krallen uns packen.

Und der Leu wird gebracht im vergitterten Haus,
An der Schranke geöffnet das Pförtchen;
Und der Thiere König, er schreitet heraus,
Und die Ritter erfaßt nun Schrecken und Graus,
Und Keiner redet ein Wörtchen.

Doch zweifelnd sieht sich der Löwe befrei'n,
Und reckt in der Freiheit die Glieder,
Und schreitet getrost in die Schranken herein,
Und zeigt der Zähne gewaltige Reih'n,
Laut gähnend und strecket sich nieder.

Vom Balcon ruft Pipin mit donnerndem Laut:
„„Ihr männlichen, trotzigen Krieger,
„„Da schaut ein Kampfspiel, ein würdiges schaut!
„„Wer sich zu messen mit diesem getraut,
„„Den nenn' ich den ersten Krieger.““

Und ein Zischeln, ein Murmeln, ein Murren erklingt
Dumpf nur im Beginnen und leise;
Bald wie, wenn stärker und stärker beschwingt,
Mit wogenden Fluthen die Windsbraut ringt,
So hauset's und brauset's im Kreise. . .

Und kecklich hervor tritt Gerhard von Stern,
Der frechste der frechen Kumpane:

„Der Vortanz verbleibe dem König und Herrn!
„Auf, tanze denn, Hoheit, wir lassen Dir's gern,
„Herab vom sichern Altane!"

„„So sei's,"" spricht Pipin, und sich schwingend im Satz'
Springt der Kurze, doch markig und sehnig,
Vom Balcon herab auf den sandigen Platz;
„„Auf, Bruder Leu, auf, wetze die Tatz'!
„„Auf, König, Dich fordert ein König!""

Und schlägt ihn mit flacher Kling' auf den Bug,
Und erregt ihm den Grimm in der Seele.
Auf schnellt der Leu, wuthschauernd im Flug',
Doch dringt, eh' die Tatz', die zuckende, schlug,
Das Schwert durch den Rachen zur Kehle.

Und das Blut entsprudelt dem grausigen Schlund';
Und über sich stürzt er, und wendet,
Drei=, viermal die Augen, rollend im Rund,
Drei=, viermal geißelt der Schweif den Grund,
Und er streckt sich und zuckt und verendet.

Stolz schaut der König im Kreise herum,
Und die Ritter athmen beklommen,
Und blicken zu Boden erstaunt und stumm,
Und der Hohe dreht still und verachtend sich um: —
Kein Murren ward weiter vernommen.

K. Streckfuß.

---

23. Das Schlaraffenland.

Das Königreich Schlaraffenland
Ist faulen Leuten wohl bekannt;

Der Eingang aber ist gar schwer;
Denn um die ganze Gegend her
Liegt ein Gebirg von Hirsebrei,
Breit wohl zwei Meilen oder drei:
Wer einziehn will, muß sich vermessen,
Durch dies Gebirg' sich durchzuessen.

Die Dächer sind von Zuckerfladen,
Und Honigkuchen Thür und Laden,
Speckkuchen aber Diel und Wände,
Um jedes Haus zieht man behende
Rings einen hohen, schönen Zaun
Von Leberwürsten fett und braun.
Voll Sekt sind alle Bäch' und Flüsse,
Und wenn es schloßt, schloßt's Pfeffernüsse.

Auf Tannen, Fichten, Birken, Eichen
Giebt's Mandeln, Bräzeln und dergleichen.
Ein Schinkenschnitt ist jedes Blatt,
Und ausgepflastert jede Stadt
Mit Eierkuchen und mit Torten;
Von Thor un
Ein Schweizerkäs' ist jeder Stein,
Und wenn es regnet, regnet's Wein.

Auf Weidenbäumen Semmeln steh'n,
An Bächen Milch's; die Winde weh'n:
Die Semmeln fallen plumps hinein,
Und Alles schmaust, so groß als klein.
Gekocht, gesalzt, gebraten gehen
Die Fisch' in Teichen und in Seen,

Am Ufer steh'n sie alle still,
Man fängt, so viel man immer will.

Auch fliegen um — Ihr könnt es glauben,
Gebrat'ne Hühner, Gäns' und Tauben;
Wer sie zu fangen ist zu faul,
Dem fliegen schnurr sie in das Maul.
Die Menschen wachsen an den Aeßen,
Wie Pflaumen, flugs mit Stiefeln, Westen,
Mit Kleidern von Damast und Drap
Und fallen, wenn sie reif sind, ab.

Die Säu' alljährlich wohl gerathen,
Sie gehn umher, und sind gebraten;
Ein Messer steckt in ihren Rücken,
Der Erste nimmt die besten Stücken,
Steckt d'rauf das Messer wieder ein,
Und läßt auch Andern was vom Schwein.
Hast Du gespeiset solchen Braten,
So zahlt man Dir gleich vier Ducaten.

Vor Einem nur mußt Du Dich wahren,
Vernunft allhier zu offenbaren.
Wer Sinn und Witz gebrauchen wollt',
Dem wär' kein Mensch im Lande hold;
Wer Lust an Zucht und Arbeit hat,
Dem untersagt man Land und Stadt;
Wer aber thut, was Weisheit tadelt,
Der wird in diesem Reich geadelt.

Wer seinen Tag vollbringt mit Schlafen,
Den macht man hier alsbald zum Grafen;

Wer trefflich ficht mit Leberwürsten,
Der wird allhier gemacht zum Fürsten:
Wer aber dümmer ist als Alle,
Den ruft man bald mit großem Schalle
Zum Landesherrn und Kaiser aus,
Sein Wappen ist das „Schellenhaus."

Nach Hans Sachs.

---

24. Roland's*) Kampf.

Der König Karl war einstens krank,
Wollt' sich die Zeit vertreiben,
Da fiel ihm ein, als Lust und Schwank
Ein Schimpfspiel auszuschreiben.

Er lud die zwölf Genossen ein,
Die treuen Paladine **),
Und beim Turniere sollte sein,
Wer sich zum Kampf erkühne.

Als nun der nächste Morgen graut,
So reiten in die Schranken
Die Ritter ein, der Kampf ward laut
Und Keiner wollte wanken.

Die ed'len Paladin's zumal,
Die thäten wacker streiten!
Wie glänzte da der Schwerter Stahl
Im Kampf auf allen Seiten.

*) Roland (Rutland) ein berühmter Feldherr und Schwestersohn Karl des Großen aus dem VIII. Jahrhundert n. Chr.
**) Paladin (Palatin) der Pfalzgraf, Reichsbaron.

Herr Milon von Anglant jedoch
Ward Sieger über Alle;
Da sieh! ein fremder Ritter zog
Herein zur Schrankenhalle.

Herr Holger, Graf von Dänemark,
Fragt nach des Fremden Namen,
Doch der verweigerte dies stark,
Auch als die Andern kamen.

Da sprach Herr Karl: Bei meinem Bart!
Wo kommt Ihr her Herr Ritter?
Das wäre eine neue Art,
He, öffnet Euer Gitter!

Der Fremde schüttelt mit dem Helm,
Und schwur auf Ritterehre,
Er wollte sein der größte Schelm,
Wenn er kein Franke wäre.

Sein Schild war ganz von Golde blank,
Doch führt' es keine Wappen,
Der Ritter ganz alleine rang,
Ihm folgten keine Knappen.

„Ei," sprach der tapf're Ganelon,
„Ich will Dich Sitten lehren,
Komm 'raus, empfange Deinen Lohn!
„Will Dir den Sieg erschweren."

Er legte d'rauf die Lanze ein
Fest auf den fremden Ritter,
Doch der schien wie ein Fels zu sein,
Die Lanze brach in Splitter.

Graf Richard Ohnefurcht kam nun:
„Ich will Dich schon besiegen,
„Ich könnte wahrlich nimmer ruh'n,
„Müßt' ich Dir unterliegen."

Hui! sprengt er auf den Fremden los,
Der nach dem Speere langte,
Und er empfing solch einen Stoß,
Daß er vom Sattel wankte.

„Wart!" hub Graf Naims von Bayern an,
„Du bist ein wack'rer Streiter,
„Jetzt komme ich noch auf den Plan, —
„Sankt Görgen helf' mir weiter."

Er schwang behend' das starke Schwert,
Und riß es von den Lenden;
Der Fremde war des Grafen werth,
Er schlug's ihm aus den Händen.

Da sprach der Kaiser lobesan:
Hier ist kein weit'rer Zweifel,
Kein Sterblicher hat das gethan,
Es ist gewiß der Teufel!

Gleich kam der Erzbischof Turpin,
Und wollt' den Teufel scheuchen,
Ein Kreuz schlug er dem Fremden hin,
Doch der wollt' nicht entweichen

Zuletzt sprach Milon von Anglant:
„Ich wag's in Gottes Namen,
„Und fall' ich sterbend auf den Sand,
„So hilf, Herr Christus! Amen!"

Da sieh, der fremde Ritter springt
Vom Roß und knieet nieder,
Daß laut die starke Waffe klingt,
Die er geführt so bieder.

Er wirft den Helm vom Haupte hin,
Und Roland ist's, der Recken:
Da ruft Milon: „So wahr ich bin,
„Mein Sohn wollt' mich erschrecken."

„„Mit Allen,"" drauf jung Roland spricht,
„„Hab' ich im Kampf gerungen,
„„Mit Euch, Herr Vater, focht' ich nicht,
„„Euch hätt' ich nicht bezwungen!""

Hugo Hagendorf.

25. Columbus*).

„Was willst Du, Fernando, so trüb' und bleich?
„Du bringst mir traurige Mähr?"
„„Ach, edler Feldherr, bereitet Euch!
„„Nicht länger bezähm' ich das Heer!
„„Wenn jetzt nicht die Küste sich zeigen will,
„„So seid Ihr ein Opfer der Wuth;
„„Sie fordern laut, wie Sturmgebrüll,
„„Des Feldherrn heiliges Blut.""

*) Der Stoff zu dieser Ballade ist aus einer bekannten Begebenheit, auf des Columbus erster Reise zur Entdeckung der neuen Welt, im Jahre 1492, genommen, wo das Schiffsvolk, das sein Unternehmen für fruchtlos und, von Hunger und Durst gequält, in hoffnungslosem Verzagen diese Reise für einen Weg zum Tode hielt, sich gegen Columbus empörte und ihn umzubringen drohte.

Und eh' noch dem Ritter das Wort entfloh'n,
Da drängte die Menge sich nach;
Da stürmten die Krieger, die wüthenden, schon
Gleich Wogen in's stille Gemach,
Verzweiflung im wilden, verlöschenden Blick,
Auf bleichen Gesichtern den Tod:
„Verräther, wo ist nun Dein gleißendes Glück?
„Jetzt rett' uns vom Gipfel der Noth!

„Du gibst uns nicht Speise, so gib uns denn Blut!
„Blut!“ riefen die Schrecklichen, „Blut!“
Sanft stellte der Große den Felsenmuth
Entgegen der stürmenden Fluth.
„„Befriedigt mein Blut Euch, so nehmt es, und lebt!
„„Doch bis noch ein einziges Mal
„„Die Sonne dem feurigen Osten entschwebt,
„„Vergönnt nur den segnenden Strahl.

„„Beleuchtet der Morgen kein rettend Gestad',
„„So biet' ich dem Tode mich gern.
„„Bis dahin verfolgt noch den muthigen Pfad,
„„Und trauet der Hülfe des Herrn!““
Die Würde des Helden, sein ruhiger Blick,
Besiegte noch einmal die Wuth.
Sie wichen vom Haupte des Helden zurück
Und schonten sein heiliges Blut.

„Wohlan denn, es sei noch! Doch hebt sich der Strahl
„Und zeigt uns kein rettendes Land,
„So siehst Du die Sonne zum letzten Mal!
„So zitt're der strafenden Hand!“

Geschlossen war also der eiserne Bund;
Die Schrecklichen kehrten zurück.
Es thue der leuchtende Morgen uns kund
Des herrlichen Dulders Geschick!

Die Sonne sank, der Schimmer wich.
Des Helden Brust ward schwer;
Der Kiel durchrauschte schauerlich
Das weite, wüste Meer.
Die Sterne zogen still herauf,
Doch ach, kein Hoffnungsstern!
Und von des Schiffes ödem Lauf
Blieb Land und Rettung fern.

Sein treues Fernrohr in der Hand,
Die Brust voll Gram, durchwacht,
Nach Westen blickend unverwandt,
Der Held die düst're Nacht.
„„Nach Westen, o nach Westen hin
„„Beflüg'le dich, mein Kiel!
„„Dich grüßt noch sterbend Herz und Sinn,
„„Du, meiner Sehnsucht Ziel!

„„Doch mild, o Gott, von Himmelshöh'n
„„Blick' auf mein Volk herab!
„„Laß nicht sie trostlos untergeh'n
„„Im wüsten Fluthengrab!““
So sprach der Held, von Mitleid weich. —
Da horch! welch' eiliger Tritt?
„„Noch einmal, Fernando, so trüb' und bleich?
„„Was bringt Dein bebender Schritt?““

„Ach, edler Feldherr, es ist gescheh'n!
„Jetzt hebt sich der östliche Strahl!“
„„Sei ruhig, mein Lieber! auf himmlischen Höh'n
„„Entsprang der belebende Strahl.
„„Es waltet die Allmacht von Pol zu Pol;
„„Mir lenkt sie zum Tode die Bahn.““
„Leb' wohl denn, mein Feldherr! Leb' ewig wohl!
„Ich höre die Schrecklichen nah'n!“

Und eh' noch dem Ritter das Wort entfloh'n,
Da drängte die Menge sich nach;
Da strömten die Krieger, die wüthenden, schon
Gleich Wogen in's stille Gemach.
„„Ich weiß, was Ihr fordert, und bin bereit;
„„Ja, werft mich in's schäumende Meer!
„„Doch wisset, das rettende Ziel ist nicht weit.
„„Gott schütze Dich, irrendes Heer!““

Dumpf klirrten die Schwerter; ein wüstes Geschrei
Erfüllte mit Grausen die Luft.
Der Edle bereitete still sich und frei
Zum Wege der fluthenden Gruft.
Gelös't war nun jedes geheiligte Band;
Schon sah sich zum schwindelnden Rand
Der treffliche Führer gerissen — und „Land!
„Land!“ rief es und donnert' es — „Land!“

Ein glänzender Streifen, mit Purpur gemalt,
Erschien dem beflügelten Blick;
Vom Golde der steigenden Sonne bestrahlt,
Erhob sich das winkende Glück.

Was kaum noch geahnet der zagende Sinn,
Was muthvoll der Große gedacht:
Sie stürzten zu Füßen dem Herrlichen hin
Und priesen die göttliche Macht!

L. Brachmann.

---

26. Der Glockenguß zu Breslau.

War einst ein Glockengießer
Zu Breslau in der Stadt,
Ein ehrenwerther Meister,
Gewandt in Rath und That.

Er hatte schon gegossen
Viel Glocken gelb und weiß
Für Kirchen und Kapellen
Zu Gottes Lob und Preis.

Und seine Glocken klangen
So voll, so hell, so rein:
Er goß auch Lieb' und Glauben
Mit in die Form hinein.

Doch aller Glocken Krone,
Die er gegossen hat,
Das ist die Sünderglocke
Zu Breslau in der Stadt;

Im Magdalenenthurme,
Da hängt das Meisterstück,
Rief schon manch starres Herze
Zu seinem Gott zurück.

Wie hat der gute Meister
So treu dies Werk bedacht!
Wie hat er seine Hände
Gerührt bei Tag und Nacht!

Und als die Stunde kommen,
Daß alles fertig war,
Die Form ist eingemauert,
Die Speise gut und gar;

Da ruft er seinen Buben
Zur Feuerwacht herein:
„Ich lass' auf kurze Weile
„Beim Kessel Dich allein,

„Will mich mit einem Trunke
„Noch stärken zu dem Guß',
„Das gibt der zähen Speise
„Erst einen vollen Fluß.

„Doch hüte Dich, und rühre
„Den Hahn mir nimmer an:
„Sonst wär' es um Dein Leben,
„Fürwitziger, gethan!"

Der Bube steht am Kessel,
Schaut in die Gluth hinein:
Das wogt und wallt und wirbelt,
Und will entfesselt sein,

Und zischt ihm in die Ohren,
Und zuckt ihm durch den Sinn,
Und zieht an allen Fingern
Ihn nach dem Hahne hin.

Er fühlt ihn in den Händen,
Er hat ihn umgedreht;
Da wird ihm angst und bange,
Er weiß nicht, was er thät.

Und läuft hinaus zum Meister,
Die Schuld ihm zu gesteh'n,
Will seine Knie' umfassen
Und ihn um Gnade fleh'n:

Doch wie der nur vernommen
Des Knaben erstes Wort,
Da reißt die kluge Rechte
Der jähe Zorn ihm fort.

Er stößt sein scharfes Messer
Dem Buben in die Brust,
Dann stürzt' er nach dem Kessel,
Sein selber nicht bewußt.

Vielleicht, daß er noch retten,
Den Strom noch hemmen kann: —
Doch sieh', der Guß ist fertig,
Es fehlt kein Tropfen d'ran.

Da eilt er abzuräumen,
Und sieh't, und will's nicht seh'n,
Ganz ohne Fleck und Mackel,
Die Glocke vor sich steh'n.

Der Knabe liegt am Boden,
Er schaut sein Werk nicht mehr:
Ach, Meister, wilder Meister,
Du stießest gar zu sehr!

Er stellt sich dem Gerichte,
Er klagt sich selber an:
Es thut den Richtern wehe
Wohl um den wackern Mann.

Doch kann ihn Keiner retten,
Denn Blut will wieder Blut;
Er hört sein Todesurtel
Mit ungebeugtem Muth'.

Und als der Tag gekommen,
Daß man ihn führ't hinaus,
Da wird ihm angeboten
Der letzte Gnadenschmaus.

„Ich dank' Euch,“ spricht der Meister,
„Ihr Herren, lieb und werth;
„Doch eine and're Gnade
„Mein Herz von Euch begehrt.

„Laßt mich nur einmal hören
„Der neuen Glocke Klang!
„Ich hab' sie ja bereitet,
„Möcht' wissen, ob's gelang!“

Die Bitte ward gewähret,
Sie schien den Herr'n gering;
Die Glocke ward geläutet,
Als er zu Tode ging.

Der Meister hört sie klingen,
So voll, so hell, so rein;
Die Augen geh'n ihm über,
Es muß vor Freude sein;

Und seine Blicke leuchten,
Als wären sie verklärt,
Er hatt' in ihrem Klange
Wohl mehr als Klang gehört.

Hat auch geneigt den Nacken
Zum Streich' voll Zuversicht;
Und was der Tod versprochen,
Das bricht das Leben nicht.

Das ist der Glocken Krone,
Die er gegossen hat,
Die Magdalenenglocke
Zu Breslau in der Stadt.

Die ward zur Sünderglocke
Seit jenem Tag' geweih't;
Weiß nicht, ob's anders worden
In dieser neuen Zeit.
W. Müller.

---

27. Belsatzar.

Die Mitternacht zog näher schon,
In stummer Ruh lag Babylon.
Nur oben, in des Königs Schloß,
Da flackert's, da lärmt des Königs Troß;
Dort oben in dem Königssaal'
Belsatzar hielt sein Königsmahl;
Die Knechte saßen in schimmernden Reih'n
Und leerten die Becher mit funkelndem Wein'.
Es klirrten die Becher, es jauchzten die Knecht';
So klang es dem störrigen Könige recht.

Des Königs Wangen leuchten Gluth,
Im Wein' erwuchs ihm kecker Muth.
Und blindlings reißt der Muth ihn fort;
Und er lästert die Gottheit mit sündigem Wort.
Und er brüstet sich frech, und lästert wild;
Die Knechtenschaar ihm Beifall brüllt.
Der König rief mit stolzem Blick;
Der Diener eilt und kehrt zurück.
Er trug viel gülden Geräth auf dem Haupt;
Das war aus dem Tempel Jehovas geraubt.
Und der König ergriff mit frevler Hand.

Und er leert ihn hastig bis auf den Grund,
Und rufet laut mit schäumendem Mund':
„Jehova! Dir künd' ich ewig Hohn,
„Ich bin der König von Babylon!"
Doch kaum das grause Wort verklang,
Dem König ward's heimlich im Busen bang.
Das gellende Lachen verstummte zumal;
Es wurde leichenstill im Saal.
Und sieh'! und sieh'! an weißer Wand
Da kam's hervor wie Menschenhand;
Und schrieb, und schrieb an weiße Wand
Buchstaben von Feuer, und schrieb und schwand.
Der König stieren Blick's da saß,
Mit schlotternden Knieen und todtenblaß.
Die Knechtenschaar saß kalt durchgraut,
Und saß gar still, gab keinen Laut.
Die Magier *) kamen, doch Keiner verstand
Zu deuten die Flammenschrift an der Wand.

*) Magier, Zauberer.

Belsatzar ward aber in selbiger Nacht
Von seinen Knechten umgebracht. H. Heine.

---

28. Eleonore von Castilien.

Was glänzet dort im Sonnenlicht
Wie Lanzengold im Thal?
Es zieht daher ein tapfres Heer
Im Morgensonnenstrahl.
Held Eduard mit seinen Mannen
Zieht, rüstig angethan, von dannen,
Vereint zum muthigen Beginnen,
Das Grab des Heilands zu gewinnen.

Und ihm zur Seite muthig folgt
Sein königlich Gemahl;
Die blonden Locken deckt der Helm,
Den zarten Leib der Stahl.
Ihm nahe stets mit frommer Treue
Bleibt sie ihm in der Krieger Reihe!
Nicht Bitten, nicht Gefahren können
Sie von des Königs Seite trennen.

Schon tobet in der Heiden Schaar
Der Christen mächt'ges Schwert;
Schon hat der Helden starker Arm
Des Feindes Kraft verheert.
Und wo sich zeigt des Kreuzes Zeichen,
Da muß die Macht der Gegner weichen;
Der Siege herrlichste verhöhnen
Die letzte Kraft der Sarazenen.

Da regt sich in der Heiden Brust
Der Rache wilde Wuth;
Sie fordern für die eigne Schmach
Des Christenkönigs Blut.
Dem Meuchelmorde soll's gelingen,
Den übermüth'gen Feind zu zwingen! —
Schon lauert er mit gift'gen Pfeilen,
Das Herz des Königs zu ereilen.

Und eh' der Rache Tag sich neigt,
Hat schon des Mörders Hand
Des Todes giftgetränkten Pfeil
Mit schlauer List versandt.
Den Arm, dem kühn der Sieg gelungen,
Hat das Verderben schon durchdrungen,
Und näher rückt das Ziel des Lebens!
Denn alle Hülfe scheint vergebens.

Da tritt ein Arzt hervor und spricht:
„Verloren bist Du, Herr!
„Giebt Einer willig sich für Dich
„Nicht schnell zum Opfer her.
„Saugt er das Gift aus Deinen Wunden,
„So ist noch Rettung Dir gefunden;
„Wo nicht — so mußt Du heut' noch sterben,
„Und Keiner lös't Dich vom Verderben."

Und schweigend späht des Königs Blick
Im weiten Kreis' umher:
Doch da ist Keiner, der bereit
Zum großen Opfer wär'.

Der Ritter scheue Blicke neigen
Sich tief herab mit ernstem Schweigen,
Und Keiner will das Wort erheben,
Zu retten seines Königs Leben.

Da drängt sich durch der Diener Troß
Die Königin hervor;
Ein göttlicher Gedanke hebt
Ihr großes Herz empor.
„Mein ist die Rettung!“ ruft die Treue,
Bereit zur großen Todesweihe!
Und schnell, mit seligem Vergnügen,
Saugt sie den Tod mit durst'gen Zügen.

Und als sie liebend es vollbracht
Mit freudig hohem Muth:
Des Königs Blick voll Lieb' und Gram
Auf der Getreuen ruht.
Der frische Schlag in seinem Herzen
Erweckt ihn nur zu neuen Schmerzen:
Denn sie, die liebend ihn befreite,
Ist nun des Todes sichre Beute.

Doch ohne Furcht und Grauen steht
Die holde Königin,
Bereit, zu leiden Schmerz und Tod,
Mit fromm ergeb'nem Sinn.
Sie schaut auf ihn, der durch sie lebet:
Und keine bange Klage bebet
Von ihren Lippen, die mit Segen
Nur seine Rettung froh erwägen.

Und sieh! — lohnt eines Gottes Huld
Des Weibes hohe Treu'?
Ohnmächtig zieht des Todes Pfeil
An ihrer Brust vorbei.
Ein neues, nie gefühltes Leben
Fühlt sie durch ihre Adern beben;
Da ist kein Schmerz, der ihr verkünde,
Daß sie am Ziel des Lebens stünde.

Und dankend hebt den frohen Blick
Der König himmelwärts,
Und schließt das neugeschenkte Gut
Beseligt an das Herz.
Und tiefgerührt begrüßen Alle
Sie mit der Freude lautem Schalle,
Und fühlen mächtig sich erhoben,
Das Wunder Gottes hoch zu loben.

Agnes Franz.

---

29. Die Sage vom Mäusethurm.

Rasch fliegt mein Schiff von dannen,
Die nächt'gen Ufer flieh'n,
Und an den dunklen Bergen
Seh' ich die Wolken zieh'n.

„Sag' an, mein alter Schiffer,
Wie heißt der graue Thurm,
Den dort auf kahlen Felsen
Umbraus't der Wogensturm?"

„„Der dort so traurig raget —
Umbraus't vom Wogensturm,

Seit längst vergang'nen Zeiten,
Das ist der Mäusethurm!""

„Wer wohnt in seinen Hallen?
Ich seh ein schwaches Licht,
Das aus den Fensterbogen
Mit irrem Strahle bricht."

„„Dort wohnet Bischof Hatto
Viel hundert Jahre schon,
Und kann zur Ruh' nicht kommen
Auf seinem Felsenthron.

Er hat zu Mainz im Grimme
Die Hungrigen verbrannt,
Als sie um Brod geschrieen —
Mit Waffen in der Hand.

Hört ihr die Mäuse pfeifen?
So rief er höhnend aus,
Als ihre Todesklage
Tönt' aus dem Flammengraus.

Da kamen alle Mäuse
Rings aus dem Land' umher,
Nicht Ruhe konnt' er finden
Vor ihrem grimmen Heer.

Man bracht' ihm alle Katzen,
Die besten weit und breit,
Doch keine that von allen
Den Mäusen was zu Leid.

Wollt' er die Messe halten
Und hob den Kelch empor,

So sprang mit lautem Pfeifen
Rasch eine Maus hervor.

Und wollt' er sich beim Mahle
Erfreu'n im hohen Saal,
So sprangen tausend Mäuse
Umher zu seiner Qual.

Und schloß er seine Augen,
Voll Schlaf und Kummer, zu,
So weckt das Heer der Mäuse
Ihn bald aus kurzer Ruh.

Allnächtlich muß er träumen
So fürchterlich und schwer —
Ihm ist's, als schwebten viele
Gestalten um ihn her —

Die Frau'n und Kinder kommen,
Die Männer aus dem Grab, —
Sie wogen bleich und drohend,
Wie Nebel, auf und ab.

Er hat sie einst gesehen,
Er hat sie einst gehört,
Eh' sie zu Staub zerfielen,
Von wilder Glut verzehrt. —

Da flieht er voll Verzweiflung
Auf jenen Thurm im Rhein,
Und wähnt sich endlich sicher,
Und schläft beruhigt ein.

Als Mitternacht gekommen,
Weckt ihn der alte Klang —

Es rasselt an der Thüre,
Es pfeifet auf dem Gang. —

Und mit Entsetzen sieht er
Beim bleichen Lampenschein,
Die Mäuse sind gekommen
Auch durch den wilden Rhein.

Und wieder in die Seele
Kommt ihm der Traum so schwer.
Ihm ist, als schwebten plötzlich
Gestalten um ihn her. —

Sie kommen immer näher,
Er kann sich retten nicht,
Sie schleudern schwarze Mäuse
Ihm in das Angesicht.

Da faßt ihn finst'res Grauen
Und wilder Todesschmerz,
Gebrochen ist sein Auge,
Gebrochen ist sein Herz.

Oft schon in stillen Nächten
Schifft' ich am Thurm vorbei,
Und sah die Lampe schimmern,
Und hört' den Todesschrei!

Seht Ihr, wie aus dem Thurme
Ein schwacher Schimmer irrt? — —
Horch! — — hat nicht durch die Lüfte
Ein banger Ruf geschwirrt — —?""

Adelheid von Stolterfoth.

30. Der Christabend.

Still, was schleicht dort so alleine,
Jammert dort im Frost und Wind?
Seh' ich recht im Mondenscheine,
Ist's ein schmächtig, blasses Kind.

Traurig schlüpft es durch die Gassen, —
Leicht und dünn ist sein Gewand, —
Irrt so unstät und verlassen;
Niemand führt es an der Hand.

Horch! es wimmert leis' im Sturme:
„Lieber Gott im hohen Thron!
„Zählt' ich recht — vom Stephansthurme
„Rief die Glocke sieben schon!

„Soll ich mich zurücke wagen
„In der alten Base Haus?
„O gewiß, sie wird mich schlagen;
„Denn ich blieb zu lange aus!

„Nein! ich will noch länger bleiben;
„Weht der Schnee gleich in's Gesicht,
„Mich auf offner Straße treiben, —
„Dem Empfang' entgeh' ich nicht!

„Welch ein Glanz dort in den Buden!
„Alles bunt im Lampenschein!
„War's wohl Spott? Die Händler luden
„Freundlich mich zu kaufen ein.

„Wie die Messingkännchen locken!
„Körbchen, ganz von Lahn und Schmelz.

„Gärtchen, Schäfchen, goldne Docken,
„Handschuh — hu! von warmem Pelz!

„Aber leer sind meine Taschen;
„Trockne Rinden hab' ich kaum!
„Alles darf sich freu'n und naschen —
„Doch wer putzt für mich den Baum?

„Ha! wie hell wird's in den Zimmern —
„Und die Thüre, lang bewacht,
„Thut sich auf — Ihr seht es flimmern,
„Was das Christkind euch gebracht!

„Schau! dort an des Marktes Ecke
„Guckt das Volk zum Fenster 'nein;
„Ha! wie flammt es an der Decke;
„Dort mag Pracht und Reichthum sein!

„Ei, ich möcht' es auch wohl sehen;
„Doch ich schäme mich im Troß;
„Drum zur Thüre will ich gehen,
„Und dann bück' ich mich an's Schloß." —

Und sie geht, und durch die Spalte
Sieht man Silberleuchter steh'n;
Weihrauchdüfte zieh'n in's Kalte;
Hohe Wallrathskerzen weh'n.

Blendend weiße Linnen wallen
Um die Fenster lang und weit;
Festlich, wie in Kirchenhallen,
Ist die Flur mit Sand gestreut.

Hyazinthen, Tulpen blühen,
Veilchen auch, wie im April:

Doch kein Athem scheint zu ziehen; —
Alles ist so schön, so still!

Reich besetzte Kissen glänzen —
Ach! sie schauet sich fast blind —
Unter Palmen, Silberkränzen,
Schläft ein holdes Jesuskind.

Also wähnt sie, und das Prangen
Uebertäubt den innern Schmerz;
Gluth erscheint auf blassen Wangen,
Und Entzückung hebt das Herz;

Hebt die Hand, zu Gott zu beten;
Furchtsam schleicht sie durch die Thür:
„Laßt mich nur von ferne treten!
„Hohe Herrschaft, laß mich hier!“

Sieh! da rauscht Gewand von Seide;
Eine schlanke, blasse Frau
Naht in schwarzem Flor und Kleide,
Himmlisch schön im Thränenthau.

„„Komm doch näher, liebe Kleine!
„„Willst Du meinen Engel sehn?
„„Ach! ich hatte nur das Eine,
„„Und doch mußt' es von mir gehn!

„„Morgen früh wird sie begraben —
„„Zur Bescherung kauft' ich ein —
„„Oben liegt's noch — willst Du's haben? —
„„Bist, wie sie, so blond und fein!

„„Sprich, wer bist Du?““ — „Eine Waise;
„Seit dem Jahr ist Mutter todt;

„Oft klag' ich am Grabe leise
„Ihr, der Guten, meine Noth.

„Bald ein Jahr — um Weihnacht deckte
„Noch der Sarg die Mutter nicht.
„O! am Christtagmorgen weckte
„Mich ein buntes, helles Licht.

„Fern scholl Orgelklang und Mette,
„Und behängt mit Mütz' und Tuch,
„Stand ein Tannenbaum am Bette,
„Der vergüld'te Aepfel trug.

„Jetzt — das Bett ist mir genommen,
„Das der Mutter sauer ward. —
„Läg' ich bei der lieben Frommen,
„Tief, o tief im Sand verscharrt!

„Denn ich bin bei bösen Leuten,
„Unter harten Menschen nun,
„Die stets zanken, lästern, streiten —
„Und ich will ja Alles thun!

„Gern im Felde und im Garten
„Graben, bis die Sonne sinkt:
„Gern die kleinern Kinder warten;
„Gern gehorchen, wenn man winkt!"

„„Kind, wie heißt Du?"" — „Wilmers Lotte!"
„„Und wie alt?"" — „Bin sieben Jahr!" —
„„Wär's ein Werk vom lieben Gotte?
„„Just so alt, wie Lottchen war!

„„Du, mein Kind, zu Gott erhoben!
„„Dächt'st Du mein in jenem Land?

„„Ja, mein Lottchen, Du dort oben,
„„Hast die Waise mir gesandt!

„„Wohl, ich schwör's bei diesem blassen,
„„Lieben Engelsangesicht,
„„Nie will ich die Kleine lassen,
„„Läßt sie Gott und Tugend nicht!““

Widerhall zog durch die Gassen;
Chorgesang bei Fackellicht
Scholl: „Von Gott will ich nicht lassen,
„Gott verläßt die Seinen nicht!“ Fr. Kind.

---

31. Rechenbergs Knecht.

Es lebt einmal im schönen Lande Meißen
Ein Ritter, Kurd von Rechenberg geheißen.
Er hatte Haus und Hof und viel Gesind',
Und jeden Diener hielt er wie sein Kind.

So gütig war kein Herr in weiter Runde!
Kein hartes Wort erschallte seinem Munde.
Der Diener Trägheit oder Ungeschick
Bestrafte nur ein Wink, ein ernster Blick.

Einst kam, dem Anseh'n nach, aus fremdem Lande,
Ein junger Bursch', im dürftigen Gewande,
Der klagend über Armuth, Drang und Noth,
Bescheiden sich zu Diensten anerbot.

Der Ritter sagte: „Willst Du redlich dienen,
„So bist Du mir willkommen hier erschienen.

„Ich öff'ne mit Vertrauen Dir mein Haus,
„Da richte, was Dir obliegt, wacker aus."

Der neue Diener, der Georg sich nannte,
Flog wie ein Pfeil, wohin sein Herr ihn sandte,
Und Glück und Heil und Wundersegen schien,
Wo seine Hand sich regte, zu erblühn.

Auf wüsten Feldern, die sein Pflug berührte,
Schwand das Gestein, als ob's der Wind entführte,
Und Aehren wogten über ödes Land,
Wo vormals nur die Distel einsam stand.

Einst ging der Ruf von Feinden in der Nähe;
Der Ritter sprach: „Georg, reit' auf die Spähe!"
Er jagte fort, kam bald zurück in's Schloß;
Und zwei gefüllte Säcke trug das Roß.

Da fragte Kurd: „Was klirrt am Sattelkissen?" —
„„Hufeisen sind's, den Pferden abgerissen;
„„Die Feinde schliefen, eilig ward's gethan,
„„Und nun hat's Zeit, bevor sie sich uns nah'n.""

Ein ander Mal gab ihm sein Herr ein Schreiben:
„Ich bitte Dich, den Klepper anzutreiben;
„Der Ort ist fern, die Sonne geht schon tief,
„Und Eile fordert höchlich dieser Brief."

Drei rauhe Meilen waren zu besiegen,
Und er versprach, dem Vogel gleich zu fliegen;
Doch nach Verlauf der nächsten Stunde traf
Ihn Kurd im Stall, versenkt in festen Schlaf.

„Georg! Georg! geflügelt sind die Stunden!
Ist Dir mein Auftrag aus dem Sinn entschwunden?"

Erschrocken fuhr vom Stroh der Jüngling auf:
„„Da, lieber Herr, ist schon die Antwort d'rauf!““

Des frommen Ritters Angesicht erbleichte,
Als ihm Georg hiermit ein Brieflein reichte,
Und er mit stillem Grausen drin die Hand
Des weit von ihm entfernten Freundes fand.

„Sprich,“ hub er an, als er das Blatt gelesen,
„Von wannen stammst Du, räthselhaftes Wesen?
„Ein düsteres Geheimniß schwebt um Dich,
„Und Du bist traun kein Sterblicher, wie ich!“

Jetzt, wie berührt mit einem Zauberstabe,
Verwandelte sich schnell der Wunderknabe.
Er, sonder Anmuth sonst und aschenbleich,
Ward einem Engel nun an Schönheit gleich.

Und diese Rede floß aus seinem Munde:
„„Der Herr der Herren giebt durch mich die Kunde,
„„Wie wohl es ihm, der Alles sieht, gefällt,
„„Wenn hold und mild ein Dienstherr sich verhält.

„„So thatest Du an mir und andern Knechten,
„„Und Gott belohnt die Thaten der Gerechten.““ —
Er sagte dies, erhob sich in die Luft,
Und Jenem blühte Glück bis an die Gruft.

Langbein.

32. Der brave Mann*).

Hoch klingt das Lied vom braven Mann,
Wie Orgelton und Glockenklang.
Wer hohes Muth's sich rühmen kann,
Den lohnt nicht Gold, den lohnt Gesang;
Gott Lob! daß ich singen und preisen kann,
Zu singen und preisen den braven Mann.

Der Thauwind kam vom Mittagsmeer,
Und schnob durch Welschland**) trüb' und feucht;
Die Wolken flogen vor ihm her,
Wie wenn der Wolf die Heerde scheucht.
Er fegte die Felder, zerbrach den Forst,
Auf See'n und Strömen das Grundeis borst.

Am Hochgebirge schmolz der Schnee;
Der Sturz von tausend Wassern scholl;
Das Wiesenthal begrub ein See;
Des Landes Heerstrom wuchs und schwoll;
Hoch rollten die Wogen entlang ihr Gleis,
Und rollten gewaltige Felsen Eis.

Auf Pfeilern und auf Bogen, schwer,
Aus Quaderstein von unten auf,
Lag eine Brücke d'rüber her,
Und mitten stand ein Häuschen d'rauf.
Hier wohnte der Zöllner mit Weib und Kind. —
„O Zöllner! Zöllner! entfleuch geschwind!"

---

*) Diese Begebenheit ereignete sich Ende des vorigen Jahrhunderts zu Verona bei einem Uebertritte der Etsch, über welche daselbst eine Brücke führt. Der menschenfreundliche Graf hieß Spolverini; des wackern Landmanns Name ist unbekannt geblieben.
**) Ein alter Beiname Italiens.

Es dröhnt' und dröhnte dumpf heran;
Laut heulten Sturm und Wog' um's Haus;
Der Zöllner sprang zum Dach hinan,
Und blickt' in den Tumult hinaus. — —
„Barmherziger Himmel! erbarme Dich!
„Verloren! Verloren! Wer rettet mich?"

Die Schollen rollten, Schuß auf Schuß,
Von beiden Ufern hier und dort;
Von beiden Ufern riß der Fluß
Die Pfeiler sammt den Bogen fort.
Der bebende Zöllner mit Weib und Kind,
Er heulte noch lauter, als Sturm und Wind.

Die Schollen rollten, Stoß auf Stoß,
An beiden Enden hier und dort;
Zerborsten und zertrümmert schoß
Ein Pfeiler nach dem andern fort.
Bald nahte der Mitte der Umsturz sich:
„Barmherziger Himmel! erbarme dich!"

Hoch auf dem fernen Ufer stand
Ein Schwarm von Gaffern, groß und klein;
Und jeder schrie und rang die Hand;
Doch mochte Niemand Retter sein.
Der bebende Zöllner mit Weib und Kind
Durchheulte nach Rettung den Sturm und Wind.

Wann klingst du, Lied vom braven Mann,
Wie Orgelton und Glockenklang?
Wohlan! So nenn' ihn, nenn' ihn dann!
Wann nennst du ihn, mein schönster Sang?

Bald nahet der Mitte der Umsturz sich!
O braver Mann! braver Mann! zeige dich!

Rasch galloppirt' ein Graf hervor,
Auf hohem Roß', ein edler Graf.
Was hält des Grafen Hand empor?
Ein Beutel ist es, voll und straff. —
„Zweihundert Pistolen*) sind zugesagt
„Dem, welcher die Rettung der Armen wagt." —

Wer ist der Brave? ist's der Graf?
Sag' an, mein braver Sang, sag' an! —
Der Graf, beim höchsten Gott! war brav;
Doch weiß ich einen bravern Mann.
O braver Mann! braver Mann! zeige Dich!
Schon naht das Verderben sich fürchterlich.

Und immer höher schwoll die Fluth;
Und immer lauter schnob der Wind;
Und immer tiefer sank der Muth. —
O Retter! Retter! komm geschwind!
Stets Pfeiler bei Pfeiler zerborst und brach,
Laut krachten und stürzten die Bogen nach.

„Hallo! Hallo! Frisch auf gewagt!"
Hoch hält der Graf den Preis empor.
Ein Jeder hört's; doch Jeder zagt,
Aus Tausenden tritt Keiner vor.
Vergebens durchheulte mit Weib und Kind
Der Zöllner nach Rettung den Strom und Wind.

*) Eine Goldmünze, ungefähr 5 Thaler an Werth.

Sieh! schlecht und recht ein Bauersmann
Am Wanderstabe schritt daher,
Mit grobem Kittel angethan;
An Wuchs und Antlitz hoch und hehr.
Er hörte den Grafen, vernahm sein Wort,
Und schaute das nahe Verderben dort.

Und kühn in Gottes Namen sprang
Er in den nächsten Fischerkahn;
Trotz Wirbel, Sturm und Wogendrang
Kam der Erretter glücklich an.
Doch wehe! der Nachen war allzuklein,
Der Retter von Allen zugleich zu sein.

Und dreimal zwang er seinen Kahn,
Trotz Wirbel, Sturm und Wogendrang;
Und dreimal kam er glücklich an,
Bis ihm die Rettung ganz gelang.
Kaum kamen die letzten in sichern Port,
So rollte das letzte Getrümmer fort. —

Wer ist, wer ist der brave Mann?
Sag' an, sag' an, mein braver Sang!
Der Bauer wagt' ein Leben d'ran,
Doch that er's wohl um Goldesklang?
Denn spendete nimmer der Graf sein Gut,
So wagte der Bauer vielleicht kein Blut?

„Hier," rief der Graf, „mein wackrer Freund!
Hier ist Dein Preis! Komm her! Nimm hin!"
Sag' an, war das nicht brav gemeint? —
Bei Gott! der Graf trug hohen Sinn;

Doch höher und himmlischer wahrlich schlug
Das Herz, das der Bauer im Kittel trug.

„„Mein Leben ist für Gold nicht feil! —
„„Arm bin ich zwar, doch ess' ich satt.
„„Dem Zöllner werd' Eu'r Gold zu Theil,
„„Der Hab' und Gut verloren hat!““
So rief er mit herzlichem Biederton,
Und wandte den Rücken und ging davon.

Hoch klingst du, Lied vom braven Mann!
Wie Orgelton und Glockenklang!
Wer solches Muths sich rühmen kann,
Den lohnt kein Gold, den lohnt Gesang.
Gott Lob! daß ich singen und preisen kann,
Unsterblich zu preisen den braven Mann!

Bürger.

33. Die Bürgschaft*).

Zu Dionys, dem Tyrannen, schlich
Möros, den Dolch im Gewande;
Ihn schlugen die Häscher in Bande.
„Was wolltest Du mit dem Dolche? sprich!“
Entgegnet ihm finster der Wütherich. —
„„Die Stadt vom Tyrannen befreien!““ —
„Das sollst Du am Kreuze bereuen!“ —

„„Ich bin,““ spricht jener, „„zu sterben bereit,
„„Und bitte nicht um mein Leben;

*) Die Geschichte, welche den Stoff zu dieser Ballade lieferte, hat sich um das vierte Jahrhundert vor Chr. zugetragen. Die zwei Freunde hießen Damon und Pythias (Möros).

„„Doch willst Du Gnade mir geben,
„„Ich flehe Dich um drei Tage Zeit,
„„Bis ich die Schwester dem Gatten gefreit *);
„„Ich lasse den Freund Dir als Bürgen,
„„Ihn magst Du, entrinn' ich, erwürgen.““

Da lächelt der König mit arger List,
Und spricht nach kurzem Bedenken:
„Drei Tage will ich Dir schenken;
„Doch wisse! wenn sie verstrichen, die Frist,
„Eh' Du zurück mir gegeben bist;
„So muß er statt Deiner erblassen,
„Doch Dir ist die Strafe erlassen.“

Und er kommt zum Freunde: „„Der König gebeut,
„„Daß ich am Kreuz mit dem Leben
„„Bezahle das frevelnde Streben;
„„Doch will er mir gönnen drei Tage Zeit,
„„Bis ich die Schwester dem Gatten gefreit;
„„So bleib' Du dem König zum Pfande,
„„Bis ich komme zu lösen die Bande.““

Und schweigend umarmt ihn der treue Freund,
Und liefert sich aus dem Tyrannen;
Der Andere ziehet von dannen.
Und ehe das dritte Morgenroth scheint,
Hat er schnell mit dem Gatten die Schwester vereint,
Eilt heim mit sorgender Seele,
Damit er die Frist nicht verfehle.

---

*) Freien, verheirathen.

Da gießt unendlicher Regen herab,
Von den Bergen stürzen die Quellen,
Und die Bäche, die Ströme schwellen.
Und er kommt an's Ufer mit wanderndem Stab;
Da reißet die Brücke der Strudel hinab,
Und donnernd sprengen die Wogen
Des Gewölbes krachenden Bogen.

Und trostlos irrt er an Ufers Rand;
Wie weit er auch spähet und blicket,
Und die Stimme, die rufende, schicket,
Da stößet kein Nachen vom sichern Strand,
Der ihn setze an das gewünschte Land;
Kein Schiffer lenket die Fähre,
Und der wilde Strom wird zum Meere.

Da sinkt er an's Ufer und weint und fleht,
Die Hände zum Zeus erhoben:
„„O, hemme des Stromes Toben!
„„Es eilen die Stunden, im Mittag steht
„„Die Sonne, und wenn sie niedergeht,
„„Und ich kann die Stadt nicht erreichen,
„„So muß der Freund mir erbleichen.““

Doch wachsend erneut sich des Stromes Wuth,
Und Welle auf Welle zerrinnet,
Und Stunde an Stunde entrinnet;
Da treibt ihn die Angst, da faßt er sich Muth
Und wirft sich hinein in die brausende Fluth,
Und theilt mit gewaltigen Armen
Den Strom, und ein Gott hat Erbarmen.

Er gewinnet das Ufer und eilet fort,
Und danket dem rettenden Gotte.
Da stürzet die raubende Rotte
Hervor aus des Waldes nächtlichem Ort,
Den Pfad ihm sperrend, und schnaubet Mord,
Und hemmet des Wanderers Eile
Mit drohend geschwungener Keule.

„„Was wollt Ihr?““ ruft er vor Schrecken bleich,
„„Ich habe nichts als mein Leben;
„„Das muß ich dem Könige geben!““
Und entreißt die Keule dem Nächsten gleich:
„„Um des Freundes willen erbarmet Euch!““
Und drei mit gewaltigen Streichen
Erlegt er, die Andern entweichen.

Und die Sonne versendet glühenden Brand,
Und von der unendlichen Mühe
Ermattet, sinken die Kniee.
„„O, hast Du mich gnädig aus Räubershand,
„„Aus dem Strom mich gerettet an's heilige Land,
„„Und soll hier verschmachtend verderben,
„„Und der Freund mir, der liebende, sterben!““

Und horch! da sprudelt es silberhell,
Ganz nahe, wie rieselndes Rauschen,
Und stille hält er, zu lauschen;
Und sieh! aus dem Felsen, geschwätzig, schnell,
Springt murmelnd hervor ein lebendiger Quell,
Und freudig bückt er sich nieder
Und erfrischet die brennenden Glieder.

Und die Sonne blickt durch der Zweige Grün,
Und malt auf den glänzenden Matten
Der Bäume gigantische *) Schatten;
Und zwei Wanderer sieht er die Straße ziehn,
Will eilenden Laufes vorüberfliehn;
Da hört er die Worte sie sagen:
„Jetzt wird er an's Kreuz geschlagen!“

Und die Angst beflügelt den eilenden Fuß;
Ihn jagen der Sorgen Qualen;
Da schimmern in Abendroths Strahlen
Von ferne die Zinnen von Syrakus **);
Und entgegen kommt ihm Philostratus,
Des Hauses redlicher Hüter,
Der erkennet entsetzt den Gebieter.

„Zurück! Du rettest den Freund nicht mehr;
„So rette das eigene Leben!
„Den Tod erleidet er eben.
„Von Stunde zu Stunde gewartet' er
„Mit hoffender Seele der Wiederkehr;
„Ihm konnte den muthigen Glauben
„Der Hohn des Tyrannen nicht rauben.“

„„Und ist es zu spät, und kann ich ihm nicht,
„„Ein Retter, willkommen erscheinen:
„„So soll mich der Tod ihm vereinen!
„„Deß rühme der blut'ge Tyrann sich nicht,
„„Daß der Freund dem Freunde gebrochen die Pflicht;

*) Gigantisch, riesenhaft.

**) Syrakus, ehemalige Hauptstadt Siciliens.

„„Er schlachte der Opfer zweie
„„Und glaube an Lieb' und an Treue!““

Und die Sonne geht unter, da steht er am Thor
Und sieht das Kreuz schon erhöhet,
Das die Menge gaffend umstehet;
An dem Seile schon zieht man den Freund empor,
Da zertrennt er gewaltig den dichten Chor.
„„Mich, Henker,““ ruft er, „„erwürget!
„„Da bin ich, für den er gebürget.““

Und Erstaunen ergreifet das Volk umher;
In den Armen liegen sich Beide
Und weinen vor Schmerzen und Freude.
Da sieht man kein Auge thränenleer;
Und zum Könige bringt man die Wundermähr,
Der fühlt ein menschliches Rühren,
Läßt schnell vor den Thron sie führen;

Und blicket sie lange verwundert an;
Drauf spricht er: „Es ist Euch gelungen,
„Ihr habt das Herz mir bezwungen;
„Und die Treue, sie ist doch kein leerer Wahn.
„So nehmt auch mich zum Genossen an!
„Ich sei, gewährt mir die Bitte,
„In Eurem Bunde der Dritte!“ Fr. v. Schiller.

---

34. Die schöne Schifferin.

Es schifft ein Mägdlein über die See,
Ihr werdet es freilich nicht kennen;
Doch, daß meiner Heldin ihr Recht gescheh,
So will ich Bianka sie nennen.

Das Schifflein fuhr sanft auf den Fluthen dahin,
Und Mai war's, und Alles war heiter;
Gestimmt zur Freude war jeder Sinn —
Was will uns're Schifferin weiter?

Allein ein Mädchen will immer noch 'was;
Ein Sturm, meint sie, wäre wohl besser,
Da käme doch etwas lustiger Spaß,
Und Tanz in das stille Gewässer.

Gesagt! Gescheh'n! Von Süden daher
Kam ein Sturm mit gewaltigen Schwingen;
Das Schifflein tanzte kreuz und quer,
Als wollten's die Wellen verschlingen.

Nun schreit sie ängstlich zum Himmel hinauf:
„Nicht tanzen mehr," ruft sie, und weinet;
„Wer nimmt denn alles so ernstlich auf?
„So war es ja gar nicht gemeinet!

„Ach! laß mich, o Himmel, nicht untergehn!
„Bei der Sonne gelob' ich's da droben,
Sie soll mich nimmermehr tanzen sehn!
„Man kann nichts fester geloben." —

Schon stürmten leiser und leiser die Wellen,
Das Schifflein gewinnt den ruhigen Lauf,
Der dunkle Himmel fängt an, sich zu hellen,
Die Sonne geht unter, der Mond geht auf.

Der Sturm verschwand — man kam an den Port*)
Bei einem gar lustigen Städtchen,

*) Port, Landungsplatz.

Da tanzten an einem offenen Ort
Die Fischer-Buben und Mädchen.

Und als Bianka so sinnig da stand,
Da konnten die Füße kaum ruhen;
Es tanzten auf ihre eigene Hand
Die Zehen geheim in den Schuhen.

Sie aber steht in sich gekehrt und stumm,
Sie will in den Tanz sich nicht mischen,
Und sieht nach dem Meere verdrießlich sich um;
Doch endlich springt sie dazwischen.

Und flieget hinauf die lustigen Reih'n,
Es wehen die schmückenden Kränze;
Von oben der prächtige Maimondschein
Beleuchtet die fliegenden Tänze.

Da ruft eine Stimme vom Himmel: „„O weh!
„„Bianka! Du hast Dich verloren!
„„Gedenk an den fährlichen Tanz auf der See!
„„Was hast Du der Sonne geschworen?

„„Bianka! Du hast Dein Gelübde verletzt."" —
„Was," spricht sie, „was hab' ich verbrochen?
„Die Sonn' ist in Amerika jetzt,
„Und dem Mond hab' ich gar nichts versprochen!"

Tiedje.

35. Barri *).

Es wirbelt der Schnee, es heult der Wind,
Die Mutter suchet ihr einziges Kind;
Sie jammert und ruft, vom Gestöber umweht,
Wo auf dem Sankt Gotthardt das Kloster steht. —

Der Knabe verließ am Morgen das Haus,
Und spielend ging er zum Dorfe hinaus,
Und haschte die Flocken, bald fern und bald nah,
Und Mittag ist's, noch ist er nicht da!

Und wo er heulet, der starre Wald,
Und wo die Lawine brausend schallt,
Und auf der Gletscher unendlichen Höh'n,
Da hat sie gesucht; doch das Kind nicht geseh'n. —

Jetzt pocht sie an's graue Klosterthor —
Ein barmherziger Bruder tritt hervor. —
„Barmherziger Bruder, mein einziges Kind,
„Vergebens sucht' ich's in Hagel und Wind!"

„„Komm vor, mein Barri, mein edler Hund,
„„Du treuer Geselle zu jeglicher Stund'!
„„Wohl auf die Gebirge, durch Felsen und Schacht
„„Zu suchen das Knäblein vor sinkender Nacht!"" —

Mit rüstigem Satze springt Barrri hervor,
Umschnobert die Mutter am knarrenden Thor,

*) Dieser Barri war einer von jenen Hunden, welche, von den barmherzigen Brüdern in der Schweiz abgerichtet, die in den winterlichen Gefilden Verirrten oder von Lawinen Verschütteten aufsuchen, und dann ihren menschenfreundlichen Gebietern davon Anzeige machen. Er hat 42 Menschen vom Tode errettet und sein Skelet wird in der Naturaliensammlung in Bern aufbewahrt.

Und kratzt, und bellt, als thät' er's so gern,
Und wedelt den Schweif, und leckt seinen Herrn.

Die Kürbißflasche *), mit Wein getränkt,
Am Halse des wackern Barri hängt;
Nun mahnt ihn der Bruder mit freundlichem Ton,
Schon jagt er von dannen, schon ist er entfloh'n.

Die Mutter sinkt nieder, zum Himmel gewandt,
Der Bruder legt segnend auf sie die Hand,
Und spricht: „„Vertraue und hoffe, vielleicht
„„Daß Barri, der Treue, Dein Kind uns zeigt!““

Schon sinkt der Tag, der letzte Strahl
Malt fern die Gletscher und Hörner fahl,
Und lauter jammernd die Mutter spricht:
„Mein einziges Kind, er findet es nicht!“

Und auf schrecklichen Höh'n, und im grausen Schlund,
Da suchet und schnobert der jagende Hund;
Jetzt stehet er stille, und unverwandt
Lauscht er horchend unter die Gletscherwand.

Und ruhig schlummert, und sonder Harm
Das Kindlein, gestützt auf den kleinen Arm,
In einer Grotte von Schnee und Eis,
Und Barri nahet sich stumm und leis'.

Er umwandelt das Kind, nun schmieget er sich
An seine Wange so inniglich,

*) Jeder dieser menschenrettenden Hunde hat eine Flasche mit Wein und dergl. am Halse, um beim Auffinden eines Verunglückten demselben sogleich eine Stärkung darbieten zu können.

Und leckt mit der heißen Zunge es warm,
Es erwacht und umschlingt ihn mit seinem Arm. —

Und Barri, der Freundliche, trippelt und streckt
Sich vor dem Kinde, das bald ihn neckt,
Und bald ihn drückt, und gar zuletzt
Sich auf ihn, wie ein Reiter, setzt.

Nun glänzt der Mond auf Berg und Thal,
Es wächst und mehrt sich der Mutter Qual,
Verzweifelnd stürzt sie jetzt aus dem Thor,
Und starret zum steinigen Himmel empor.

Horch! horch! es regt sich die todte Welt!
Hat fern, ganz fern, nicht ein Hund gebellt?
Doch nein, es war der Wind im Grund!
Still! — Nein! — es bellt, es bellt ein Hund!

Jetzt bellt es wieder, und näher schon,
Es ist der Barri, es ist sein Ton!
Und näher kommt es im schnellen Lauf,
Es kommt, es kommt den Berg herauf!! —

Er ist's! — O Mond, enthülle Dich ganz,
Und gieße herab Deinen schönsten Glanz,
Und gieße ihn über des Gotthardt's Höh'n,
Damit wir das Schönste enthüllet seh'n! —

Der Knabe schläft; er hat die Hand
Um seines Retters Hals gespannt. —
Sein Köpfchen, wie hingegossen, ruht
Auf Barri's Kopf so weich, so gut.

Und Barri dreht den Kopf, und macht
Behutsam, daß das Kind erwacht. —

Mit unbeschreiblicher Himmelslust
Drückt die Mutter das Kind und den Hund an die Brust.

Nun schweige, Lied! Deß Herz nicht leer,
Bedarf nun keines Wortes mehr; —
Und wer mit Recht sich edel nennt,
Auch des wackern Barri Werth nicht verkennt. —

---

36. Die beiden Sänger.

In dunkler Gruft zu Weimar
Steh'n sich zwei Särge nah',
D'rin schlafen zwei deutsche Sänger,
Wie nimmer die Welt sie sah.

Als wie zwei Meteore
Erschien das Sängerpaar,
Der eine mit Blitzesflammen,
Der and're wie Mondlicht klar.

Der eine im Adlerfluge
Wild brechend sich die Bahn,
Der and're klug und besonnen
Durch Wogen lenkend den Kahn.

Dahin durch alle Weiten
Erscholl ihrer Lyra Klang,
Das Echo der fernsten Berge
Nachhallte von ihrem Gesang.

Nun Beide siegreich durchzogen
Des Lebens Flutgebraus,

Nun schlafen die beiden Sänger
In den beiden Särgen aus.

Der eine mit blonden Locken.
Der and're mit weißem Haar.
Wer forschte: wie Jener geheißen,
Und früge: wer Dieser war?

N. Vogl.

37. Die Aexte.

Ein Zimmermann ließ seine Axt in einen tiefen Strom fallen und bat den Flußgott inbrünstig, er möchte ihm, da er arm sei, wieder dazu verhelfen. Der Flußgott war so gnädig, stieg auf und brachte eine — gold'ne Axt zum Vorscheine.

„Das ist die meinige nicht!" sprach der Zimmermann ganz gelassen. — Der Geist tauchte von Neuem unter und langte eine silberne hervor.

„Auch diese gehört mir nicht!" sprach der Arme, und zum dritten Male langte der Flußgott eine Axt von Eisen mit einem hölzernen Stiele heraus. —

„Das ist die rechte! Das ist sie! rief der Arbeitsmann fröhlich.

„Gut! Ich sehe, Du bist eben so wahrhaft und ehrlich, als arm," sprach der mitleidige Geist. „Zur Belohnung nimm alle drei mit."

Die Geschichte ward bald in der ganzen Gegend ruchbar. Ein Schalk, der sie erfahren, nahm sich vor, zu versuchen, ob auch gegen ihn der Flußgott so mildthätig sein würde. Er ließ seine Axt mit Willen in den Strom fallen, flehte zum Flußgott und hatte das

Vergnügen, ihn aufsteigen zu sehen. Er klagte ihm seinen Verlust, und der Geist brachte, wie ehemals, eine gold'ne Axt hervor.

„Ist sie das, mein Sohn?"

„Ja, ja, das ist sie!" antwortete der Lügner und griff schon darnach. „Halt, Nichtswürdiger! erschallte nun die Stimme des erzürnten Geistes. „Glaubst Du denjenigen zu hintergehen, der bis in's Innere Deines Herzens blicken kann? Zur Strafe Deines Lugs und Betrugs verliere auch dasjenige, was bisher Dein war!" Und ohne Axt mußte er nach Hause wandern.

Gemeiniglich ist auch hier auf Erden schon unser eigner Schade die Folge unserer Lügen.

Meißner nach Aesop.

Sechste Abtheilung.

Lieder, poetische Beschreibungen und Schilderungen.

Das Lied ist der poetische Ausdruck eines bestimmten, lebhaft erregten Gefühls in einer empfindungsvollen Sprache. Da das Lied singbar sein soll, so sind die Strophen desselben in Hinsicht auf den Rhytmus *), die Größe und Zahl der Verse gewöhnlich einander gleich; auch muß jede Strophe für sich verständlichen Sinn haben. Poetische Beschreibungen und Schilderungen sind dichterische Darstellungen von Gegenständen der Natur oder der Phantasie.

1. Sehnsucht nach der Mutter.

Wenn ich ein Vöglein wär'
Und auch zwei Flüglein hätt',
Flög' ich zu Dir.
Da 's aber nicht kann sein,
Bleib' ich allhier.

*) Rhytmus, die Lehre von dem Gleichmaaß, der Bewegung. In der Dichtkunst das Sylbenmaaß, der Redefall; bei der Musik der Takt.

Bin ich gleich weit von Dir,
Träum' ich doch stets von Dir,
Bin nicht allein.
Wach' ich vom Schlafe auf,
Bin ich allein.

Einsam dann weine ich,
Nenne im Seufzen Dich,
Doch Du bleibst fern.
Mutter, o Mutter mein,
Bleib' nicht mehr fern!

v. Göthe.

2. An die Natur.

Süße, heilige Natur!
Laß mich gehn auf Deiner Spur;
Leite mich an deiner Hand,
Wie ein Kind am Gängelband!

Wenn ich dann ermüdet bin,
Sink' ich Dir am Busen hin,
Athme süße Himmelslust,
Hangend an der Mutterbrust.

O, wie wohl ist mir bei dir!
Will dich lobn für und für!
Laß mich gehn auf deiner Spur,
Süße, heilige Natur!

Fr. L. Graf zu Stolberg.

3. Das Kind und der Wurm.

Keinem Würmchen thu' ein Leid;
Sieh', in seinem schlichten Kleid

Hat's doch Gott im Himmel gern,
Sieht so freundlich d'rauf von fern,
Führt es zu dem Grashalm hin,
Daß es ißt nach seinem Sinn;
Zeigt den Tropfen Thau ihm an,
Daß es satt sich trinken kann;
Giebt ihm Lust und Freudigkeit; —
Liebes Kind, thu' ihm kein Leid.

Spekter's Fabelbuch (Hey).

4. An die Vögelein.

Wacht auf, ihr schönen Vögelein,
Ihr Nachtigallen kleine,
Und singt mit euern Schnäbelein,
Gedreht von Elfenbeine;
Lobt Gott, ihr süßen Schwätzerlein,
Und singt für ihn alleine;
Schwingt freudig eure Flügelein,
Regt Aermelein und Beine!
Und habt ihr noch kein Liedelein,
So lernet nur das meine:
„Gelobt sei Gott, singt d'rum allein,
Gott Zebaoth alleine!"

Des Knaben Wunderhorn.

5. Schweizerliedchen.

Uf'm Bergli
Bin i gesäße,
Ha de Vögle
Zugeschaut;

Hänt gesunge,
Hänt gesprunge,
Hänt's Nestli
Gebaut.

In ä Garte
Bin i gestande,
Ha de Imbli
Zugeschaut!
Hänt gebrummet,
Hänt gesummet,
Hänt Zelli
Gebaut. v. Göthe.

---

6. Was das Kind alles hat.

Die Schnecke hat ein Haus,
Ihr Fellchen hat die Maus,
Der Sperling hat die Federn fein,
Der Schmetterling schöne Flügelein. —
Nun sage mir, was hast denn Du?
„Ich habe Kleider und auch Schuh,
„Und Vater und Mutter, Lust und Leben,
„Das hat mir der liebe Gott gegeben."
Spekters Fabelbuch.

---

7. Die Vögelein.

Warum wohl die Vögel fliegen könten? —
Ei, das magst Du ihnen schon gönnen!
Auf der Erde sind der Thiere viel,
Und haben hier und dort ihr Spiel,

Da war kein Platz für die Vögel mehr;
Das dauerte den lieben Gott so sehr,
D'rum hat er ihnen die Flügel gegeben,
Daß sie dort oben in Lüften schweben;
Da können sie spielen den ganzen Tag
Und haben Platz, wie viel jedes mag.

Spekters Fabelbuch.

---

8. Thue nichts Böses.

Thu nichts Böses, thu es nicht!
Weißt Du, Gottes Angesicht
Schaut vom Himmel auf die Seinen,
Auf die Großen, auf die Kleinen,
Und die Nacht ist vor ihm Licht.

Sind auch Vater, Mutter weit,
Er ist bei Dir allezeit;
Daß Du ja kein Unrecht übest,
Und sein Vaterherz betrübest!
Ach das wär' Dir künftig Leid!

Spekters Fabelbuch.

---

9. Frühlingsahnung.

O sanfter, süßer Hauch!
Schon weckst du wieder
Mir Frühlingslieder,
Bald blühen die Veilchen auch.

Uhland.

10. Der Frühling ist da.

In Wald und Feld das Vöglein singt,
Und's Schäfchen auf der Wiese springt!
Im Sonnenschein manch' Blümchen lacht,
Und Käferlein sind auch' erwacht!
Auf Gras und Blüthe die Biene schwebt,
Auf Berg und Aue Alles lebt!
O Büblein, ruft einander: „Ha!
„Gott'swunder! Gott'swunder, der Frühling ist da!"

11. Morgenspruch.

Rein gehalten Dein Gewand,
Rein gehalten Mund und Hand!
Rein das Kleid von Erdenputz,
Rein von Erdenschmutz die Hand!
Kind, die äuß're Reinlichkeit
Ist der innern Unterpfand.

Rückert.

12. Wach' auf!

Wach' auf! die Sonne sucht ein Bild Dir vorzumalen,
Wie man zu Gottes Preis am Morgen könne strahlen.
In bunten Schalen steht der Frühwein eingeschenkt,
Womit der König Lenz sein Hofgesinde tränkt.
Mit sieben Zungen thut die Lilie sich kund,
Und halb geöffnet schweigt der Knospe Rosenmund.
Narcisse schaut sich an mit goldnem Augenstern:
„Ich blicke nach dem Licht, du blicke nach dem Herrn!"
In tausend Blumen steht die Liebesschrift geprägt:
Wie ist die Erde schön, wenn sie den Himmel trägt!

Wenn Du Gott wolltest Dank für jede Lust erst sagen,
Du fändest gar nicht Zeit, noch über Weh zu klagen.
O Herz, versuch' es nur, so leicht ist's, gut zu sein;
Und es zu scheinen, ist so eine schwere Pein.

Rückert.

13. Gefunden.

Ich ging im Walde
So für mich hin,
Und nichts zu suchen,
Das war mein Sinn.

Im Schatten sah ich
Ein Blümlein stehn,
Wie Sterne leuchtend,
Wie Aeuglein schön.

Ich wollt' es brechen,
Da sagt' es fein:
„Soll ich zum Welken
„Gebrochen sein?“

Ich grub's mit allen
Den Wurzeln aus,
Zum Garten trug ich's
Am hübschen Haus,

Und pflanzt' es wieder
Am stillen Ort;
Nun zweigt es immer
Und blüht so fort.

v. Göthe.

Schlaf Herzenssöhnchen, und kommt gleich die Nacht,
Sitzt Deine Mutter am Bettchen und wacht,
Sei es so spät auch, und sei es so früh,
Mutterlieb', Herzchen entschlummert doch nie!

22. Wiegenliedchen.

Brüderlein Du in der Wiege,
Stille liege, stille liege;
Will Dir auch ein Liedchen singen,
Das soll bald in Schlaf Dich bringen.

Englein schweben dann ganz leise
Um Dein Bettchen her im Kreise,
Daß sie Dir die Bäcklein kühlen
Und im Traume mit Dir spielen.

Zeigen Dir gar schöne Sachen,
Lassen Dich so fröhlich lachen,
Küssen Deine kleinen Hände,
Lieben, herzen Dich ohn' Ende.

Und im lieben Himmel wendet
Gott der Herr, der sie gesendet,
Gar kein Auge von Euch Allen,
Hat so recht sein Wohlgefallen. Hey.

23. Die Nacht.

Wenn am Abend Mann und Kind,
Thier' und Vögel müde sind,
Gott der Herr hat's schon gesehen,
Sonne heißt er untergehen,

Schickt die stille Nacht hernieder,
Spricht zu ihr: Nun decke du
Alle meine Kinder zu,
Bring' zur Ruh die müden Glieder.
Sieh da kommt die liebe Nacht,
Wieget uns in Schlaf ganz sacht; —
Nur der liebe Vater wacht. Hey.

---

24. Das Leben im Freien.

Alldort auf grüner Haide,
Da giebt's der Freuden viel;
Alldort im grünen Schatten
Ergötzt man sich mit Spiel.

Dort oben auf dem Berge,
Da lebt man wohlgemuth;
Dort unten in dem Thale
Genießt man manches Gut'.

Schön ist's und bleibt's im Freien,
Wo uns der Himmel lacht;
Schön ist's, die Blumen küssen
In ihrer Farbenpracht.

---

25. Drei Paare und Einer.

Du hast zwei Ohren und einen Mund;
Willst Du's beklagen?
Gar Vieles sollst Du hören und —
Wenig d'rauf sagen.

Du hast zwei Augen und einen Mund;
Mach' Dir's zu eigen!
Gar Manches sollst Du sehen und —
Manches verschweigen.

Du hast zwei Hände und einen Mund;
Lern' es ermessen!
Zweie sind da zur Arbeit und —
Einer zum Essen.

Rückert.

---

26. Sprüchliedchen.

Läuft Dein Schiff nicht rechte Bahn,
So lenke!
Fliegt Dich gern der Leichtsinn an,
Bedenke!
Hängt die Traube reif vor Dir,
Genieße!
Lockt's Dich dort und zieht's Dich hier,
Beschließe!
Ist die Ruhe Dir nicht gut,
So wandle!
Treibt Dich edler Sinn und Muth,
So handle!
Drückt ein Leid Dich heimlich still,
So trage!
Wenn das Glück nicht lächeln will,
So wage!
Faßt die Flamme Dich, der Zorn,
So dämpfe!
Stachelt Dich der Sinne Sporn,
So kämpfe!

Will das Gute nicht mehr fort,
So treibe!
Fühlst Du Dich am rechten Ort,
So bleibe! Nanny.

---

27. Die Sternlein.

Und die Sonne machte den weiten Ritt
Um die Welt,
Und die Sternlein sprachen: „Wir reisen mit
„Um die Welt;“
Und die Sonne schalt sie: „„Ihr bleibt zu Haus!
„„Denn ich brenn' euch die gold'nen Aeuglein aus
„„Bei dem feurigen Ritt um die Welt.“

Und die Sternlein gingen zum lieben Mond
In der Nacht,
Und sie sprachen: „Du, der auf den Wolken thront
„In der Nacht,
„Laß uns wandeln mit dir; denn dein milder Schein,
„Er verbrennet uns nimmer die Aeugelein.“
Und er nahm sie, Gesellen der Nacht.

Nun willkommen, Sternlein und guter Mond,
In der Nacht!
Die ihr freundlich strahlend am Himmel thront
In der Nacht!
Kommt und zündet die himmlischen Lichter an,
Daß ich lustig mitschwärmen und spielen kann
In den freundlichen Spielen der Nacht!

E. M. Arndt.

28. Die Unschuld.

Unschuld ist den Kindern hold,
Bei der Unschuld Kosen
Malt das Wölkchen sich mit Gold,
Oeffnen sich die Rosen.

Wohl versorgt in ihrer Hut
Seid ihr lieben Kleinen;
Aber, wenn ihr Böses thut,
Zwingt ihr sie, zu weinen.

Dann des Engels nasser Blick
Eurem Aug' entschwindet,
Dann des Lebens Ruh und Glück
Ihr nicht wieder findet.

Laßt den Engel nicht entfliehn;
Geht ihm, voll von Reue,
Zärtlich nach und bittet ihn,
Daß er Euch verzeihe! J. G. Jacobi.

---

29. Mein Bettchen.

Du letzte Abendfreude,
Mein Bettchen in der Nacht!
Wo ich mich träumend weide,
Wenn duldend ich gewacht.

Am Tage gelt' ich wenig,
Ich bin nicht groß, nicht reich.
Im Bett bin ich dem König,
Wohl gar dem Kaiser gleich.

Ackermann.

30. Die kleine Adelheid.

Ich bin das Mädchen der Freude,
Froh tanz' ich durch's Leben dahin;
Ich blühe wie Blumen der Weide
Unschuldig und leicht ist mein Sinn.

Mir lacht das liebliche Leben,
Von Thränen nur selten gestört;
Die Sittsamkeit mag es vergeben,
Wenn Adelheid oft sie nicht hört.

Mit ihr hat's immer noch Weile;
D'rum will ich indessen mich freu'n,
Sie wandelt bedachtsam, ich eile,
So hol' ich sie früh genug ein. **Tiedge.**

---

31. Die kleine Ida.

Heute, Mutter, laß mich springen,
Feld und Garten sind schon grün,
Die erwachten Vögel singen,
Und die bunten Blumen blüh'n!

Heimlich kam der Mai gegangen,
Anemonen auszustreu'n;
Anger, Wies' und Hügel prangen,
Wo sich weiße Lämmer freu'n.

Wenn die Schäferflöten schallen,
O, wie lustig tanzen sie!
Wenn sie auch mitunter fallen,
Ihre Mütter schelten nie.

Alles drängt und treibt nach außen,
Ida kann fürwahr nicht ruhn:
Was die Lämmer thun da draußen,
Das kann auch wohl Ida thun. Tiedge.

---

32. Der frohe Knabe.

Ich bin ein munt'rer Knabe,
Bin reich an Spiel und Scherz,
Und rühre mich und habe
Dabei ein frohes Herz.

Ich singe muntr'e Lieder,
Sobald die Sonn' aufgeht;
Und kehrt der Abend wieder,
Dann schlaf' ich nach Gebet.

---

33. Der Spiegel.

Wer stets will in den Spiegel seh'n,
Bewundern sein Gesicht,
Lernt wahre Schönheit nie versteh'n,
Und bleibt ein eitler Wicht.

Dies Glas bringt Stolz uns oder Pein. —
Will ich mich recht versteh'n,
Muß Gottes Wort mein Spiegel sein,
D'rin ich mein Herz kann seh'n. v. Alphen.

---

34. Das Bäumchen.

Ein Bäumchen trug schon jung und zart
Viel Früchte von der besten Art.

Der Gärtner sah's mit Freuden an,
Und Alle lobten's, die es sah'n.

Seid, Kinder, diesem Bäumchen gleich,
Seid stets an allem Guten reich!
Das wird der Eltern Herz erfreun,
Vor Gott und Menschen löblich sein.

35. Das Samenkorn.

Wer merkt's am Samenkorn so klein,
Daß d'rin ein Leben könnte sein?
Kaum hab' ich's in das Land gesteckt,
Da ist auch seine Kraft erweckt,
Da dringt es aus der Erde vor,
Da steigt es in die Luft empor,
Da treibt's, und wächst und grünt und blüht;
Da lobt den Schöpfer, wer es sieht. Hey.

36. Göttliche Fürsorge.

Es ist kein Mäuschen so jung und klein,
Es hat sein liebes Mütterlein,
Das bringt ihm manches Krümchen Brod,
Damit es nicht leide Hunger und Noth.

Es ist kein liebes Vögelein,
Im Garten draußen so arm und klein,
Es hat sein warmes Federkleid;
Da thut ihm Regen und Schnee kein Leid.

Es ist kein bunter Schmetterling,
Kein Würmchen im Sommer so gering,

Es findet sein Blümchen, findet sein Blatt,
Davon es ißt, wird froh und satt.

Es ist kein Geschöpf in der weiten Welt,
Dem nicht sein eignes Theil ist bestellt;
Sein Futter, sein Bett' sein kleines Haus,
Darinnen es fröhlich geht ein und aus.

Und wer hat das Alles so bedacht?
Der liebe Gott, der Alles macht,
Und sieht auf Alles väterlich,
Der sorgt auch Tag und Nacht für mich.

Hey.

37. Dankbarkeit.

Dankbarkeit gefällt wohl Allen,
Dankbarkeit gefällt auch mir,
Wem auch könnt' sie nicht gefallen?
Sie, des Herzens Schmuck und Zier! —
Kind mit Undank im Gemüthe,
Ach, Dir fehlt des Herzens Güte.

Eltern, Lehrer, Schwestern, Brüder
Halten mich so lieb und werth!
Gott! ich will auch gerne wieder
Thun, was ihre Freuden mehrt: —
Kann ich's nicht, wie sie's verdienen,
Lohne doch mein Dank es ihnen!

Herr, wie könnt' ich Dein gedenken,
Dein mit Kindes-Freudigkeit,
Wenn mein Undank sie möcht' kränken,
Die so gern mir stehn bereit?

Dankbar soll mein Herz sich üben,
Dich in ihnen treu zu lieben. **Liath.**

38. Der Bettler.

Der abgelebte Mann, der beinah nackend geht
Und, bebend vor dem Frost, um eine Gabe fleht,
Ist schlechter nicht, als ich. Der Schöpfer gab allein
Mir mehr, als ihm. Bin ich denn darum besser? Nein!

Der Fromme kann oft nicht der Armuth sich erwehren;
D'rum will ich Tugend auch in armen Menschen ehren.
Sie durch Verachtung zu betrüben,
Heißt nicht die Lehre Jesu üben. **v. Alphen.**

39. Mitleid.

Wo der Brüder Thränen fließen,
Soll mein Herz voll Mitleid sein;
Und ihr Leid dann zu versüßen,
Ueber Alles mich erfreu'n.
Wo die Brüder Thränen weinen,
Fließen treulich auch die meinen.

Innig soll mein Herz empfinden,
Was die Brüder quält und drückt;
Auch die Noth soll uns verbinden,
Wie das Glück, das uns entzückt;
Auch in ihren Kummertagen
Will ich gern mit ihnen tragen.

Wo wir froh sind, wo wir essen,
Wollen wir der Dürft'gen nie,

Nie der Hungrigen vergessen,
Trösten, retten, speisen sie.
Stärk' uns bei der Brüder Schmerzen
Dieser Brudersinn im Herzen. Fritsch.

40. An die Tugend.

Holde Tugend!
Leite mich in meiner Jugend,
Laß mich, laß mich ganz allein,
Schön durch deine Bildung sein.

Meinem Leben
Mußt du Schmuck und Würde geben;
Denn ein schönes Angesicht
Giebt des Herzens Würde nicht.

Thätig Leben,
Vor dem kleinsten Fehltritt beben,
Dies kommt frommen Kindern zu,
Führt zu Freude, Glück und Ruh'.

Ohne Tugend
Welkt die Blüthe meiner Jugend.
Holde Tugend! leite mich,
O dann leb' ich nur für dich. Burmann.

41. Gefälligkeit.

Wo ich Menschen dienen kann,
Muß ich schnell und willig dienen.
Lang' gesäumt, heißt kaum gethan. —
In den heitern, frohen Mienen

Spiegeln sich des Herzens Triebe,
Fern vom Eigennutz der Liebe.

Süße, himmelvolle Lust,
Freud' und Segen zu verbreiten,
Wohn' in meiner jungen Brust,
Vorschmack sel'ger Ewigkeiten!
Mehr als Reichthum, Gold und Kronen
Ist's, wenn Menschen friedlich wohnen.

42. Gottes Herrlichkeit.

Das Meer ist tief, das Meer ist weit,
Doch gehet Gottes Herrlichkeit
Noch tiefer als des Meeres Grund,
Noch weiter als das Erdenrund.

So viele Fischlein wohnen drin,
Der Herr sieht freundlich auf sie hin,
Reicht allen ihre Speise dar,
Führt ab und auf sie wunderbar.

So hoch die wilden Wogen gehn,
Wenn er gebeut, sie stille stehn;
Da führet seine treue Hand
Das Schifflein hin in's fernste Land. Hey.

43. Die Bibel.

Die Bibel ist ein heilig Buch;
Es steht vom lieben Gott darin,
Und wer es lies't mit frommem Sinn,
Dem bringt es Freud' und Glück genug.

Es steht darin von Jesu Christ,
Wie er vom Himmel kommen war,
Und Gut's gethan und immerdar
So fromm und lieb gewesen ist.

Und auch vom Himmel steht darin,
Wie ich hinein einst kommen kann,
Und Gott zum Kinde nimmt mich an,
Wenn ich einmal gestorben bin.

O, meine Mutter, hilf Du mir,
Daß ich die Bibel lesen kann;
Dann hab' ich meine Freude d'ran,
Und Gott schenkt Segen mir und Dir. Hey.

---

44. Friedensliedchen.

Friedlich wandelt Stern an Stern
Dort am blauen Himmel,
Zank und Hader ist dort fern,
Fern das Kriegsgetümmel.

Friedlich fließt durch junges Grün
Hier die Silberquelle,
Und die Sterne spiegeln drin
Ruhig sich und helle.

Erd' und Himmel ruft uns zu:
Menschen, lebt in Frieden!
Sonst, ach, ist euch keine Ruh
Und kein Glück beschieden.

Friedlich wollen wir denn sein, —
Uns einander lieben,

Stets in Eintracht uns erfreu'n,
And're nie betrüben.

Dann fließt, wie die Quelle hier,
Uns dahin das Leben,
Bis in ew'gen Frieden wir
Ueber Sternen schweben. Chr. Schmid.

45. Das Feuerwürmchen.

Da spielt ein Würmchen um mich her
Und strahlt, als ob's ein König wär';
Wie Gold und Sternchen glänzt die Brust,
Von Halm zu Halm hüpft es mit Lust;
Wie schön ist es, wie schön!

Wie groß, wie gütig muß er sein,
Der Würmchen dich erschuf, so klein,
Und schmückte mit so vieler Pracht,
Und der dich jetzt so fröhlich macht,
Der Gott, den wir nicht seh'n. Gleim.

46. Die Narren.

So oft Ihr Narren kommen sehet,
So rath' ich Euch, weicht aus und gehet.
Sie weichen nicht, denn sie sind dumm.
Was könnt von Narren Ihr begehren?
Ja, wenn sie keine Narren wären!
Das ist ihr Privilegium.

Vergebens bleicht man einen Mohren,
Vergebens straft man einen Thoren,

Der Mohr bleibt schwarz, der Thor bleibt dumm.
Das Tadeln ist nicht meine Sache.
Ich laß sie Narren sein und lache;
Das ist mein Privilegium. — Giesecke.

47. Das fleißige Kind.

Gern bin ich zum Hören, zum Lernen bereit,
Ich schätze der Jugend so flüchtige Zeit;
Und komm' ich vom Lehrer, vom nützlichen Thun,
So mag ich wohl spielen, so mag ich wohl ruh'n.

Dann bin ich so heiter beim kindlichen Spiel;
Dann füllet mich süßer der Freude Gefühl;
Dann scheinet mir bunter der Garten, das Feld;
Dann scheinet mir schöner die herrliche Welt.

O Wonne, mit Fröhlichen fröhlich zu sein,
Wenn treffliche Menschen sich über uns freu'n!
Ich eile zum Lernen, zum löblichen Fleiß,
Und dann in der Kinder sich drehenden Kreis.

Starke.

48. Ermunterung zur jugendlichen Thätigkeit.

Kinder, geht zur Biene hin,
Seht die kleine Künstlerin,
Wie sie emsig sich bemüht,
Und aus Allem Honig zieht.
Unverdrossen duldet sie
Ihres Lebens kurze Müh,
Ist geschäftig spät und früh.

Und ich sollte müßig sein?
Nein, ich will schon jung und klein
Arbeitsamer sein, als sie,
Ich, dem Gott Verstand verlieh.
Meines Lebens erste Zeit
Sei in munt'rer Thätigkeit
Gott und meinem Glück geweiht.

Nicht zu träger Weichlichkeit
Gab mein Schöpfer mir die Zeit.
Ich empfing aus seiner Hand
Leben, Kräfte und Verstand.
Das, das spornet mich zum Fleiß,
Großer Gott, zu Deinem Preis!
Jetzt als Jüngling, einst als Greis.

Sturm.

49. Lob des Landlebens.

Rühmt immer eure große Stadt,
Und laßt ihr Lob erschallen!
Mein liebes, kleines Dörfchen hat
Mir dennoch mehr gefallen.

Hier muß ich ganze Wochen lang
Im dumpfen Zimmer sitzen;
Dort konnt' ich frei und ohne Zwang
Die schönen Tage nützen.

O dürft' ich, liebes Dörfchen, dich
Nur einmal wieder sehen!
Gewiß, ihr Städter solltet mich
Sobald nicht wieder sehen.

Miller.

50. Zufriedenheit mit seinem Zustande.

Nie schenkt der Stand, nie schenken Güter
Dem Menschen die Zufriedenheit.
Die wahre Ruhe der Gemüther
Ist Tugend und Genügsamkeit.

Genieße, was Dir Gott beschieden,
Entbehre gern, was Du nicht hast.
Ein jeder Stand hat seinen Frieden,
Ein jeder Stand auch seine Last.

Bei Pflicht und Fleiß sich Gott ergeben,
Ein ewig Glück in Hoffnung sehn,
Dies ist der Weg zu Ruh und Leben.
Herr, lehre diesen Weg mich gehn! Gellert.

---

51. Der Fleiß.

Zum Fleiße ward das Leben
Vom Schöpfer uns gegeben,
Und nicht zu träger Rast.
Dem Fleiße nur folgt Segen,
Wie Fruchtbarkeit dem Regen; —
Ohn' ihn sind wir uns selbst zur Last.

Er stärkt des Leibes Kräfte,
Schenkt uns gesunde Säfte,
Und ein vergnügtes Herz.
Vor Gram und trüben Sorgen
Hält uns der Fleiß verborgen,
Und schützt vor mancher Krankheit Schmerz.

52. Flüchtigkeit der Zeit.

Pflücke Rosen, wenn sie blüh'n,
Morgen ist nicht heut'! —
Keine Stunde laß entflieh'n,
Flüchtig ist die Zeit!

Thue Gutes! sieh es ist
Heut' Gelegenheit.
Weißt Du, wo Du morgen bist? —
Flüchtig ist die Zeit!

Aufschub einer guten That
Hat schon oft gereu't.
Nützlich leben ist mein Rath;
Flüchtig ist die Zeit! Gleim.

---

53. Ordnungsliebe.

Hübsch ordentlich, hübsch ordentlich
Muß man als Kind schon sein.
Nachlässiger! Du nimmst für Dich
Wahrhaftig Niemand ein.

Wer Alles um sich wirft und schmeißt,
Nichts auf sich selber hält,
Zeigt früh schon einen schlechten Geist,
Der Jedermann mißfällt.

Was eine Nessel wird, brennt bald,
O, die Erfahrung spricht's,
Wer jung nichts tauget, der wird alt
Gewiß ein Taugenichts.

Hübsch ordentlich, hübsch ordentlich
Will ich als Kindchen sein;
So werden sich auch über mich
Die lieben Eltern freu'n. Burmann.

54. Der wahre Reichthum.

Warum durchirrt nach Gut und Geld
Der Mensch die fernsten Meere?
Als ob für ihn nicht eine Welt
Schon unerschöpflich wäre!
Doch wenn er, was er wünscht, besitzt,
So stirbt er, ohne daß er's nützt.

Dies können nicht die Güter sein,
Die man sich soll erwerben.
Ein Weiser sammelt Schätze ein,
Die nimmermehr verderben;
Die Tugend ist's. — Nach dieser Zeit
Folgt sie ihm in die Ewigkeit. Weiße.

55. Zufriedenheit.

Mir ward das allerbeste Loos,
Zufriedenheit zu Theil.
Kein König, wär' er noch so groß,
Macht mir um Geld dies feil;
Hab' ich nur immer frohen Muth,
So frag' ich nichts nach Geld und Gut.

Viel mehr, als Rang und Ehr' und Geld,
Beglückt ein froher Sinn;

Was hilft mir eine ganze Welt,
Wenn ich nicht ruhig bin,
Wenn Unzufriedenheit mich plagt,
Und wie ein Wurm am Leben nagt?

Gottlob! Zu meiner Seele naht
Sich diese Feindin nie,
Ich bin zufrieden früh und spat,
Zufrieden spat und früh,
Und achte weder Geld noch Gut,
Behalt' ich nur den frohen Muth.

---

56. Wassertröpflein.

Tröpflein muß zur Erde fallen,
Muß das zarte Blümchen netzen,
Muß mit Quellen weiter wallen,
Muß das Fischlein auch ergötzen,
Muß im Bach die Mühlen schlagen,
Muß im Sturm die Schiffe tragen. —
Und wo wären denn die Meere,
Wenn nicht erst das Tröpflein wäre?

Scheint mir Menschenthun zu klein,
Soll dies Sprüchlein Trost mir sein!

---

57. Der Vogel in der Luft.

In dem gold'nen Strahl
Ueber Berg und Thal
Läßt du lustig dein Lied erklingen,

Schwebest hin und her
In dem blauen Meer,
Dir zu kühlen die luftigen Schwingen.

Wo die Wolke saus't,
Wo der Waldstrom braus't,
Kannst du auf, kannst du niederschweben;
So mit einem Mal
Aus der Höh' in's Thal —
O, wie führst du ein herrliches Leben!

Liebes Vögelein,
Wär' dein Himmel mein
Und die himmlischen Wiesen und Auen,
Flög' ich auch, wie du,
Froh der Sonne zu,
Ihre goldenen Gärten zu schauen!

v. Deinhardstein.

---

58. Die Rosenstöcke.

Es war mir unbekannt,
Daß Rosenstöcke stechen;
Jüngst wollt' ich Rosen brechen,
Und stach mich in die Hand.

„O!“ rief ich, „merk' es, Herz,
Daß nah' bei dem Vergnügen
Des Leidens Dornen liegen,
Sehr nah' grenzt Lust an Schmerz.

Die Lehre nimm in Acht:
In des Vergnügens Stunden

Kannst Du Dich tief verwunden,
Genieß es mit Bedacht!"

---

59. Weisheit und Tugend.

O, geliebte, frohe Jugend,
Kauf jetzt Weisheit, kaufe Tugend
Dir für eine Ewigkeit!
Dies sind Schätze edler Seelen,
Die Dir keine Räuber stehlen,
Auch kein Mißbrauch je entweiht;

Die in dringendsten Gefahren
Nie, um sicher zu verwahren,
Schloß und Riegel nöthig ist,
Rost und Moder nicht zerstören,
Mott' und Würmer nicht verzehren,
Keine Fluth noch Flamme frißt;

Schätze, die stets Farbe halten,
Nie verschießen, nie veralten,
Immer glänzend, immer schön,
Die nicht, gleich den bunten Bändern,
Ihre Moden jährlich ändern,
Reizend Jung' und Alten steh'n;

Schätze, die Dein eigen bleiben,
Damit kannst Du Wucher treiben;
Wuch're Deine Lebenszeit!
Stirbst Du, keine Erben lauern; —
Nein! sie folgen Dir, und dauern
Durch die ganze Ewigkeit.

Weiße.

60. Gehorsam.

Gehorsam ist des Kindes Pflicht;
Wer stets gehorchet, trüget nicht,
Der geht auf rechter Lebensbahn,
Zum wahren, sichern Ziel hinan.

Wie schwer es Dir auch oftmals fällt,
Was Dir die Pflicht vor Augen stellt;
Wie bitter auch Dein Auge weint,
Gehorche dem, der's redlich meint.

O folge Du nur, liebes Kind,
Und prüfe, wie man Dir gesinnt.
Bald siehst Du klar und deutlich ein:
Ein sich'res, schönes Glück sei Dein!

D'rum beuge Dich der ernsten Pflicht,
Und murr' und zweifl' und tadle nicht;
Gehorsam schafft Dir Hochgewinn,
Und bringt zum schönen Ziele hin!

---

61. Lied eines deutschen Knaben.

Mein Arm wird stark und groß mein Muth!
Gib, Vater, mir ein Schwert!
Verachte nicht mein junges Blut,
Ich bin der Väter werth!
Ich finde fürder keine Ruh'
Im weichen Knabenstand:
Ich sterb', o Vater! stolz, wie Du,
Den Tod für's Vaterland!

Schon früh in meiner Kindheit war
Mein täglich Spiel der Krieg!

Im Bette träumt' ich nur Gefahr,
Und Wunden nur und Sieg.
Mein Feldgeschrei erweckte mich
Aus mancher blut'gen Schlacht;
Noch jüngst ein Schwerthieb, welchen ich
Dem Feinde zugedacht.

Da neulich uns'rer Krieger Schaar
Auf dieser Straße zog,
Und, wie ein Vogel, der Husar
Dem Haus' vorüberflog:
Da gaffte starr und freute sich
Der Knaben froher Schwarm;
Ich aber, Vater, härmte mich,
Und prüfte meinen Arm! —

Fr. L. Graf zu Stolberg.

---

62. Der Bauer.

Ein Bauer ist ein Ehrenmann,
Er baut für uns das Feld.
Wer eines Bauern spotten kann,
Ist mir ein schlechter Held.
Er pflügt und drischt, und Bauernschweiß
Erhält den ganzen Staat.
Was hilft Gelehrsamkeit und Fleiß,
Wenn man nicht Bauern hat!

Früh, Städter, wenn der Tag kaum graut,
Da hat er schon geschwitzt;
Und eh' der Himmel Lerchen schaut,
Da hat er schon genützt;

Und eh' die liebe Sonne kommt,
Geht er schon seinen Gang,
Und thut, was allen Menschen frommt,
Mit Lust und mit Gesang.

Im Schweiße seines Angesichts
Ißt er sein täglich Brod.
Wir hätten ohne Bauern nichts,
Wir Städter litten Noth.
D'rum sei der wack're Bauernstand
Uns aller Ehren werth!
Denn kurz und gut, wo ist das Land,
Das nicht der Bauer nährt? Burmann.

---

63. Der Wachtelschlag.

Ach! wie schallt's dort so bedeutend hervor:
„Fürchte Gott, fürchte Gott!"
Ruft mir die Wachtel in's Ohr.
Sitzend im Grünen, von Halmen umhüllt,
Mahnt sie den Horcher im Schattengefild':
„Liebe Gott, liebe Gott!
„Er ist so gütig und mild!"

Wieder spricht deutlich ihr hüpfender Schlag:
„Lobe Gott, lobe Gott!"
Der Dich zu nähren vermag!
Siehst Du die herrlichen Früchte im Feld,
Nimm es zu Herzen, Bewohner der Welt,
„Danke Gott, danke Gott!
„Der Dich erschuf und erhält!"

Schreckt mich im Wetter der Herr der Natur:
„Bitte Gott, bitte Gott!"

Ruft sie — „er schont die Flur!“
Machen mir and're Gefahren so bang,
Tröstet mich wieder der Wachtelgesang:
„Traue Gott, traue Gott!
„Sieh, er verziehet nicht lang!“

---

64. Das Lied vom Schmetterling.

Liebes, leichtes, luft'ges Ding,
Schmetterling,
Das da über Blumen schwebet,
Nur von Thau und Blüthen lebet,
Blüthe selbst, ein fliegend Blatt,
Das mit zartem Rosenfinger
Wer gepurpurt hat:

War's ein Engel, der dein Kleid
So bestreut,
Dich aus Moderduft gewebet,
Nur auf Tage dich belebet?
Seelchen, und dein kleines Herz
Pocht da unter meinem Finger,
Fühlet Todesschmerz!

Fleuch dahin, o Seelchen, sei
Froh und frei!
Sei ein Bild, was ich sein werde:
Wenn die Raupe dieser Erde
Auch, wie du, ein Lüftchen ist,
Und in Duft und Thau und Honig
Jede Blüthe küßt.

Herder.

65. Das Kind und sein Blümchen.

Ward ein Blümchen mir geschenket,
Hab's gepflanzt und hab's getränket;
Vögel, kommt und gebet Acht!
Gelt! ich hab' es recht gemacht?

Sonne, laß mein Blümchen sprießen!
Wolke, komm, es zu begießen!
Richt' empor dein Angesicht,
Liebes Blümchen, fürcht' dich nicht!

Und ich kann es kaum erwarten,
Täglich geh' ich in den Garten,
Täglich frag' ich: Blümchen sprich:
Blümchen, bist du bös' auf mich? —

Sonne ließ mein Blümchen sprießen,
Wolke kam, es zu begießen;
Jedes hat sich brav bemüht,
Und mein liebes Blümchen blüht.

Wie's vor lauter Freuden weinet!
Freut sich, daß die Sonne scheinet.
Schmetterlinge, fliegt herbei,
Sagt ihm doch, wie schön es sei!

Hoffmann v. Fallersleben.

---

66. Vorwitz, das Künftige zu wissen.

Gütig hüllt mit Finsternissen
Gott die Zukunft ein:
Deutlich sie voraus zu wissen,
Würde Strafe sein.

Säh' ich Glück auf meinem Wege,
Würd' ich stolz mich bläh'n,
Und leichtsinnig, oder träge
Meinen Zweck verseh'n.

Säh' ich Unglück, würd' ich zittern;
Und die künft'ge Zeit
Würde mir das Glück verbittern,
Das mich jetzt erfreut.

Was ich habe, will ich nützen,
Fernen Gram nicht scheu'n,
Und soll ich ein Glück besitzen,
Dieses Glücks mich freun. Weiße.

---

67. Auf einem Spaziergange.

Singend gehn wir durch die Fluren,
Die der gute Gott geschmückt,
Finden überall die Spuren
Seiner Huld, die uns beglückt.

Blumen blühen an den Pfaden,
Lachen von dem Baum herab,
Aehren schwanken, schwer beladen,
Reben ranken um den Stab.

Lämmer springen auf den Triften,
Rinder in dem frischen Klee;
Vögel singen in den Lüften,
Fische spielen in dem See.

Von den fernen Bergen heben
Silberwolken sich empor,

Labung träufelnd, und es beben
Perlen hell an Halm und Rohr.

Feld und Wald und Lüfte bringen
Süßen Duft und Lobgesang,
Darum gehn auch wir und singen
Unserm Vater Preis und Dank. v. Kamp.

---

68. Reiterlied für Knaben.

Hopp, hopp, hopp!
Pferdchen, lauf' Galopp!
Ueber Stock und über Steine,
Aber brich nicht deine Beine;
Immer im Galopp,
Hopp, hopp, hopp, hopp, hopp!

Tipp, tipp, tapp!
Wirf mich ja nicht ab!
Zähme deine wilden Triebe,
Pferdchen, thue mir's zu Liebe,
Wirf mich ja nicht ab.
Tipti, tapti, tapp!

Pitschi, patsch!
Klatsche, Peitsche, klatsch!
Mußt recht um die Ohren knallen!
Ha! das kann mir sehr gefallen.
Klatsche Peitsche, klatsch!
Pitschi, patschi, patsch!

Ha, ha, ha!
Juch, nun sind wir da!

Diener, Diener, liebe Mutter!
Findet auch das Pferdchen Futter?
Juch, nun sind wir da!
Haha, haha, ha!

Brr, brr, he!
Pferdchen, steh jetzt, steh!
Sollst schon heute weiter springen,
Muß dir nur erst Futter bringen,
Steh doch, Pferdchen, steh!
Brr, brr, brr, brr, he! K. Hahn.

69. Maikäferliedchen.

Maikäfer summ, summ, summ!
Nun sag' mir an, warum
Du fliegst am Fenster hin und her,
Und willst mein Haus und Laub nicht mehr?
Was schwirrst du so, was schnurrst du so?
Warum bist du nicht mehr so froh?

Lieb Kindlein, still, still, still!
Hör, was ich sagen will:
Wie soll ich denn wohl fröhlich sein
In deinem dunkeln Haus allein,
So fern von frischer Himmelsluft,
Von lichtem Grün und Laubesduft?

Maikäfer summ, summ, summ!
Nun sag' mir an: Warum?
Wie? hab' ich Fenster nicht gemacht,
Und frisches Laub dir stets gebracht?

Dein Haus in Sonnenschein gestellt,
Und dich geführt in Wald und Feld?

Lieb Kindlein, still, still, still!
Hör', was ich sagen will:
Wenn ich's mit dir auch so gemacht,
Du würdest weinen Tag und Nacht,
Und wär' ich noch so gut dabei,
Du sprächst doch allzeit: „Laß' mich frei!"

70. Naturfreude.

Wir wollen unser Leben lang
Uns süßen Freuden weihen.
Der Wiese Duft, der Waldgesang
Soll immer uns erfreuen.

Uns grünen Saaten, Trift und Hain,
Uns rauschen Wasserfälle,
Uns malt des Himmels Widerschein
Roth, weiß und blau die Quelle.

Graf zu Stolberg.

71. Der Veilchenstrauß.

Wir Veilchen verkünden
Die holdeste Zeit,
Wo Kränze zu winden
Der Frühling gebeut.

Demüthig verstecken
Wir uns're Gestalt;

Doch jubelnd entdecken
Die Mägdlein uns bald.

Und hurtig sie bücken
Zu uns sich herab,
Wohl duftend erblicken
Wir, ach! unser Grab.

Nicht aber wir weinen,
Wir sterben mit Lust;
Sanft ruhen wir Kleinen
An Mägdleins Brust. Michaelis.

---

72. Kinderlied.

Heida! täglich freu' ich mich,
Und bin guter Dinge,
Lieben Leute, seht wie ich
Fröhlich hüpf' und springe.

Meinen Lebensweg bestreu't
Unschuld mir mit Rosen;
Glücklich! wer sich stets so freut,
Stets so geht auf Rosen.

D'rum, wenn ich nun älter bin,
Will ich mich bestreben,
Immer bei vergnügtem Sinn
Tugendhaft zu leben.

Vater, Mutter, Jedermann
Mag mich dann gern leiden;
Und erlang' ich das, o dann
Spring' ich hoch vor Freuden.

Trifft dann auch ein Unfall mich
Einst in meinen Tagen,
O so sorgt ja Gott für mich,
Und hilft ihn mir tragen.

---

73. Die glücklichen Kinder.

Heiter, wie des Frühlings Blicke,
Wallen wir durch's Leben hin;
Schau'n nicht hinter uns zurücke,
Trüben nicht den frohen Sinn.

Was das Leben uns nur bietet,
Nehmen wir mit frohem Dank,
Ob der Sturm auch tobt und wüthet,
Bald verscheucht ihn unser Sang.

Zu den grün bebuschten Höhen
Schweifen wir hinan mit Lust,
Schiffen auf den blauen Seen,
Süß verklärten Glücks bewußt.

In den Thälern duften Blüthen,
Süß und frisch und würzereich,
Und sie weh'n an unsern Hüten,
Weh'n am Herzen allzugleich.

Und so ziehn wir immer heiter
Durch das sonnenhelle Land,
Ewig sorglos weit und weiter
An der Liebe goldnem Band.

Schönes Leben, süße Liebe!
Du nur baust der Kindheit Glück,

Adelst mild der Unschuld Triebe,
Scheuchst den bangen Gram zurück!

74. Das fröhliche Kind.

Munter, wie die klare Quelle,
Die durch Wiesenblümchen zieht,
Hüpf' ich mit des Vogels Schnelle,
Rings von Freud' und Lust umglüht.

Jede Blume, die am Wege
Duftend mir entgegen lacht,
Wird mit stillgeheimer Pflege
Sorgsam dann zum Strauß gebracht.

Trübt sich ja einmal der Himmel,
Nur getrost und frischen Muth!
Bald verhallet das Getümmel
Und von fern strahlt Rosengluth.

In des Abends kühler Frische
Laß' ich dann das dumpfe Haus;
Eile in des Hains Gebüsche,
In die Schattennacht hinaus.

Horch' ich dann den süßen Lauten
Leicht beschwingter Sängerschaar;
— Die im Hain sich Hütten bauten, —
Wird mir wohl und wunderbar.

Und ich preise Gottes Güte,
Der die Welt so schön gemacht.
Wohlsein strömt durch mein Gemüthe,
Und mein Auge weint und lacht. Grumbach.

75. Frohsinn.

Vergnügt bin ich an Seel' und Sinn,
Und kenne keine Plage,
Deß dank' ich Gott, daß ich es bin,
Wer klagen will, der klage.

Manch schönes Blümchen blüht mir auf,
Und seh' ich's freundlich nicken,
So laß ich's nicht, in vollem Lauf
Streb' ich, mir es zu pflücken.

Und ging es über Stock und Steg,
Bleib' ich bei gutem Muthe;
Bald kommt dann wieder guter Weg,
Auch mit ihm manches Gute.

So thu' ich denn nach meinem Brauch
Nur jeden Schritt mit Freuden.
Wer dieses kann, den müssen auch
Selbst Könige beneiden. Claudius.

---

76. Des Kindes Engel.

Es geht durch alle Lande
Ein Engel still einher:
Kein Auge kann ihn sehen,
Doch Alles siehet er. —
Der Himmel ist sein Vaterland,
Vom lieben Gott ist er gesandt.

Er geht von Haus zu Hause;
Und wo ein gutes Kind

Bei Vater oder Mutter
Im Kämmerlein sich find't,
Da wohnt er gern und bleibet da
Und ist dem Kindlein immer nah.

Er spielet mit dem Kinde
So traulich und so fein;
Er hilft ihm fleißig lernen
Und stets gehorsam sein.
Das Kind befolgt's mit frohem Muth,
Drum bleibt es auch so lieb und gut.

Und geht das Kind zur Ruhe,
Der Engel weichet nicht;
Er hütet treu sein Bettchen
Bis an das Morgenlicht.
Er weckt es auf mit stillem Kuß
Zur Arbeit und zum — Frohgenuß.

O, holder Engel! führe
Auch mich den Kindern zu,
Die Du so gern begleitest
Zu Arbeit, Spiel und Ruh!
Bei solchen Kindern lieb und fein
Da mag auch ich so gerne sein. **Lieth.**

---

77. Mutterliebe.

Was ist des Kindes erste Speise?
Was ist sein bestes Zuckerbrod?
Was färbt zur guten Lebensreise
Die Wangen ihm mit Rosenroth?

Ach, daß das Kind in's Herz sich schriebe:
Die beste Speis' ist Mutterliebe.

Mit welchem Tranke wird's gestillet?
Und welcher süße Labewein
Ist's, der in's inn're Leben quillet
Zu seinem Wachsthum und Gedeihn?
Ach, daß es stets zum Dank dich triebe:
Dein bester Trank ist Mutterliebe!

Wo nimmt's die Wolle her zum Kleide,
Wenn's stürmt und wenn das Wetter kracht?
Von welcher weichen, schönen Seide
Ist uns'res Kindes Schmuck gemacht?
Ach, daß das Kind in Demuth bliebe!
Sein bestes Kleid ist Mutterliebe.

Wo wohnt das Kind in Freud' und Friede?
Wo ist sein bestes Kämmerlein? -
Und welches Bettchen nimmt das müde
Am Abend willig auf und ein?
Ach, daß es ewig hin Dich triebe,
In's stille Haus der Mutterliebe!

Wer lehrt's so frühe Lieb' und Güte?
Wer führt's zuerst zu Gott empor?
Weß Auge spricht so zum Gemüthe?
Wer sagt vom Vater viel ihm vor?
Ach, daß das Kind gehorsam bliebe!
Das Alles lernt's von Mutterliebe. Lieth.

78. Der Vater.

Die Welt ist Gottes großes Haus,
Voll Wohnungen der Freude.
Da geht, was lebet, ein und aus,
Wie Schäflein von der Weide.

Das Alter, weise, — geht voran,
Und — folgt die Jugend treulich,
O dann ist Alles wohlgethan
Und lieblich und erfreulich.

D'rum ist es wonnig anzusehn,
Wenn Kinder hier auf Erden
Um ihre guten Väter stehn,
Wie um den Hirt die Heerden.

Der Vater sorgt und schafft für sie,
Die Kinder müssen's haben:
Sie können nichts mit aller Müh,
Als danken für die Gaben.

Dann schauen sie so froh hinan
Zu Vaters Blick und Wesen;
Und aus der Kindlein Antlitz kann
Er Dank und Liebe lesen.

Und ihnen zeugt ein Engel, fromm,
Daß Vatertreu und Liebe
Vom guten Gott im Himmel komm'
Und ewig sei und bliebe.

Sieh, darum giebt das Menschenkind
Auch Gott den Vaternamen:

Und wo ein Herz ist gut gesinnt,
Das spricht hier freudig — Amen! Lieth.

79. Liebe zu Eltern.

Meine Eltern herzlich lieben,
Sollte mir nicht Freude sein?
Diese Pflicht sollt' ich nicht üben?
Schrieb sie Gott in's Herz nicht ein?

Meine guten Eltern sorgen
Täglich für mein Wohlergehn.
Froh kann ich den neuen Morgen,
Froh den Abend wiedersehn.

Durch sie lernt' ich Gott erkennen,
Der die guten Kinder liebt;
Lernt' ich meinen Vater nennen,
Der auch mir viel Gutes giebt.

Liebe soll mein junges Leben
Meinen guten Eltern weihn,
Ihnen Freud' und Dank zu geben,
Soll auch meine Freude sein. Seidel.

80. Bruder und Schwester.

Brud. Sieh', Schwesterchen, den schönen Apfel hier?
O komm' und iß ihn doch mit mir!

Schw. Ja, Brüderchen; allein, was geb' ich Dir dafür?

Brud. Mir? Nichts! denn äß ich ihn alleine,
So würd' er mich nicht sehr erfreu'n,

Und wär' er auch noch zehnmal größer;
Theil' ich ihn aber hübsch mit Dir,
Dann, Liebe, o dann schmecket mir
Die Hälfte wohl noch zehnmal besser. Weiße.

---

81. Geschwisterpflichten.

Wenn sich die Geschwister lieben,
Jung sich ächter Freundschaft weih'n,
Und mit Wort und That sich üben,
Stets Ein Herz, Ein Geist zu sein,
Fern von Streit, von Haß und Neide,
Dann sind sie der Eltern Freude.

Kinder, die sich nicht vertragen,
Die sich ohne Unterlaß
Neiden, necken und verklagen,
Und vergelten Haß mit Haß,
Haben keine guten Herzen,
Und sind ihrer Eltern Schmerzen.

Seid der Eltern Lust, ihr Kleinen,
Sanftmuth, Lieb', und Freundlichkeit
Müssen sich in euch vereinen;
Haß hingegen, Zank und Neid
Sucht, so viel ihr könnt, zu meiden,
Müßtet ihr auch Unrecht leiden.

---

82. Geschwisterliebe.

Wie fein und lieblich,
Wenn unter Brüdern,

Wenn unter Schwestern
Die Eintracht wohnt!
Wenn Hand in Hand
Durch's schöne Land
Des Lebens Alle gehn;
Dann wird es noch einmal so schön,
Wo wir sie wandeln sehn.

Da mag ich wohnen,
Da mag ich bleiben,
Und ist's ein Hüttchen
Wohl arm und klein.
Wo Liebe ist,
O da vermißt
Man gern ein and'res Gut;
Da ist man reich und wohlgemuth
Bei Allem, was man thut.

O Eintracht! Liebe!
Laß stets dich finden,
Wo Brüder wohnen,
Wo Schwestern sind!
Verlasse sie
Im Leben nie,
Daß sie sich nicht entzwei'n;
Und führ', daß sie sich ewig freu'n,
Sie einst zum Himmel ein. Lieth.

---

83. Der Lehrer.

Der Mann, der uns im Herzen trägt,
Der uns wie zarte Bäumchen pflegt

In seinem lieben Garten;
Der so viel Müh' und Arbeit hat,
So viel Geduld, um seiner Saat
Mit treuem Fleiß zu warten,
Der Mann verdienet Lob und Ehre
Für seine Vatersorg' und Lehre.

Der Vater und die Mutter spricht:
O Kinder! das vergesset nicht,
Was Gott euch vorgeschrieben:
„Gehorcht den Lehrern, folget treu;
„Sie wachen, daß ihr froh und frei
„Das Gute möchtet lieben."
Nein, nicht vergess' ich diese Lehren:
Den Lehrer will ich treulich ehren. **Lieth**

---

84. Zum Geburtstage.

Dein (Ihr) Leben, Theurste! (Theurster) gleich' im Bilde
Dem Bache, der stets heiter fließt,
Und durch ein schönes Lenzgefilde
Sich ruhig in das Meer ergießt.

Hier fallen Blüthen auf ihn nieder,
Dort wallt er sanft auf Kieseln hin,
Es tönen über ihm die Lieder
Der holden Frühlingssängerin.

Hier kühlt ein Schatten ihn, dort blinket
Auf ihn der Sonne Schattenbild;
Und wenn ihn hier die Blume trinket,
Erquickt er Heerde dort und Wild.

So ende, nie getrübt von Leiden,
Dein (Ihr) edles Leben spät den Lauf,
Und ein krystallnes Meer von Freuden
Im Paradiese nehm' es auf!

Hölty.

---

85. Die Freuden der Tugend.

Ihr Freunde der Tugend,
Erfreuet euch hier,
Genießet der Jugend
In Unschuld, wie wir.
Uns grünet die Weide,
Uns blühet der Hain;
Uns ladet zur Freude
Die Nachtigall ein.

Dem Hasser der Tugend
Nag' Unmuth die Brust!
Unschuldiger Jugend
Gebühret nur Lust;
Ja, Tugend und Freude
Sind ewig verwandt,
Es knüpfet sie beide
Ein himmlisches Band.

Drum Freunde der Tugend,
Erfreuet euch bier!
Genießet der Jugend
In Unschuld, wie wir.
Und grünet die Weide,
Und blühet der Hain,
Uns ladet zur Freude
Die Nachtigall ein.

Gleim.

86. Die Freude.

Freude, du Begleiterin
Aller meiner Tage,
Du durchströmest Herz und Sinn,
Nichts weiß ich von Klage.

Deines Segens Ueberfluß
Dringt durch alle Glieder,
Und der Tanz hebt meinen Fuß,
Und du lehrst mich Lieder.

Hüpfend eil' ich in die Reih'n
Lachender Gespielen,
Wo wir Alle nur uns freu'n,
Alle froh uns fühlen. —

---

87. Der Apfelbaum.

Hänschen sah einst Aepfel hangen,
Groß und schön, wie Blut so roth.
Hänschen fühlte Lust zum Pflücken,
Trotz des Vaters streng' Verbot.

Hier ist, sprach er, nicht mein Vater,
Der es, pflück' ich, sehen kann,
Und dem Baum, so voll beladen,
Merkt man das gewiß nicht an.

Doch ich will gehorsam bleiben,
Was verboten, laß ich sein,
Sollt' ich ein paar Aepfel wegen
Ungehorsam zeigen? — Nein!

Fort ging Hänschen; doch der Vater,
Der ihn still belauschet hat,
Kommt im Gehen ihm entgegen,
Vorne bei dem Mittelpfad.

Komm, mein Hänschen, sagte Vater,
Komm, mein kleiner Herzensdieb;
Jetzt will ich dir Aepfel pflücken,
Jetzt hat Vater Hänschen lieb.

Hierauf fing er an zu schütteln,
Hänschen raffte freudig auf.
Er bekam den Hut voll Aepfel
Und sprang fort in vollem Lauf. v. Alphen.

---

88. An einen in der Schlinge erwürgten Krammetsvogel.

Eine Amsel, schwarz wie Kohlen,
Mit dem Schnabel, gelb wie Gold,
Wohnte dort, wo aus dem hohlen
Fels das klare Brünnlein rollt —
Und ihr lieblich Lied verhallte
Flötend rings im ganzen Walde.

Sieh da, zwischen grünem Laube
Scharlachroth und schön und frisch
Lacht der Vogelbeeren-Traube
Aus dem schattigen Gebüsch —
Und die Amsel, gleich dem Pfeile,
Fliegt d'rauf zu in wilder Eile.

Aber bei den schönen Beeren
Hängt das böse Schlingenpaar,
Sicherer sie zu bethören,
Fest gedreht aus feinem Haar;
Ach, kaum pickt sie in die Traube,
Wird sie selbst dem Tod zum Raube! —

Jugend, Jugend, laß Dich warnen,
Schau das arme Thierchen hier,
Laß die Lust Dich nicht umgarnen,
Trau' nicht blindlings der Begier.
Manches Mädchen, mancher Knabe
Hörte nicht, — und ruht im Grabe!

Chr. Schmidt.

Armes kleines, liebes Thier!
O wie traurig hängst du hier;
Ach! der falsche Reiz der Beeren
Und ihr lachend Scharlachroth
Schien dir Freude zu gewähren,
Und die Freude war dein Tod.

Besser, suchtest du für dich
Deine Speise kümmerlich,
Bei der Armuth kargen Festen
Droht nicht Schlinge, Gift und Stahl;
Doch nicht selten Weh den Gästen
Bei der Wollust-Freudenmahl.

Mich verführ' im Ueberfluß
Nie unmäßiger Genuß.
Giebt's zu trinken, giebt's zu essen,
Und mir winkt die Schwelgerei,

So will ich es nie vergessen:
Auch die Schlinge hängt dabei. Weiße.

---

89. An die Spinne.

Kunstvolle Weberin, die ich
Hier so geschäftig finde,
Wie wunderbar ergötzet mich
Dein schöpferisch Gewinde!
Die Fäden — o! so zart spinnt sie
Die feinste Hand am Rädchen nie.
Wie sanft, wie gleich sie fließen!
Wie richtig sie sich schließen!

Sei ruhig unter meinem Tisch;
Nie soll's die Lore wagen,
Und dich mit ihrem Flederwisch
Aus deinem Zirkel jagen.
Hier will ich deine Wunder seh'n,
Und sorgsam nach der Ursach' späh'n,
Was du dabei gewinnst,
Daß du so künstlich spinnst.

Was seh' ich? Eine Mücke fing
Sich jetzt in den Geweben!
Sie kämpft; du packst das arme Ding
Und raubst ihr kleines Leben!
Geht deine Kunst auf Mordbegier?
Fort! sie gilt weiter nichts bei mir. —
Man muß nur Kunst und Gaben
Zum Gutesstiften haben. Weiße.

90. Die Entschlüsse.

Kindheit, Frühling meines Lebens,
Dich will ich der Tugend weih'n,
Mein Entschluß sei nicht vergebens,
Denn nie würde dies mich reu'n.

Früh verschön're mich die Tugend,
Früh verfein're mich Verstand!
Was ich lerne in der Jugend,
Ist im Alter mir bekannt.

Ich will stets bei Spiel und Freuden
Sittsam und verständig sein,
Dankbar, höflich und bescheiden
Jeden, der mich sieht, erfreu'n.

Sollten mich auch And're kränken,
So will ich mich nicht vergeh'n,
Immer an die Worte denken:
Sanftmuth macht die Seele schön!

Ich will meiner Eltern Freude
Und ihr Trost im Kummer sein;
Kein Gepränge mit dem Kleide,
Nur ein schönes Herz sei mein.

Fromm vor Gottes Augen wandeln,
Und in jedem Augenblick
Edel denken, edel handeln,
Dies sei meines Lebens Glück! —

91. Das Unvergängliche.

Nichts von Allem, was da blühet,
Nichts von Allem, was da blinkt.

Nichts von Allem, was da glühet,
Und dem Auge freundlich winkt,
Nichts kann ewig fortbesteh'n:
All dies Schöne muß vergeh'n.

Schöne Kleider und Geschmeide,
Silber, Gold und Edelstein,
Wie das Blümlein auf der Haide,
Werden einst nur Asche sein;
Augen, schön, und Wangen, roth,
Raubet endlich auch der Tod.

Hättet Ihr nur alle Gaben,
Die die schöne Erde beut;
Würdet Ihr sie immer haben,
Bis an's Ende dieser Zeit? —
Nähm' sie Euch kein Unfall ab,
Folgten sie auch in das Grab? —

Eines aber bleibet immer,
Eines folgt Euch himmelwärts:
Das ist Tugend ohne Schimmer,
Ist das stille, gute Herz.
O wie fröhlich, selig lebt,
Wer nach solchem Gute strebt! Lieth.

---

92. Das Kind im Gebrauche seiner Glieder.

Zwei Augen hab' ich, klar und hell,
Die drehn sich nach allen Seiten schnell,
Die sehn alle Blümchen, Baum und Strauch,
Und den hohen blauen Himmel auch.

Die setzte der liebe Gott mir ein,
Und was ich kann sehen, ist alles sein.

Zwei Ohren sind mir gewachsen an,
Damit ich alles hören kann,
Wenn meine liebe Mutter spricht:
Kind, folge mir und thu' das nicht!
Wenn der Vater ruft: Komm her geschwind,
Ich habe Dich lieb, mein gutes Kind.

Einen Mund, einen Mund hab' ich auch,
Davon weiß ich gar guten Gebrauch,
Kann nach so vielen Dingen fragen,
Kann alle meine Gedanken sagen,
Kann lachen und singen, kann beten und loben
Den lieben Gott im Himmel droben.

Hier eine Hand und da eine Hand,
Die Rechte und die Linke sind sie genannt;
Fünf Finger an jeder, die greifen und fassen.
Jetzt will ich sie nur noch spielen lassen,
Doch wenn ich erst groß bin und was lerne,
Dann arbeiten sie alle auch gar gerne.

Füße hab' ich, die können stehn,
Können zu Vater und Mutter gehn,
Und will es mit dem Laufen und Springen
Nicht immer so gut, wie ich's möchte, gelingen,
Thut nichts; wenn sie nur erst größer sind,
Dann geht es noch einmal so geschwind.

Ein Herz, ein Herz hab' ich in der Brust,
So klein und klopft doch so voller Lust,

Und liebt doch den Vater, die Mutter so sehr:
Und wißt Ihr, wo ich das Herz hab' her?
Das hat mir der liebe Gott gegeben,
Das Herz und die Liebe und auch das Leben.

Spekters Fabelbuch.

---

93. Die fünf Sinne.

Kannst Du sehen, o so sieh
Nach verbot'nen Dingen nie,
Laß Dich dies und das nicht blenden,
Sieh auch nicht nach allem, Kind!
Sieh nach edlen Gegenständen!
Vieles sehen macht oft blind.

Kannst Du hören, o so hör'
Immer Gutes, immer mehr.
Sei hübsch taub bei losen Sachen,
Die des Leichtsinns Zunge spricht.
Ach! das Ohr kann Unruh' machen!
Höre, Kind! und hör' auch nicht.

Kannst Du schmecken, so entweih'
Nie den Sinn durch Schwelgerei!
Lern' auf reine Freuden merken,
Laß Dich jedes frohe Mahl
In der Liebe Gottes stärken,
Er giebt Gutes ohne Zahl.

Kannst Du riechen, o so sei
Der Natur mit Dank getreu.
Nur dem Hauche frischer Lüfte
Und der Speisen Lieblichkeit

Und dem Reiz der Blumendüfte
Bleibe dieser Sinn geweiht.

Kannst Du fühlen, o so flieh,
Was die Wollust giebt, und nie
Raube sie Dir Muth und Kräfte.
Bleiben Herz und Körper rein,
O so werden die Geschäfte
Noch im Alter Freude sein.

94. Die weiße Farbe.

Ich weiß eine Farbe, der bin ich so hold,
Die achte ich höher, als Silber und Gold,
Die trag' ich so gerne um Stirn' und Gewand,
Und habe sie Farbe der Wahrheit genannt.

Wohl blühet in lieblicher, sanfter Gestalt
Die glühende Rose, doch bleichet sie bald:
D'rum weihte zur Blume der Liebe man sie;
Ihr Reiz ist unendlich, doch welket er früh.

Die Bläue des Himmels strahlt lächelnd und mild,
Drum gab man der Treue dies freundliche Bild!
Doch trübet manch Wölkchen den Aether, so rein,
So schleichen beim Treuen oft Sorgen sich ein:

Die Farbe des Schnee's, bei sonnigem Licht,
Heißt Farbe der Unschuld, doch dauert sie nicht!
Bald ist es verdunkelt, das blendende Kleid:
So trübet auch Unschuld Verläumdung und Neid.

Und von Frühlings schmeichelnden Lüftchen entbrannt,
Trägt Wäldchen und Wiese der Hoffnung Gewand;

Bald welken die Blätter und sinken hinab,
So sinkt auch der Hoffnungen liebste in's Grab.

Nur Wahrheit bleibt ewig, und wandelt sich nicht,
Sie flammt, wie der Sonne allleuchtendes Licht!
Ihr hab' ich mich ewig zu eigen geweiht;
Wohl dem, der ihr blitzendes Auge nicht scheut.

---

95. Schönheit der Natur.

O schön und voller Milde
Ist Gottes weite Welt!
Ein reizendes Gefilde,
Das ewig mir gefällt!

O schön ist diese Erde!
O schön ist die Natur!
O ewig, ewig werde
Ich folgen ihrer Spur!

O welche hohe Wonne,
Wenn nach der dunkeln Nacht
Die sanfte Purpursonne
Am frühen Morgen lacht!

Ha, welche Düfte ziehen
Von dieser Blumenau!
Mit welchen Reizen blühen
Hier Blümchen roth und blau!

Wie schön ist hier die Quelle,
Die sanft durch Blumen rollt!
Wie glänzt auf jeder Welle
Bald Silber und bald Gold!

Wie prangt der grüne Rasen
Dort unter rothem Klee,
Wo Lämmerchen ich grasen
Und freudig hüpfen seh.

O schön und voller Milde
Ist Gottes weite Welt!
Ein reizendes Gefilde,
Das ewig mir gefällt!

O schön ist diese Erde!
O schön ist die Natur!
O ewig, ewig werde
Ich folgen ihrer Spur!

---

96. Die Schöpfung.

Für wen schuf Gottes Güte wohl diese Welt so schön?
Für wen ist Frucht und Blüthe in Thälern und auf Höh'n?
Für wen ist Freud' und Wonne hier, wo das Echo schallt?
Für wen bestrahlt die Sonne die Felder und den Wald?

Für wen tönt das Getümmel der Heerden auf der Au?
Für wen wölbt sich der Himmel so heiter und so blau?
Für wen sind jene Gründe so lieblich anzuseh'n?
Für wen weh'n kühle Winde? Für wen ist Alles schön?

Uns giebt Gott ein Vermögen, die Schöpfung einzuseh'n,
Uns Menschen einen Segen, zu fühlen, zu versteh'n.
Uns sollte diese Wonne ein Ruf zur Liebe sein,
Mit jeder Morgensonne ihm unser Herz zu weih'n.

Gleim.

97. Die Gefahr.

Wohl drohet den Kindlein gar manche Gefahr,
Wohl droht sie dem zarteren Leben;
Doch wird es dem schwachen Verstande nicht klar,
Wie nahe dem Tode sie schweben:
Und schützte sie nimmer die göttliche Hand,
Sie lebten nicht lang' in der Lebenden Land.

Zwei Kinder verließen zum Spiele das Haus:
Die Mutter erlaubt' es den Kleinen.
Das nahe Gebüsch erkohren sie aus
Und finden da, wie sie vermeinen,
Zwei niedliche Hündlein im Neste von Moos:
Die Freude der Kinder war selten und groß.

Sie nahmen die Thierchen, so willig und zart,
In's Aermchen mit frohem Verlangen;
Und zehnmal so lange der Augenblick ward,
Bis daß sie nach Hause gelangen.
„O Mutter, Du Liebe! was fanden wir dort?
„Zwei niedliche Hündchen am moosigen Ort!"

Die Mutter beschauet die Thierchen und spricht:
Voll Schrecken und wachsender Freude:
„„Nein, Wölfe sind's, wahrlich! und Hunde sind's nicht!
„„Gott hat mir erhalten Euch Beide.""
Da kam auch der Vater vom Felde und trug
Die grimmige Wölfin, die dort er erschlug.

Nun tödtet der Vater die Jungen zugleich
Und dankt mit der Mutter, gerühret,
Daß Gott sie behütet, an Liebe so reich,
Daß Gott ihn des Weges geführet:

Denn wenn erst die Wölfin die Kinderchen fand,
Sie lebten nicht mehr in der Lebenden Land. **Lieth.**

---

98. Der Knabe und das Vogelnest.

Da hab' ich es, das Hänflings-Nest!
Nun ist mir's endlich doch gelungen;
Das ganze Nestchen mit vier Jungen! —
Ja, sträubt euch nur, ich halt' euch fest.

Doch, hör' ich nicht der Eltern Paar
Mich klagend um Erbarmung flehen?
Wie? sollt' ich diesen Raub begehen?
Ich bin kein Wüthrich, kein Barbar.

Wie oft hat mich nicht ihr Gesang,
Lag ich im Grase dort gestrecket,
Zu sanfter Fröhlichkeit erwecket!
Und dieses wäre nun mein Dank?

Ich riß ihr armes Häuschen ab,
Das sie nach Gastrecht mir vertrauet,
Von Moos und Stroh sich selbst gebauet,
Zu dem ich nicht ein Hälmchen gab?

Wenn eine räuberische Hand
Mich meinen Eltern nun entrissen,
Was würden da für Thränen fließen!
Wie jammervoll wär' unser Stand.

Nein, lieben Sänger, bleibt in Ruh!
Hier habt ihr eure Kinder wieder:
Vervielfacht singt ihr eure Lieder
Mir dann auf's nächste Frühjahr zu.

99. Der Tanzbär.

Ei, sehet doch, der Bär, der Bär!
Mit schwerem Tritt trabt er daher!
Der Mann dort mit dem Ranzen
Der läßt ihn lustig tanzen;
Die Trommel brummt, die Pfeife quikt,
Wie sich's zu solchem Tanze schickt.

Der Bär ist gar ein faules Thier,
Verschläft sein halbes Leben schier,
Darum bekommt der Träge
Vom Treiber viele Schläge.
Wollt Ihr vor Strafen sicher sein,
Arbeitet hübsch und lernet fein!

Der Bär, der ist ein Leckermaul,
Im Honigrauben gar nicht faul;
Die Bienen, sich zu rächen,
Mit manchem Stich ihn stechen.
Seht, solchen schmerzenvollen Lohn
Trägt oft die Näscherei davon!

Der Bär, der brummt ohn' Unterlaß
Im zornigen, ergrimmten Baß;
D'rum, Kinder, laßt Euch wehren,
Und brummt nicht, wie die Bären, —
Sonst fügt man in das Näschen klein
Euch hübsche Eisenring'lein ein.

Der Bär, der Bär, der grobe Bär
Ist naschhaft, faul und brummt gar sehr;
D'rum kann er wieder gehen,
Wir haben g'nug gesehen,

Wir wollen fleißig, mäßig, fein
Und keine Brummelbären sein! Chr. Schmid.

100. Zaunkönig.

Heiße wohl König,
Hab' aber wenig;
Hab' wohl ein sich'res Haus,
Bin aber lieber d'raus,
Schweifend in Feldern,
Jubelnd in Wäldern.

Lustig ohn' Unterlaß,
Scheu' nicht kalt, noch naß;
Froh und gesellig,
Flink und anstellig,
Treib' ich die Jägerei
Sommer und Winter frei.

Bleibe fein hübsch im Land,
G'nüg mich an meinem Stand.
Heiß' ich gleich König,
Hab' ich gleich wenig:
Wißt, daß in meinem Sinn
Ich doch ein König bin.

101. Unschuld.

Unschuld, schöne Himmelsblume,
Blühe du zu Gottes Ruhme
Fröhlich an der Kinder Brust,
Aller Menschen Lieb' und Lust.

Selbst der Herr der Herrlichkeit
Pries der Unschuld Seligkeit.
Werdet, sprach er, Kindern gleich,
Kinder geh'n in's Himmelreich.

Laß Dich nicht die Welt verführen,
Deine Krone zu verlieren,
Wie sie Dir Dein Engel gab,
Nimm sie unbefleckt in's Grab.

Unschuld muß bei Gott vertreten,
Unschuld lehrt zum Vater beten,
Vater! gieb zum Leid Geduld,
Und zur Freude Deine Huld.

Fr. Mosengeil.

---

102. Gottvertrauen.

Hoffe, Herz, nur mit Geduld;
Endlich wirst du Blumen brechen.
O dein Vater ist voll Huld;
Kindlich darfst du zu ihm sprechen.
Auf dein gläubiges Vertrau'n
Wird er gnädig niederschau'n.

Wolken kommen, Wolken geh'n.
Bau' auf deines Gottes Gnade.
Zu der Freude Sonnenhöh'n
Führen oft nur dunkle Pfade.
Doch ein treues Auge wacht;
Zittre nicht in Sturm und Nacht.

Ank're du auf Felsengrund;
Schwinge dich zu Gottes Herzen.

Mach' ihm deine Leiden kund;
Sag' ihm deine tiefsten Schmerzen;
Er ist gnädig, und erquickt
Jedes Herz, das Kummer drückt.

Fass' im Glauben kühnen Muth!
Kraft wird dir dein Helfer senden.
Mit der Macht, die Wunder thut,
Wird er deine Leiden enden.
Er ist lauter Lieb' und Huld.
Hoffe, Herz, nur mit Geduld! Mahlmann.

---

103. Hoffnung.

Es reden und träumen die Menschen viel
Von bessern und künftigen Tagen;
Nach einem glücklichen, goldenen Ziel
Sieht man sie rennen und jagen.
Die Welt wird alt und wird wieder jung.
Doch der Mensch hofft immer Verbesserung.

Die Hoffnung führt ihn in's Leben ein.
Sie umflattert den fröhlichen Knaben,
Den Jüngling begeistert ihr Zauberschein,
Sie wird mit dem Greis nicht begraben;
Denn beschließt er im Grabe den müden Lauf;
Noch am Grabe pflanzt er — die Hoffnung auf.

Es ist kein leerer, schmeichelnder Wahn,
Erzeugt im Gehirne des Thoren,
Im Herzen kündet es laut sich an:
Zu was Besserem sind wir geboren,

Und was die innere Stimme spricht,
Das täuscht die hoffende Seele nicht. v. Schiller.

104. Königslied.
(An mich als König.)

Vorwärts, vorwärts sollst du schauen,
Darfst zurücke niemals seh'n;
Ach! der Ruhe stille Auen
Mußten wie ein Traum verweh'n.

Glücklich nur in dem Beglücken
Kannst du jetzt und künftig sein!
Blos in Anderer Entzücken
Gründet deines sich allein.

Blumensaaten kannst du streuen,
Doch die heitre Blumenflur
Wird dich nimmermehr erfreuen,
Findest nie zu ihr die Spur.

In dem endelosen Meere
Treibt das Schiff der Stürme Spiel;
Vor ihm lieget ewig Leere,
Nimmer heimwärts wogt der Kiel.

Bist dir selbsten nun gestorben,
Lebst in Allen wieder auf,
Hast Erinn'rung nur erworben
Dir in deines Lebens Lauf.

Selige Erinn'rung einer
Herrlichen versunk'nen Welt!

Alles war dort lichter, reiner,
Näher an das Herz gestellt.

Aber nicht zurücke sehen
Darfst du, vorwärts geh' dein Blick,
Vorwärts, vorwärts mußt du gehen,
Treue folgen dem Geschick! König Ludwig.

---

103. Die sieben Bitten.

Vater unser, beten wir,
Der Du in dem Himmel wohnest,
Und den Deinen, wenn sie Dir
Treulich dienen, ewig lohnest!
Deines Namens Herrlichkeit
Sei geheiligt allezeit.

Zu uns komme, Herr, Dein Reich!
Wie im Himmel, so auf Erden
Soll Dein Wille allzugleich
Gern von uns vollzogen werden.
Gieb uns auch bis in den Tod
Heut' und täglich unser Brod.

Ach! vergieb nach Deiner Huld,
Milder Vater, alle Sünden.
Laß uns wegen uns'rer Schuld,
Herr, vor Dir Vergebung finden.
Nach dem Maß, als wir verzeih'n,
Mach' uns von der Sünde rein.

In Versuchung führ' uns nicht,
Laß uns niemals unterliegen!

Gieb die Kraft, die uns gebricht,
Böse Lüste zu besiegen.
Vater! steh' uns mächtig bei,
Mach' uns von dem Uebel frei.

Wer mit fester Zuversicht
Demuthsvoll, in Jesu Namen,
Diese sieben Bitten spricht,
Kann mit Freuden sagen: Amen!
Amen! ja es wird gescheh'n,
Wenn wir so zum Vater fleh'n. Jacobi.

106. Der Engel am Grabe.

Laß ruhen, was ruhet
Im finsteren Grab,
Und trockne die Zähren
Des Kummers Dir ab! —
Geh, wende vom Grabe den weinenden Blick,
Der Engel des Todes führt Keinen zurück. —

Der Liebenden Hülle
Zernaget der Wurm.
Der Liebenden Asche
Verwehet der Sturm.
Doch Seelen, die Tugend und Treue verband,
Die trotzen des Todes zerstörender Hand!

Dort, jenseit des Grabes,
Im ewigen Licht,
Ist Freude die Fülle;
Du fassest sie nicht. —

Dort sehen sich wieder, die hier sich gekannt,
Und ewig vereint sie ein seliges Land.

Stamford.

107. Die drei Worte.

Drei Worte nenn' ich Euch, inhaltschwer,
Sie gehen von Munde zu Munde,
Doch stammen sie nicht von Außen her;
Das Herz nur gibt davon Kunde.
Dem Menschen ist aller Werth geraubt,
Wenn er nicht mehr an die drei Worte glaubt.

Der Mensch ist frei geschaffen, ist frei,
Und würd' er in Ketten geboren.
Laßt Euch nicht irren des Pöbels Geschrei,
Nicht den Mißbrauch rasender Thoren!
Vor dem Sklaven, wenn er die Kette bricht,
Vor dem freien Menschen erzittert nicht!

Und die Tugend, sie ist kein leerer Schall,
Der Mensch kann sie üben im Leben,
Und sollt' er auch straucheln überall,
Er kann nach der Göttlichen streben;
Und was kein Verstand der Verständigen sieht,
Das übet die Einfalt, ein kindlich Gemüth.

Und ein Gott ist, ein heiliger Wille lebt,
Wie auch der menschliche wanke;
Hoch über Zeit und dem Raume webt
Lebendig der höchste Gedanke,
Und ob Alles in ewigem Wechsel kreis't,
Es beharret im Wechsel ein ruhiger Geist.

Die drei Worte bewahret Euch, inhaltschwer,
Sie pflanzet von Munde zu Munde,
Und stammen sie gleich nicht von Außen her,
Euer Inn're͏s gibt davon Kunde.
Dem Menschen ist nimmer sein Werth geraubt,
So lang er noch an die drei Worte glaubt.

v. Schiller.

108. Das erhabenste Räthsel.

Nur Eine Kraft ist's, die das schwache Leben,
So wie der Stab die welke Pflanze, hält;
Nur Eine Kraft, die stark Dich mag erheben,
Wenn auch der Weltbau unter Dir zusammenfällt.

Ein Licht ist's, das durch alle Dunkelheiten
Den bangen, lichtverwirrten Wand'rer führt;
Ein Licht, das seinen Glanz wird um Dich breiten,
Wenn jedes and're sich in Nacht verliert.

Ein Heilquell ist's, der jede Deiner Wunden,
Die keines Menschen Pflege lindert, schließt;
Ein Heilquell, wo Du sicher wirst gesunden,
Wenn nirgends sonst ein Heilungskraut entsprießt.

Ein Engel ist's, der einst Dir Stärkung sendet,
Wenn schreckend nun die letzte Stunde schlägt;
Ein Engel, der, vom Vater Dir gesendet,
Dich wieder an die Brust voll Liebe legt. —

Und diese Kraft, dies Licht, der Heilquell und der Engel,
Wer ist es? Rieth es nicht Dein Ahnen schon? —

Es ist das Einzige in dieser Welt voll Mängel,
Das Dich zum Himmel weis't -- Religion!

M. Müller.

109. Wechselbedürfniß.

In der Kette menschlichen Vereines
Ein nothwendig Glied ist jeder Stand,
Von den Gliedern darfst Du brechen keines,
Oder Du zerbrichst das ganze Band.

Nicht der Arme nur bedarf des Reichen,
Auch der Reiche des Bedürftigen;
Nicht der Diener nur des Herrn, desgleichen
Auch der Herr des Unterwürfigen.

Die Sonne stünde nicht im Mittelpunkte,
Wenn die Planeten nicht im Kreise stünden;
Was hälf' es ihr, daß sie mit Strahlen prunkte,
Wenn sie daran kein Leben wollt' entzünden?

Ist das Kind um der Mutter willen,
Oder die Mutter da für's Kind?
Sie fragen nicht, sie fühlen im Stillen,
Daß sie beide für einander sind.

Die Quelle bot ihre Fluthen preis,
Und lockte der Blumen Begierde;
Sie stellten sich um die Quell' im Kreis,
Und dienten ihr so zur Zierde.

Also sprach die Myrthe zur Zypresse:
Ständ' ich nicht am Boden hier,
Hättest du, woran dein Stolz sich messe,
Nicht den Maßstab neben dir.

Und wäre nicht mein Mangel gesandt
Zur Hülfe der Füll' in deinen Händen,
So müßtest du mit der vollen Hand
Des Glücks entbehren, Glück zu spenden.

Fr. Rückert.

---

110. Pflichten gegen Thiere.

Die Thiere, deren Herr Du bist,
Erwäg' es oft mit Ernst, o Christ,
Sind auch des Ganzen Glieder.
Der Schöpfung Bürgerrecht verlieh
Gott ihnen auch; d'rum blick auf sie
Nicht mit Verachtung nieder.

Sie, Wunder auch von Gottes Hand,
Sind, stolzer Mensch, Dir nah verwandt
Durch innern Bau und Triebe.
Sie zeigen oft des Denkens Spur,
Sind alle Kinder der Natur.
Und freu'n sich ihrer Liebe.

Du hast durch Geistes Uebermacht
Sie unterwürfig Dir gemacht,
Kannst ihre Wildheit zähmen;
Darfst, was Dich stärket, was Dich schützt,
Was Dir zu Deinem Leben nützt,
Von ihrem Leben nehmen.

Doch ihnen auch, vergiß es nicht! —
Verband der Schöpfer Dich zur Pflicht;
Er hat der Thiere Leben
Nicht, um Dich ihrer Qual zu freun,

Nein, gegen sie stets mild zu sein,
O Mensch, Dir untergeben.

Du kannst, was Deine Hand gemacht,
Was Dein Verstand hervor gebracht,
Wenn Dir's gefällt, vernichten;
Doch über eines Thieres Tod,
Der Dir nichts nützte, wird Dich Gott,
Des Thieres Schöpfer, richten.

Zwar sind für Dich, der Thiere Herr,
O, Mensch, noch Pflichten, wichtiger,
Die Pflichten für die Armen;
Doch sollst Du auch, wie Gott gebot'
Des armen Thiers in seiner Noth
Dich mitleidsvoll erbarmen. Reinwald.

---

111. Schönheit der Natur.

Freuet Euch der schönen Erde,
Denn sie ist wohl werth der Freud',
O, was hat für Herrlichkeiten
Unser Gott da ausgestreut!

Und doch ist sie seiner Füße
Reich geschmückter Schemel nur,
Ist nur eine schön begabte
Wunderreiche Kreatur.

Freuet Euch an Mond und Sonne
Und den Sternen allzumal,
Wie sie wandeln, wie sie leuchten
Ueber unserm Erdenthal.

Und doch sind sie nur Geschöpfe
Von des höchsten Gottes Hand,
Hingesä't auf seines Thrones
Weites glänzendes Gewand.

Wenn am Schemel seiner Füße
Und am Thron schon solcher Schein,
O, was muß an seinem Herzen
Erst für Glanz und Wonne sein! P. Spitta.

---

112. Gottes Gebote sind nicht schwer.

Am Ende ist's doch gar nicht schwer,
Ein sel'ger Mensch zu sein;
Man giebt sich ganz dem Herren her,
Und hängt an ihm allein.

Man ist nicht Herr, man ist nicht Knecht,
Man ist ein fröhlich Kind,
Und wird stets sel'ger, wie man recht
Den Herren lieb gewinnt.

Man wirkt in stiller Thätigkeit
Und handelt ungesucht,
Gleich wie ein Baum zu seiner Zeit
Von selbst bringt Blüth' und Frucht.

Man sieht nicht seine Arbeit an
Als Müh', vor der uns bangt;
Der Herr hat stets an uns gethan,
Was er von uns verlangt.

Man schickt sich freudig immerfort
In Alles, was er fügt,

In alle Zeit, an jedem Ort,
Wo man ihn hat, vergnügt.

So selig ist ein gläub'ger Christ,
So reich und sorgenleer,
Und wenn man so nicht selig ist,
So wird man's nimmermehr. P. Spitta.

---

113. Zuruf.

Richtet nicht!
Hört, was Euer Meister spricht:
Eng' sind uns'rer Sinne Schranken;
In die Werkstatt der Gedanken
Dringt nur Gottes Angesicht!
Richtet nicht!

Richtet nicht!
Wer den Stab dem Bruder bricht,
Sorge, daß er selbst nicht falle.
Wahren Ruhms ermangeln Alle,
Ganz übt Keiner jede Pflicht.
Richtet nicht!

Richtet nicht!
Hier ist Nacht, dort ist das Licht!
Duldet still und ohne Klage;
Unsers Erdenschicksals Waage
Bringt ein Tag in's Gleichgewicht!
Richtet nicht!

Hohlfeldt.

114. Gebet.

Vater, wie groß bist Du!
Dort, wo die neblichten Flecken sich zeigen,
Nennt Dich der Sterne unendlicher Reigen;
Tief in des Meeres grausender Nacht
Leben die Zeugen der schaffenden Macht.
Vater, wie groß bist Du!

Alles erforschet Dein Blick!
Du ergründest des Herzens Tiefen,
Weckest Gefühle, die einsam schliefen,
Kennst der Zukunft verborgenen Pfad
Und der Gedanken heimliche Saat;
Alles erforschet Dein Blick!

Gott, Du bist nah' und fern!
Schwebst auf des Frühroths purpurnem Flügel,
Wie auf des Meeres beweglichem Spiegel,
Lebst in dem Aufruhr des wogenden Schaums
Und im leisen Rauschen des Baums;
Gott, Du bist nah' und fern!

Unerforschlich bist Du!
Wie Du des Schicksals Faden gesponnen,
Hat kein Verstand der Verständ'gen ersonnen;
Urquell der Weisheit! gütig und mild
Hast Du des Sterblichen Pfade verhüllt.
Unerforschlich bist Du!

Vater, die Liebe bist Du!
Ob wir auch frevelnd der Tugend entsagen,
Und des Schicksals Wege verklagen,

Doch ist Dein Auge nicht abgewandt;
Auf uns ruht Deine segnende Hand.
Vater, die Liebe bist Du!

Wilh. Große.

115. Trost in Leiden.

Sag, was sollen diese Thränen
Auf der Wange blaß und bleich?
Kennt nicht Gott Dein banges Sehnen?
Ist er denn nicht gut und reich?

Sieh, wie schön die Blumen blühen,
Weiß und roth und gelb und blau!
Er ist's, der nach Mittagsglühen
Sie erquickt mit kühlem Thau.

Horch, wie froh die Vögel singen
Ihm, der sie so reichlich nährt,
Lerchen, Finken, Emmerlingen
Stets ihr Körnlein treu beschert.

Trockne Deine heißen Zähren
Von dem bleichen Angesicht;
Bald wird er Dir Trost gewähren —
Er vergißt Dich ewig nicht.

Dankt dem Herrn für alle Leiden,
Dankt auch für den herbsten Schmerz,
Leiden führen uns zu Freuden,
Schmerz veredelt unser Herz.

An des Sommers schwülem Hauche
Reift die gold'ne Traube nur;

Nur am rauhen Dornenstrauche
Blüht die schönste Blum' der Flur.

Nur in finstern Nächten strahlet
Herrlich schön der Sterne Pracht;
Und der Regenbogen malet
Sich nur in der Wolken Nacht.

O, so nehmet denn die Leiden
Dankbar an aus Gottes Hand!
Sie sind Boten naher Freuden,
Sind des Glückes sichres Pfand.

---

116. Die Unschuld.

Die Unschuld bringt Freude und fröhlichen Sinn;
Sie führet auf Blumen durch's Leben uns hin,
Sie zieret uns schöner, als Perlen und Gold,
Und machet, gleich Engeln, uns lieblich und hold.

Froh ist wohl das Täubchen auf ländlichem Dach,
Froh hüpfet das Lämmlein im Grünen am Bach:
Doch freudiger schlägt noch ein schuldloses Herz,
Es weiß nichts von Reue, von Unruh und Schmerz.

Ihm glänzet die Sonne noch einmal so klar,
Und gold'ner der Sternlein hellfunkelnde Schaar;
Die Knospe der Rose ihm freundlicher lacht,
Und milder der kleinen Vergißmeinnicht-Pracht.

Die Freuden der Wollust vergiften das Herz,
Sie bringen nur Jammer und endlosen Schmerz,
Sie gleichen dem Abgrund, mit Blumen bedeckt,
Der Schlange, die schlau sich im Grase versteckt.

Gleich welkenden Rosen verstäubet ihr Glück,
Und läßt in dem Herzen nur Dornen zurück.
Sie pflücken die Blüthe der Wangen bald ab,
Und graben der Jugend ein früheres Grab.

Daher, wenn das Laster Verderben uns droht,
So warnet uns freundlich der gütige Gott; —
Von brennender Röthe erglüht das Gesicht!
„Das wäre ja Sünde," im Herzen was spricht.

Wir folgen der Warnung recht willig und gern,
Fern bleib' der Gedanke, o ferne, weit fern,
Der uns mit Schamröthe die Wangen entflammt,
Und den das Gewissen als schändlich verdammt.

Dann führet ein Engel an traulicher Hand
Uns freundlich hinüber in's bessere Land;
Dann, o dann umstrahlet uns himmlischer Glanz,
Es schmücket die Schläfe der Lilienkranz.

Chr. Schmidt.

117. Wahre Schönheit.

Liebenswürdig möcht' ich sein,
Jedermann gefallen!
Doch, wie nimmt man Herzen ein?
Wie gefällt man Allen? —

Macht's die Stirn, die fleckenlos
Blondes Haar umziehet?
Eine Wange, wo die Ros'
Unter Lilien blühet?

Ist's ein Auge, hell und rein,
Wie die Bergkrystallen?

Zähne, wie das Elfenbein,
Lippen, wie Korallen?

Thut's ein Körper, wohlgebaut,
Voll und schön zum Malen,
Wo die sanfte, weiße Haut
Adern blau durchstrahlen? —

Lieblich ist ein schön Gesicht,
Doch sein Reiz verschwindet,
Wenn sich mit dem Menschen nicht
Inn'rer Werth verbindet.

Da nur, wo mit Edelmuth
Sich die Stirne schmücket,
Menschenlieb' in voller Gluth
Aus den Augen blicket;

Auf der Wange Sittsamkeit
Neben Rosen stehet;
Und des Mundes Lieblichkeit
Weise Red' erhöhet;

Wo Bewegung, Stimme, Gang,
Leib und Glieder zieret;
Und, wie reizender Gesang,
Gleich beim Anblick rühret;

Wo das Herz, mit Lieb erfüllt,
Gegenlieb' erwecket;
Und die Menschheit Gottes Bild
Ueberall entdecket:

Da ist Schönheit, Trefflichkeit,
Lieb' und Wohlgefallen;

Da gefällt man allezeit,
Da gefällt man Allen.

Weiße.

118. Ermunterung zur Redlichkeit.

Ueb' immer Treu' und Redlichkeit
Bis an Dein stilles Grab,
Und weiche keinen Finger breit
Von Gottes Wegen ab.

Dann wirst Du, wie auf grünen Au'n,
Durch's Erdenleben geh'n;
Dann kannst Du ohne Furcht und Grau'n
Dem Tod' in's Auge seh'n.

Dem Bösewicht wird Alles schwer,
Er thue, was er thu';
Das Laster treibt ihn hin und her,
Und läßt ihm keine Ruh'.

Der schöne Frühling lacht ihm nicht,
Ihm lacht kein Aehrenfeld,
Er ist auf List und Trug erpicht,
Und wünscht sich nichts, als Geld.

Der Wind im Hain, das Laub am Baum
Saus't ihm Entsetzen zu,
Er findet nach des Lebens Traum
Im Grabe keine Ruh'.

D'rum übe Treu' und Redlichkeit
Bis an Dein stilles Grab,
Und weiche keinen Finger breit
Von Gottes Wegen ab.

Dann segnen Enkel Deine Gruft,
Und weinen Thränen d'rauf,
Und Sommerblumen, voll von Duft,
Blüh'n aus den Thränen auf. Hölty.

---

119. Werth der Arbeit.

Arbeit macht das Leben süß,
Macht es nie zur Last,
Der nur hat Bekümmerniß,
Der die Arbeit haßt.
Kräfte gab uns die Natur
Zu Beruf und Pflicht;
Leere Müßiggänger nur
Klagen, leben nicht.

Arbeit ist des Menschen Loos;
Ohne Müh' und Fleiß
Wird kein Mensch auf Erden groß,
Ehre fordert Schweiß;
Bei Gebet und Arbeit nur
Lebt man menschlich schön;
Keinen Staub in der Natur
Sieht man stille stehn.

Arbeit und Betriebsamkeit
Geben Ehr' und Brod,
Müßiggang und Schläfrigkeit
Sind schon halber Tod.
Bei Geschäften wird man alt,
Jeder hat uns lieb,

Doch den Faulen nennt man bald
Einen Tagedieb.

Arbeit nur giebt frohen Muth
Und zufried'nen Sinn,
Schafft im Körper rasches Blut,
Lohnet mit Gewinn.
O, wer wollte nun nicht gern
Stets geschäftig sein;
Nicht sein Leben Gott dem Herrn
Wohlgefällig weih'n!

Burmann.

120. Aufschub.

Morgen! Morgen! nur nicht heute,
Sprechen immer träge Leute.
Morgen! — Heute will ich ruh'n!
Morgen jene Lehre fassen,
Morgen diesen Fehler lassen,
Morgen dies und jenes thun!

Und warum nicht heute? Morgen
Kannst Du ja für And'res sorgen!
Jeder Tag hat seine Pflicht.
Was gescheh'n ist, ist geschehen;
Dies nur kann ich übersehen;
Was gescheh'n kann, weiß ich nicht.

Wer nicht fort geht, geht zurücke.
Uns're schnellen Augenblicke
Gehen vor, nie hinter sich.
Das ist mein, was ich besitze,
Diese Stunde, die ich nütze,
Die ich hoff', ist die für mich? —

Jeder Tag, — verlebt vergebens,
Ist im Buche meines Lebens
Nur ein unbeschrieb'nes Blatt.
Wohl denn! morgen so, wie heute,
Steh' darin auf jeder Seite
Von mir eine gute That. Weiße.

121. Der Hauswirth am Morgen.

Heraus aus dem Lager, der Hahn hat gekräht!
Schon singen die Vögel, und Morgenluft weht,
Seht, wie uns so freundlich das Morgenroth winkt,
Und rings in den Bächen der Morgenstrahl blinkt!

Das Mieder vom Nagel, den Hut von der Wand!
Greift flink nach dem Rechen, den Spaten zur Hand!
Ihr Mädchen zum Garten, ihr Knechte auf's Feld,
Und hurtig den Garten, den Acker bestellt!

Und während wir pflügen und während wir sä'n,
Mit Dank auf zum Vater der Menschen geseh'n!
Der freundlich zum Fleiße giebt Glück und Gedeih'n,
Bald Winde, bald Regen, bald sonnigen Schein.

Und froh, wie die Sonne vollendet die Bahn,
So munter und freudig das Tagwerk gethan;
Denn frischer und rascher die Arbeit gelingt,
Wenn Bauer und Bäu'rin ein Liedchen sich singt.

Auch bricht man weit froher des Mittags sein Brod,
Und hält in der Ferne den grämlichen Tod.
Die Arbeit giebt Kräfte, macht fett und macht rund,
Erhält uns an Leib und an Seele gesund.

122. Zufriedenheit.

Was frag' ich viel nach Geld und Gut,
Wenn ich zufrieden bin!
Giebt Gott mir nur gesundes Blut,
So hab' ich frohen Sinn,
Und sing' aus dankbarem Gemüth',
Mein Morgen- und mein Abendlied.

So Mancher schwimmt in Ueberfluß,
Hat Haus und Hof und Geld,
Und lebt doch immer in Verdruß,
Und freu't sich nicht der Welt.
Je mehr er hat, je mehr er will,
Nie schweigen seine Klagen still.

Er schilt die Welt ein Jammerthal,
Und doch ist sie so schön,
Hat Freuden ohne Maß und Zahl,
Läßt Keinen leer ausgeh'n.
Der Käfer und das Vögelein
Darf sich ja auch des Lebens freu'n.

Und uns zur Freude schmücken ja
Sich Wiese, Berg und Wald,
Und Vögel singen fern und nah,
Daß Alles wiederhallt.
Bei Arbeit singt die Lerch' uns zu,
Die Nachtigall bei süßer Ruh.

Und wenn die gold'ne Sonn' aufgeht,
Und golden wird die Welt,
Und Alles in der Blüthe steht,
Und Aehren trägt das Feld,

Dann denk' ich: Alle diese Pracht
Hat Gott zu meiner Lust gemacht!

Dann preis' ich Gott, und lobe Gott,
Und habe guten Muth,
Und denk: Es ist ein lieber Gott,
Er meint es mit uns gut.
D'rum will ich ewig dankbar sein,
Und mich der Güte Gottes freu'n! **Miller.**

123. Trost der Kleinen.

Es hat mich immer recht verdrossen,
Wenn man mich nur die Kleine hieß;
Viel Thränen hab' ich schon vergossen,
Daß Gott so klein mich bleiben ließ.
Doch jetzt hab' ich mir Zeit genommen,
Und überdachte mir es recht;
Da bin ich endlich d'rauf gekommen,
Es sei denn doch nicht gar so schlecht.

Ihr Leidensschwestern! die der Himmel
Nicht hoch zu sich empor gestreckt,
Die darum, weil Ihr im Gewimmel
Nicht vorragt, Mancher höhnt und neckt,
Bleibt hübsch am Boden, bleibt bescheiden,
Erhöhen soll Euch dies Gedicht.
Hört an, was es zum Trost in Leiden,
Und um Euch zu vertheid'gen, spricht. — —

Es sagt ein wahr' Wort aller Zeiten:
„Daß alles Kleine herzig ist,

„Weil man die Liebenswürdigkeiten
„Ja niemals mit der Elle mißt.“ —
Ein jeder Mensch ist gut geboren,
Das Böse schleicht sich später ein,
Da sind die Großen ganz verloren,
Bei Kleinen ist der Platz zu klein. —

Uns kümmern Wetter nicht und Stürme,
Wir Kleinen können ruhig sein,
Der Blitz schlägt öfters in die Thürme,
Als in die niedern Hütten ein. —
Mama Natur gab uns ganz weise
Im Duodezformat heraus,
Und schmückt auf dieser Lebensreise
Gleich einem Taschenbuch uns aus. — —

Die wissen besser zu gefallen,
Die leichter schmiegen sich in's Joch,
Und wenn wir Kleinen etwa fallen,
So fallen wir ja nie so hoch. —
Wie oft geschieht's bei einem Großen,
Daß er nicht g'rade gehen kann,
Wir haben's besser, denn wir stoßen
Uns nicht so leicht die Köpfe an.

Wir sind nur Miniaturgeschöpfchen,
Und darum niedlich anzusehn; —
Zwar ist es wahr, daß kleine Töpfchen
Gewiß viel leichter übergeh'n.
Das kommt daher, weil gleich die Flammen
Mehr theilen sich im größern Haus;
Bei uns, im engern Raum beisammen,
Da brennt's denn gleich zum Dach hinaus.

Doch Eines, drängt mich's, noch zu sagen,
Das soll Euch nicht verschwiegen sein;
Die Großen alle will ich fragen:
„Wen lüd Gott selber zu sich ein?"
Sein Sohn hat uns in Schutz genommen,
Er sprach, der Spender alles Lichts:
„Lasset die Kleinen zu mir kommen!"
Doch von den Großen sagt' er nichts. — Castelli.

---

124. Die Stände.

Kennst Du den Ackermann?
Darfst nicht sein Kleid betrachten,
Nicht um die Armuth verachten;
Gott der Herr wies ihn an,
Daß er mit Fleiß das Feld
Ackert und wohl bestellt.

Gott der Herr selber giebt
Dann zu dem Werk das Gelingen,
Lässet es Früchte bringen,
Weil er den Bauer liebt,
Schenket ihm Brod für sich,
Und auch dazu für Dich.

* * *

Kennst Du den Handwerksmann?
Hat wohl gar harte Hände,
Arbeit und Müh' ohn' Ende;
Sieh' ihn nicht scheel d'rum an;
Gott der Herr ruft ihm zu:
„Geh, meinen Willen thu."

Gott gab ihm ja die Hand,
Gab ihm Geschick und Kräfte,
Daß er kann seine Geschäfte
Treiben recht mit Verstand;
Und was er schafft und thut,
Mir kommt's und Dir zu gut.

* *
*

Kennst Du den Hirten auch?
Hütet draußen die Heerde
Wohl mit vieler Beschwerde,
Kennt nicht der Städte Brauch.
Menschen verschmäh'n ihn gern,
Doch er gefällt dem Herrn.

Ist ja der selbst ein Hirt,
Alle Geschöpfe zu weiden,
Sättiget sie mit Freuden,
Wacht, daß sich keines verirrt,
Nährt auch Dich täglich neu,
Führt Dich mit Hirtentreu.

* *
*

Hast Du den Bettler gesehn
Mit zerrissenem Rocke,
Hinkend an schlechtem Stocke,
Vor Deiner Thüre stehn?
Kind, o erbarm' Dich sein,
Dann wirst Du Gott erfreu'n.

Alles von Gott hast Du;
Sieh, nun schickt er den Armen,
Schaut, ob Du mit Erbarmen

Ihm eine Gab' reichest zu?
Und was Du dem gethan,
Sollst Du von ihm empfahn. — Hey.

125. Der wahre Adel.

Wer, Jüngling, wer hat edles Blut? —
Der, der mit Ernst und frohem Muth
Auch ungesehen Gutes thut,
Der nicht bei And'rer Elend ruht,
Sich rein erhält von fremdem Gut:
In dem fließt wahres edles Blut!

Wer seiner Väter Tugend ehrt,
Durch Red' und Beispiel And're lehrt,
Das Böse hemmt, das Gute mehrt,
Des Schmeichlers Stimme niemals hört,
Und Wort hält, wenn er auch nicht schwört:
Der ist des Beiworts edel werth!

Wer immer, wo er steh'n soll, steht,
Den g'raden Weg in Allem geht,
Sich niemals über And're bläht,
Pracht, Wollust, Ueppigkeit verschmäht,
Nur erntet, was er selber sä't,
Hat einen Blick voll Majestät.

Wer jeden Zeitverlust bereu't,
Verführern nie die Hände beut,
Das Laster gleich der Knechtschaft scheut,
Wen Vieler Glück und Sicherheit
Mehr als sein eigen Glück erfreut,
Das ist ein Mensch voll Herrlichkeit.

Wer sich im Glücke nicht vergißt,
Stets seines Zornes Meister ist,
Nie mehr, als er bedarf, genießt,
Gern sein gesundes Blut vergießt,
Wenn es den Brüdern frommen kann,
Der ist gewiß ein großer Mann.

Splittegarb.

---

126. Preis der Ehrlichkeit.

Ehrlich denken, ehrlich leben
Sei mir eine heil'ge Pflicht,
Ehrlichkeit kann Ehre geben,
Aber bloßer Reichthum nicht.
Jedem frei vor's Auge treten
Können, o wie schön ist das!
Keine Schuldigkeit verspäten,
Welche Seligkeit gibt das!

Gegen einen Jeden ehrlich,
Doch mit kluger Vorsicht sein,
O wie frommt das unaufhörlich,
Wie viel Segen bringt das ein!
Alle guten Menschen schämen
Sich des falschen, der betrügt;
Sollt' ich mir das Kleinod nehmen,
Das im guten Namen liegt? —

Werd' ich auch nicht reich auf Erden,
Soll es mich doch nicht gereu'n;
Nur ein guter Mensch zu werden,
Soll mein stetes Streben sein.

Wenn ich diesen Titel habe,
Hab' ich's beste Lobgedicht,
Und mich peinigt einst am Grabe
Des Gewissens Vorwurf nicht. Burmann.

---

127. Das arme Mädchen.

An einem Fluß, der rauschend schoß,
Ein armes Mädchen saß;
Aus ihren blauen Augen floß
Manch Thränchen in das Gras.

Sie wand aus Blümchen einen Strauß,
Und warf ihn in den Strom;
Ach, guter Vater, rief sie aus,
Ach, lieber Bruder, komm!

Ein reicher Herr gegangen kam,
Und sah des Mädchens Schmerz,
Sah ihre Thränen, ihren Gram,
Und dies brach ihm sein Herz.

„Was fehlet, liebes Mädchen, Dir?
Was weinest Du so früh?
Sag' Deiner Thränen Ursach' mir;
Kann ich, so heb' ich sie."

„„Ach, lieber Herr,"" sprach sie und sah
Mit trübem Aug' ihn an,
„„Du siehst ein armes Mädchen da,
Dem Gott nur helfen kann.

Denn sieh, dort jene Rasenbank
Ist meiner Mutter Grab;

Und ach! vor wenig Tagen sank
Mein Vater hier hinab.

Der wilde Strom riß ihn dahin.
Mein Bruder sah's und sprang
Ihm nach, da faßt der Strom auch ihn,
Und ach! auch er ertrank.

Nun ich im Waisenhause bin;
Und wenn ich Rasttag hab',
Schlüpf' ich zu diesem Flusse hin,
Und weine mich recht ab.""

„Sollst nicht mehr weinen, liebes Kind,
Ich will Dein Vater sein,
Du hast ein Herz, das es verdient,
Du bist so fromm und rein."

Er that's, und nahm sie in sein Haus,
Der gute, reiche Mann,
Zog ihr die Trauerkleider aus,
Und zog ihr schön're an.

Sie aß an seinem Tisch und trank
Aus seinem Becher satt,
Du, guter Reicher, habe Dank!
Für Deine edle That.

Lossius.

---

128. Die Blume am Lebenswege.

Viel tausend bunte Blümchen blüh'n
Am Pilgerpfad des Lebens
Für alle Pilger, die ihn zieh'n,
Sie duften nicht vergebens;

Es pflücken alle hier und dort,
Und wandern fröhlich weiter fort.

Doch so viel tausend Pilger ziehn,
Sie wandern nicht vergebens,
Für Jeden bunte Blümchen blühn
Am Pilgerpfad des Lebens.
Wer sucht, der findet immerdar,
Obgleich er auch der Spät're war.

Nur Thoren, die mit dickem Blut
Den Pfad des Lebens ziehen,
Beklagen sich mit düsterm Muth,
Daß wenig Blümchen blühen,
Und daß nicht immer dornenfrei
Die Pilgerbahn des Lebens sei.

Zwar pflanzte jenes Gärtners Hand,
Der Blümchen uns gegeben,
Auch Dornen an des Weges Rand;
Doch warum wollt Ihr beben? —
Wer seine Blümchen sorglich bricht,
Den stechen alle Dornen nicht.

Manch' Blümchen, das so reizend lacht,
Wird unverblüht zerknicket,
Weil Mancher, der sich Grillen macht,
Nur in die Ferne blicket.
Wer immer in die Wolken sieht,
Vergißt, was hier auf Erden blüht.

Fest wallt der Weise seine Bahn;
Kein Dorn kann ihn ermüden,

Und lacht ihn wo ein Blümchen an,
Pflückt er es still zufrieden.
Er dankt dem Gärtner, der es gab,
Und setzt froh weiter seinen Stab.

Mit jedem Schritt mehrt sich sein Strauß,
Er pflückt der Blümchen viele,
Und endlich ruht er fröhlich aus,
Winkt ihm der Kranz am Ziele.
Er pflanzt die Blümchen auf sein Grab,
Und geht zum Gärtner, der sie gab.

Schwabe.

---

129. Menschenliebe.

Heilig, heilig ist das Band,
Das die Menschen bindet,
Ist geknüpft von dessen Hand,
Der die Welt gegründet,
Ist geknüpft, daß besser mir
Seine Welt gefalle.
Einen Schöpfer haben wir,
Einen Vater Alle!

Einen Vater, unsern Gott,
Der uns Segen spendet,
Der uns täglich Trank und Brod,
Kraft und Freude sendet;
Dessen stete Gütigkeit
Fürsten auf den Thronen,
Wie die Armen gern erfreut,
Die in Hütten wohnen.

Wohl mir! auch auf mich, sein Kind,
Siehet er hernieder;
Menschen, wer und wo wir sind,
Alle sind sie Brüder!
Und ich könnt' ihn nicht mit Lust
Meinen Vater nennen,
Fühlt' ich nicht in meiner Brust
Menschenliebe brennen.

Blutete mir nicht das Herz
Bei des Bruders Leiden,
Blieb' ich kalt bei seinem Schmerz,
Kalt bei seinen Freuden:
Glücklich könnt' ich dann nicht sein;
Einsam und verlassen
Würd' ich erst die Menschen scheun,
Dann die Menschen hassen.

Brüder! Nein, dies Herz soll nie,
Nie vor Euch sich schließen,
Nimmer scheuen Last und Müh',
Leiden zu versüßen!
Glücklich oder elend, mir
Seid Ihr immer Brüder,
Und noch theurer, sinket Ihr
Unter Lasten nieder.

Gerne will ich, wo ich kann,
Sie Euch helfen tragen;
Kann ich's nicht, so will ich dann
Nie Euch Trost versagen.
O Ihr werdet dann auch mich,
Wenn mich Sorgen drücken,

Und von mir die Freude wich,
Wiederum erquicken. Reche.

130. Unschuld.

Unschuld, göttlichste der Freuden!
Frommer Jugend Paradies!
Selig, wen in Lust und Leiden
Deine Wonne nie verließ!
Fröhlich röthet seine Wange
Seiner Adern reiner Saft,
Mächtig reift zum Thatendrange
Seine ungeschwächte Kraft.

Fest und scharf blickt vorwärts, — heiter
Auch zurück sein Feuerblick.
Fest zum Ziele immer weiter
Schreitet er, und nie zurück.
Seines Geistes reiner Spiegel
Zeigt der Wahrheit treues Bild,
Und sein Wille hält den Zügel
Der Begierden stark und mild.

In die reine Seele nieder
Steigt der Gottheit heil'ger Geist,
Strahlt in ihr den Himmel wieder,
Den dem Reinen — Gott verheißt.
Brüder, Schwestern, ach, verscherzen
Laßt uns unsre Unschuld nie!
Selig sind die reinen Herzen,
Gottes heil'ge Kinder sie.

131. Lebensklugheit. (Volksmelodie).

Alle. Freu't Euch des Lebens,
Wenn Euch das Lämpchen glüht!
Pflücket die Rose,
Eh' sie verblüh't!

Einige. Man schafft so gern sich Sorg' und Müh',
Sucht Dornen auf und findet sie,
Und läßt das Veilchen unbemerkt,
Das uns am Wege blüh't.

Alle. Freu't Euch des Lebens ꝛc.

Einige. Wenn scheu die Schöpfung sich verhüllt,
Und laut der Donner um uns brüllt:
So lacht am Abend nach dem Sturm
Die Sonne uns so schön!

Alle. Freu't Euch des Lebens ꝛc.

Einige. Wer Neid und Mißgunst sorgsam flieh't,
Und G'nügsamkeit im Gärtchen zieht:
Dem schießt sie schnell zum Bäumchen auf,
Das gold'ne Früchte trägt!

Alle. Freu't Euch des Lebens ꝛc.

Einige. Wer Redlichkeit und Treue liebt,
Und gern dem ärmern Bruder gibt:
Da findet sich Zufriedenheit
So gerne bei ihm ein.

Alle. Freu't Euch des Lebens ꝛc.

Einige. Und wenn der Pfad sich furchtbar engt,
Und Mißgschick uns plagt und drängt:

So reicht die Freundschaft schwesterlich!
Dem Redlichen die Hand.

Alle. Freu't Euch des Lebens ꝛc.

Einige. Sie trocknet ihm die Thränen ab,
Und streut ihm Blumen in das Grab;
Und wandelt Nacht in Dämmerung,
Und Dämmerung in Licht.

Alle. Freu't Euch des Lebens ꝛc.

Einige. Sie ist des Lebens schönstes Band;
Schlagt, Brüder, traulich in die Hand!
So wallt man froh, so wallt man leicht
In's bess're Vaterland.

Alle. Freu't Euch des Lebens ꝛc. — Usteri.

132. Kinderfreuden im Freien.

Wir Kinder, wir schmecken
Der Freuden recht viel!
Wir schäkern und necken,
Versteht sich im Spiel;
Wir lärmen und singen,
Und rennen uns um,
Und hüpfen und springen
Im Grase herum!

Warum nicht? zum Murren
Ist's Zeit noch genug!
Wer wollte doch knurren,
Der wär' ja nicht klug.
Wie lustig steh'n dorten
Die Saat und das Gras!

Beschreiben mit Worten
Kann Keiner wohl das.

Ha, Brüderchen! rennet,
Ha, wälzt Euch im Gras,
Noch ist's uns vergönnet,
Noch kleidet uns das.
Ach! werden wir älter,
So schickt sich's nicht mehr:
Dann treten wir kälter
Und ernster einher.

Ei, seht doch, Ihr Brüder!
Den Schmetterling da!
Wer wirft uns ihn nieder?
Doch schonet ihn ja!
Dort flattert noch einer,
Der ist wohl sein Freund?
O, schlag' ihn ja Keiner,
Weil jener sonst weint.

Wird dort nicht gesungen?
Wie herrlich das klingt!
Vortrefflich, Ihr Jungen,
Die Nachtigall singt.
Dort sitzt sie, seh't! oben
Im Apfelbaum, dort!
Wir wollen sie loben,
So fährt sie wohl fort!

Komm, Liebchen! hernieder,
Und laß' dich beseh'n!

Wer lehrt dir die Lieder?
Du machst es so schön!
O! laß' dich nicht stören!
Du Vögelchen, du!
Wir Alle, wir hören
So gerne dir zu!

Laßt Kränzchen uns winden,
Viel Blumen sind hier!
Wer Veilchen wird finden,
Empfänget dafür
Von Mutter zur Gabe
Ein Küßchen, wohl zwei;
Juch heißa! ich habe,
Ich hab' eins! Juchhei!

Ach! geht sie schon unter,
Die Sonne, so früh?
Wir sind ja noch munter,
Ach! Sonne, verzieh'!
Nun morgen, Ihr Brüder!
Schlaft wohl, gute Nacht!
Ja, morgen wird wieder
Gespielt und gelacht!

Overbeck.

---

133. Beim Spiele.

Wir spielen und hüpfen so munter,
So munter, wie Hirschchen im Wald;
Doch lernen wir wacker mitunter,
Denn Kinderchen werden auch alt.

Juch heißa! nur fröhlich gesprungen,
So lange wir Kinder noch sind!
Juch heißa! ein Liedchen gesungen:
Die Jahre vergeh'n, wie der Wind.

Vergehen so schnell, so geschwinde?
O, Freunde! was werden wir dann?
Was wird aus dem hüpfenden Kinde?
Es wird aus dem Knaben ein Mann.

Und soll es ein braver Mann werden,
Muß fleißig der Knabe schon sein,
Muß Gutes schon stiften auf Erden,
Nicht nur des Lebens sich freu'n.

Was Hänschen nicht lernet in Zeiten,
Lernt nicht der erwachsene Hans;
Und läßt sich das Gretchen nicht leiten,
So wird auch das Gänschen zur Gans.

Was Lehrer und Eltern uns lehren,
Was Gutes an Ihnen wir seh'n,
Das wollen wir willig anhören,
Das soll von uns gerne gescheh'n!

Juch heißa! noch dürfen wir spielen
Und dürfen als Kinder uns freu'n!
Und Freude bei guten Gefühlen
Wird nie uns im Alter gereu'n. Segelbach.

---

134. Schlummerlied.

Schlumm're, Liebchen! bist noch klein,
Weißt vom schönen Sonnenschein

Weißt vom Strahl des Mondenlichts
Und von Wald und Blümlein nichts; –
Liebchen, schlumm're, werde groß;
Sollst es seh'n auf meinem Schooß.

Sollst den Glanz des Himmels seh'n,
Und an ihm die Sonne geh'n
Ueber Wiesen, frisch und grün,
Wo die blauen Veilchen blüh'n.
Veilchen werden dann gepflückt,
Du an's Mutterherz gedrückt.

Mir am Herzen, liebes Kind,
Spielst Du froh im Morgenwind.
Ueber Dir ist Jubelklang,
Um Dich her ist Lobgesang;
Leise rauschen Bäum' und Fluß,
Und Du fühlst den Mutterkuß.

Liebchen, schlumm're, wachs' heran!
Siehst in meinen Armen dann
Auch der Abendsonne Gluth,
Siehst, wenn Feld und Aue ruht,
Gold und Purpur überall,
Beim Gesang der Nachtigall.

Unter'm Nachtigallenlied
Kommt der helle Mond, und sieht
Mild herab auf Dich und mich,
Alle Blumen neigen sich,
Und die Händchen falt' ich Dir:
Kleiner Engel, Gott ist hier!

Gott ist hoch im Sternenglanz,
Und im niedern Veilchenkranz;
Ist, wo jener Vogel schlägt,
Und wo dieser Arm Dich trägt.
Sag' in jedem Winkel Dir:
„Liebchen, Liebchen, Gott ist hier!" Jacobi.

---

135. Spinnlied.

Rädchen, Rädchen, gehe, gehe!
Fädchen, Fädchen, drehe, drehe!
Dreh' dich, ohne still zu steh'n.
Ach, im Himmel und auf Erden
Kann kein Sonnenstäubchen werden,
Ohne Gehn und ohne Dreh'n.

Wenn auf meinem Gartenbeete
Sonn' und Regen sich nicht drehte,
Ja, da gäb's kein grün Gericht.
Wenn um meine Rasenstätte
Nie ein kühles Lüftchen wehte,
Meine Veilchen kämen nicht.

Ohne Dreh'n und Wirbeln klänge
Nie ein Verschen, das man sänge,
Wär's auch noch so schön erdacht;
Und blieb Nachts, statt fort zu drehen,
Schnapp, einmal der Himmel stehen,
Nun, da säß' man in der Nacht.

Der Professor, unser Vetter,
Weiß doch wohl, was Wind und Wetter,
Sonne, Mond und Sterne sind?

Und der spricht, wir alle dreh'ten
Uns mit Dörfern, Schlössern, Städten
Um die Sonne, wie der Wind.

Nun, vom Schnee und Wind und Wetter,
Sonn' und Erde weiß der Vetter
Freilich manches mehr, als ich;
Aber, daß man ohne Drehen
Nicht ein Tänzchen kann begehen,
Ja, das weiß ich sicherlich!

O, da muß man immer schweben,
Immer fliegen, immer weben,
Daß die Stäubchen dreh'n und wehn;
Immer nach des Tänzchens Weise
Zirkeln rechts und links die Kreise,
Und da gilt kein Stillestehn.

D'rum, du Mädchen, gehe, gehe,
Und du Fädchen, drehe, drehe,
Dreh' dich, ohne still zu steh'n:
Denn es wächst kein Blumenkränzchen,
Und es wird kein Wintertänzchen
Ohne Geh'n und ohne Dreh'n.

136. Der Vergnügte.

Willst Du frei und lustig geh'n
Durch das Weltgetümmel:
Mußt Du auf die Vöglein seh'n,
Wohnend unter'm Himmel;
Jedes hüpft und singt und heckt
Ohne Gram und Sorgen;

Schläft, vom grünen Zweig bedeckt,
Ruhig bis zum Morgen.

Jedes nimmt ohn' arge List,
Was ihm Gott beschieden;
Und mit seinem Fräulein ist
Männlein wohl zufrieden;
Keines sammelt kümmerlich
Vorrath in die Scheunen;
Dennoch nährt und labt es sich
Mit den lieben Kleinen.

Keines bebt im Sonnenstrahl
Vor den fernen Stürmen;
Kömmt ein Sturm, so wird's im Thal
Baum und Fels beschirmen.
Täglich bringt es seinen Dank
Gott für jede Gabe;
Flattert einstens mit Gesang
Still und leicht zu Grabe.

Willst Du frei und lustig geh'n
Durch das Weltgetümmel:
Mußt Du auf die Vöglein seh'n,
Wohnend unter'm Himmel.
Wie die Vöglein, haben wir
Unsern Vater droben;
Laßt uns diesen Gott schon hier
Lieben, preisen, loben! Jacobi.

---

137. Die Kindheit.

Freude blüht auf allen Wegen
In der Jugend Blumenzeit,

Von des Schicksals harten Schlägen
Bleibt des Kindes Herz befreit.

Spielend wallt das Kind und munter
Auf des Lebens Blumenbahn;
Heiter geht die Sonn' ihm unter,
Heiter bricht der Morgen an.

In des Tages lichtem Glanze
Freu't es sich der bunten Welt;
Windet Blumen sich zum Kranze,
Bis der Thau auf Blumen fällt.

Und dann nimmt der süße Schlummer
Es in seinen sanften Arm;
Friedlich ruht es, denn kein Kummer
Quält es, noch ein bitt'rer Harm.

Engel nahen ihm im Traume
Als Gespielen, und es sieht,
Wie in einem andern Raume
Eine schön're Welt ihm blüht.

Aber, möchtest Du wohl fragen,
Warum lächelt das Geschick
Freundlich in der Jugend Tagen? —
„Unschuld schafft des Kindes Glück!"

Unschuld führt durch Rosenauen,
Schützt vor herbem Schmerz die Brust;
Unschuld läßt uns Engel schauen,
Hebt zur Paradieses-Lust.

Wandelst schuldlos Du durch's Leben
Und bewahrst den reinen Sinn:

Dann wird Friede Dich umschweben,
Und Du gehst zu Engeln hin. Fr. Schmidt.

---

138. Lied im Freien.

Wie schön ist's im Freien!
Bei grünenden Maien
Im Walde, wie schön!
Wie süß, sich zu sonnen,
Den Städten entronnen,
Auf luftigen Höh'n!

Wo unter den Hecken
Mit goldenen Flecken
Der Schatten sich mischt,
Da läßt man sich nieder,
Von Haseln und Flieder
Mit Laubduft erfrischt.

D'rauf schlendert man weiter,
Pflückt Blumen und Kräuter
Und Erdbeer'n im Geh'n;
Man kann sich mit Zweigen,
Erhitzet vom Steigen,
Die Wangen umweh'n.

Dort heben und tunken,
Gleich blinkenden Funken,
Sich Wellchen im Bach;
Man sieht sie verrinnen
Im stillen Besinnen,
Halb träumend, halb wach.

In weiten Bezirken,
Mit hängenden Birken
Und Buchen besetzt,
Geh'n Damhirsch' und Rehe
In traulicher Nähe,
Von Niemand gehetzt.

Am schwankenden Reisig
Hängt zwitschernd der Zeisig,
Vor Schlingen nicht bang;
Erfreut, ihn zu hören,
Sucht Keiner zu stören
Des Hänflings Gesang.

Hier sträubt sich kein Pförtner,
Hier schnörkelt kein Gärtner
Kunstmäßig am Hain;
Man braucht nicht des Geldes,
Die Blumen des Feldes
Sind Allen gemein. Salis.

---

139. Liebe, Hoffnung, Glaube.

Drei Sterne glänzen in hoher Pracht,
Sie geleiten den Menschen durch's Leben,
Drei Sterne erhellen die Erdennacht,
Sie hat uns der Vater gegeben.
Sie leuchten auf Erden allüberall,
Und wahren den Pilger vor schmerzlichem Fall.

Der Stern der Liebe bestrahlet hell
Des Weltalls unendliche Räume,

Sein Licht erwärmt und erquicket schnell,
Wie auch der Erdensohn säume.
Wo die Liebe gebeut, wo sie regiert,
Da der Wonnen höchste das Zepter führt.

Zur Seite leuchtet der Hoffnungsstern,
Erhellend die irdischen Sorgen.
Und bleibt auch jeglicher Trost ihm fern,
Der Mensch ist dennoch geborgen:
Vertrauend des Steines mildem Blick,
Lös't sich in Freude das trübste Geschick.

In reinem Aether da steigt empor
Des Glaubens ew'ge Klarheit,
Sie bricht durch finstere Wolken hervor,
Das heilige Reich hoher Wahrheit.
Der Mensch bewahre des Glaubens Licht,
Dann verläßt ihn die Tochter, die Tugend, nicht.

Der Erdenpilger vertrauend sieht
Die heiligen Drei in den Höhen,
Da wo sie strahlen, der Nebel flieht,
Es schwinden des Sterblichen Wehen.
Wer Liebe, Hoffnung und Glauben nährt,
Lebt glücklich, von keinem Wahn bethört.

Oldekop.

---

140 Das Gewitter.

Wenn sich über den Gebüschen
Schwarze Wolken drohend mischen
Und ein dumpfer Donner rollt,

Denk' ich, liebend fährt hernieder
Unser Vater, segnet wieder
Seine Kinder mild und hold.

Steht das Firmament in Flammen,
Krachen Wolken wild zusammen,
Ruhig sah' zum Himmel ich:
Denn ein früchtereicher Regen
Strömt den Fluren reichen Segen,
Jeder Halm verjünget sich.

Rollt ihr Donner, zischt ihr Blitze
Aus der Gottheit Weltensitze
Majestätisch in die Welt!
Nichts soll mein Vertrau'n erschüttern;
Der zu uns spricht in Gewittern,
Ist der Vater aller Welt! — Ziehwert.

141. Der Strom.

Bald durch enge Felsen-Klausen
In des Waldes grüner Nacht
Hörst Du seine Wogen brausen,
Die sich schäumend Raum gemacht;
Bald durch lachende Gefilde
Majestätisch, sanft und milde
Geht er seine lange Bahn
Schweigend fort zum Ocean.

Millionen Wesen leben
Froh in seines Bettes Raum,
Millionen froh umschweben
Seiner Wellen leichten Schaum;

Beider Ufer reiche Fluren
Tragen seines Segens Spuren.
Dörfer, Städte blühen auf
Durch des Stroms wohlthät'gen Lauf.

Nur von seinem Arm gezogen
Hat das Mühlrad Riesenkraft;
Schneller wird auf seinen Wogen
Fremdes Gut herbeigeschafft.
Auch des Wassers reiche Schätze
Liefert in der Fischer Netze
Gern der segensvolle Fluß
Unserm Fleiß zum Festgenuß.

Doch die Frühlings-Sonne schmelzet
Schneegebirge, Regen fällt:
Seht, wie er die Fluthen wälzet
Ueber Dorf und Stadt und Feld,
Und mit unzwingbarer Stärke
Niederreißt des Fleißes Werke,
Raubet wieder, was er gab:
Tausenden wird er zum Grab. —

Falle nieder, Mensch von Erde,
Vor der unsichtbaren Macht,
Die durch ihr allmächtig Werde
Solche Kraft hervorgebracht!
Hat sie Dich zum Herrn gesetzt,
O, so werde nie verletzt
Heil'ge Ehrfurcht vor dem Herrn,
Die ihm dienet treu und gern.

142. Der Mond

Im stillen heitern Glanz tritt er so sanft einher,
Wer ist im Sternenglanz so schön geschmückt, als er?
Er wandelt still bescheiden, verhüllt sein Angesicht;
Und giebt doch so viel Freuden mit seinem trauten Licht.

Er lohnt des Tags Beschwerde, schließt sanft die Augen zu,
Und winkt der müden Erde zur stillen Abendruh.
Schenkt mit der Abendkühle der Seele frische Lust,
Die seligsten Gefühle gießt er in unsre Brust.

Du, der ihn uns gegeben mit seinem trauten Licht,
Hast Freud' am frohen Leben, sonst gäbst Du ihn uns nicht.
Hab' Dank für alle Freuden, hab' Dank für Deinen Mond,
Der Tages Last und Leiden so reich, so freundlich lohnt!

Claudius.

---

143. Die Sonne.

Sei mir gegrüßt zu meines Gottes Ehre,
Du seiner Schöpfung Königin!
Steig' auf und gieß' aus deinem Feuermeere
Erstaunen vor dich hin!

Daß alle Welt anbetend niederfalle
Vor dem, der dich so schön gemacht,
Der Menschen schuf und väterlich für Alle
Mit seiner Allmacht wacht!

Daß Mächtige des Stolzes sich entkleiden,
Vor seiner Majestät sich scheun;
Daß alle Menschen sich mit Liebe leiten
Und treue Freunde sein!

Daß überall, bis zum entferntsten Strande,
Wo dein belebend Licht erscheint,
Die Liebe herrsch', an deren sanftem Bande
Sich Herz mit Herz vereint!

Und dann sei du, was du bisher gewesen,
Der Menschen höchstes Wonneglück,
Dem Armen Trost, dem Kranken froh Genesen,
Dem ganzen Erdball Glück!

Und Alle lehr' in Freudigkeit hienieden
Sich jeder schönen Tugend weihn,
Voll Duldsamkeit, geneigt zum sel'gen Frieden,
Geneigt zum Wohlthun sein! Schall.

144. Der Mond.

Wie lieblich glänzt in blauer Ferne,
O Mond, dein silberfarbnes Licht,
Wenn es im Kreise goldner Sterne
Durch kleine Abendwölkchen bricht.

Ich bin ihm gar zu gut: es blendet
Mich nicht, und winkt mir freundlich zu;
Und wenn mein Tagewerk vollendet,
So bringt es mir die süße Ruh.

Wie traurig würden alle Nächte
In Dunkel eingehüllet sein,
Wenn uns dein Licht nicht Hellung brächte,
Und lieh' uns deinen Sonnenschein.

Sieh' immer freundlich auf uns nieder,
Du guter Mond! Dein sanftes Licht

Ist nur dem Bösewicht zuwider:
Die Unschuld flieht dein Auge nicht.

Auch lieb' ich dich vor allen Sternen
Und deine wechselnde Gestalt.
— Schön ist es, sie verstehen lernen. —
Bald bist du neu, bald bist du alt.

Bald prangest du mit vollem Lichte
Als König auf dem Thron der Nacht;
Bald nur mit halbem Angesichte;
Bald bleibt nur deiner Sichel Pracht.

Bald tauch'st du dich ganz in der Sonne
Unendlich großes Strahlen=Meer:
Und bald lachst du mit neuer Wonne
Vom blauen Abend=Himmel her.

Du bist ein ordentliches Wesen:
Du leuchtest uns Jahr aus, Jahr ein,
Und scheinest recht dazu erlesen,
Ein Maaß von uns'rer Zeit zu sein.

Dein Wechsel=Lauf kömmt immer wieder,
Du säumest nicht, du irrest nie.
O, lehre mich und meine Brüder
Der Ordnung süße Harmonie.

Der dich so schön und gut gebildet,
O Mond, und durch den Wiederschein
Der Sonne dich so sanft vergüldet,
Wie groß, wie gütig muß er sein!

So oft vor deinen milden Strahlen
Von hinnen weicht die dunkle Nacht,

Will ich ihm meinen Dank bezahlen,
Der dich so wundervoll gemacht. Lieberkühn.

---

145. An die Sonne.

Schön flammst du, liebe Sonne,
Am hohen Himmelszelt,
Und strahlest Licht und Wonne
Herab auf uns're Welt!
Du kleidest Wald und Weide
In sanftes Frühlingsgrün
Und läßst zu unsrer Freude
Viel tausend Blumen blühn.

Aus der gepflügten Erde
Hebst du die junge Saat
Und streuest unsrer Heerde
Die Kräuter auf den Pfad.
Des Apfelbaumes Blüthe,
Die uns entgegenlacht,
Hat deine Muttergüte
Für uns hervorgebracht.

Du windest um die Laube
Das Geißblatt hoch empor
Und treibst die süße Traube
Aus ihrem Stock hervor;
Machst an des Baches Rande
Die Erlenwände dicht,
Lockst aus dem feuchten Sande
Uns das Vergißmeinnicht.

Ach, ohne deine Milde
Stirbt Alles um uns her,
Verwaisen die Gefilde,
Erstarren Fluß und Meer!
Dein allbelebend Feuer
Verjünget die Natur
Und schmilzt den Flockenschleier
Hinweg von uns'rer Flur.

Du, gute Mutter, spendest
Uns Freuden ohne Zahl,
Und ungebeten sendest
Du deinen sanften Strahl!
O laß uns deinem Bilde,
Du Gute, ähnlich sein
Und so, wie du, durch Milde
Die Menschen gern erfreun!

---

146. Sonnenaufgang.

Hebet Eure Augen auf
Zu des Himmels lichten Hallen!
Seht, die Sonne kommt herauf,
Und die Jubellieder schallen
Aus dem Hain ins Aehrenfeld,
Von der Schönheit dieser Welt.

Hebet Eure Augen auf!
Seht, sie kommt im Lichtgewande
Aus dem Morgenthor herauf! —
Alle segensvollen Lande,

Froh in seligem Genuß,
Fühlen ihren Morgengruß.

Licht und heiter lacht das Thal,
Wo der Sonne Auge glänzet,
Wo ihr milder Lebens-Strahl
Aller Berge Gipfel kränzet.
Ueberall erschafft ihr Blick
Lebenskraft und Lebensglück.

Karoline Rudophi.

147. Sonnenuntergang.

Wie geht so klar und munter
Die liebe Sonne unter!
Wie schaut sie uns so freundlich an
Von ihrer hohen Himmelsbahn.

Das ist so ihre Weise,
Sie wirket viel, doch leise.
Wer viel am Tage Gutes thut,
Dem ist am Abend wohl zu Muth.

Sie läuft den Weg behende,
Vom Anfang bis zum Ende,
Erhellt und wärmt die ganze Welt
Aus ihrem himmlischen Gezelt.

Auf allen ihren Wegen
Ist lauter Licht und Segen;
Dann schließt sie freundlich ihre Bahn,
Und lächelt uns noch einmal an.

Jetzt geht sie klar und munter
Am Abendhimmel unter.

Bald aus des Morgenhimmels Thor
Steigt sie mit neuem Glanz hervor.

Drum wallet frohen Muthes,
Wie sie, und thuet Gutes;
Dann schließt Ihr fröhlich Euren Lauf,
Und steht frohlockend wieder auf!

Krummacher.

---

148. An die Sonne.

Sei mir gegrüßt, du schönes Licht
Mit heiterm, frohen Angesicht!
Du gießest reinen, frohen Sinn
Auf Alles, was da lebet, hin.

Du bist ein Wesen, heiß und rein:
So soll auch meine Seele sein,
Von heißer Menschenlieb' entbrannt,
Von aller Bosheit abgewandt.

Du bist mit Klarheit angethan
Und wandelst immer rechte Bahn;
Wohl mir, wenn ich, wie du, im Licht
Der Wahrheit geh', dann strauchl' ich nicht!

Du legst dich nimmer, auszuruhn,
Kommst immer wieder, wohlzuthun;
Du achtest weder Stand, noch Glück,
Auf Bös' und Gute strahlt dein Blick.

Heil dir, o Licht voll Lieb' und Macht,
Du Bild von dem, der dich gemacht,
Ich bin sein Ebenbild, wie du,
Wenn ich gleich dir nur Gutes thu'.

O würd' ich von dir allezeit
Gefunden, wacker und bereit!
Dann dürft' ich deinen hellen Strahl
Willkommen heißen allemal.

---

149. An den Mond.

Der Mond ist aufgegangen,
Die gold'nen Sternlein prangen
Am Himmel hell und klar.
Der Wald steht schwarz und schweiget,
Und aus den Wiesen steiget
Der weiße Nebel wunderbar.

Wie ist die Welt so stille
Und in der Dämmrung Hülle
So traulich und so hold,
Als eine stille Kammer,
Wo Ihr des Tages Jammer
Verschlafen und vergessen sollt.

Seht Ihr den Mond dort stehen?
Er ist nur halb zu sehen,
Und ist doch rund und schön!
So sind wohl manche Sachen,
Die wir getrost belachen,
Weil unsre Augen sie nicht seh'n.

Wir stolze Menschenkinder
Sind eitel arme Sünder
Und wissen gar nicht viel.
Wir spinnen Luftgespinnste

Und suchen viele Künste,
Und kommen weiter von dem Ziel.

Gott, laß dein Heil uns schauen,
Auf nichts Vergänglichs trauen,
Nicht Eitelkeit uns freu'n!
Laß uns einfältig werden,
Und vor dir hier auf Erden,
Wie Kinder, froh und fröhlich sein!

Wollst endlich sonder Grämen
Aus dieser Welt uns nehmen
Durch einen sanften Tod!
Und wenn du uns genommen,
Laß uns in Himmel kommen,
Du unser Herr und unser Gott!

So legt Euch denn, Ihr Brüder,
In Gottes Namen nieder,
Kalt ist der Abendhauch.
Verschon' uns, Gott, mit Strafen,
Und laß uns ruhig schlafen,
Und unsern kranken Nachbar auch!

Claudius.

---

150. Morgenlied.

Morgen erwachet, Dunkel entflieht,
Golden am Himmel Frühroth erglüht.
Muntere Lieder füllen die Luft,
Blumen verbreiten lieblichen Duft.
Und an dem Gräschen glänzet der Thau,
Bienen durchziehen summend die Au'.

Alles ist Freude, Alles ist Lust,
Heiterer Sinn auch füllt mir die Brust.

Frisch an die Arbeit! Munter gethan!
Träge nur sehen schläfrig sich an.

Ist dann die Arbeit rüstig vollbracht,
Wird auch ein lust'ges Spielchen gemacht.

So fliehn die Tage mir unter Lust;
Frohsinn und Freude füllt mir die Brust. Besseldt.

---

151. Abendlied.

Wie lieblich sinkt der Abend
Auf die bethaute Flur!
Wie ist so süß, so labend
Die Wonne der Natur!

Wie wehet so erquickend
Die laue Abendluft!
Wie ist so sanft entzückend
Der Blumen süßer Duft!

Und segnend schien die Sonne:
Den letzten Strahlenblick
Warf sie mit Lieb' und Wonne
Noch auf die Flur zurück.

Wie lacht aus hoher Ferne
Herab der hehre Mond!
Er, der im Reich der Sterne
Im vollen Glanze wohnt!

Wie glänzt voll heit'rer Milde
Sein heit'res Angesicht!

Den Hain und die Gefilde
Umschließt sein sanftes Licht.

Ein Chor von Nachtigallen
Schlägt liebeflötend dort
In dunkeln Blüthenhallen
Im schmelzendsten Akkord.

O, wirbelt Nachtigallen,
Im vollen Herzensdrang,
Uns Kindern zu gefallen,
Den lieblichsten Gesang!

Kommst, lieber Abend, wieder
Auf uns're kleine Flur;
Dir danken unsre Lieder,
Dir Vater der Natur!

---

152. Am Morgen.

Wieder ist ein Tag zum Leben
Freundlich und in Glanz erwacht;
Gütig ward er uns gegeben
Nach der langen, dunkeln Nacht.

Viele sind mir wohl verschwunden
Müßig, oft in Träumerei,
Und die ungenützten Stunden
Sind auf ewig mir vorbei.

Täglig werden neue kommen;
Doch, wie unser Heiland spricht,
Jene Zeit ist nun genommen,
Jeder Tag hat seine Pflicht.

Wahrhaft will ich mich bemühen,
Daß nicht eine ungenützt
Möge heute mir entfliehen,
Dankend Dir, der uns beschützt.
Segne, Vater, und behüte
Alle meine Lieben heut',
Du, mit Deiner großen Güte,
Der uns Menschen gern erfreut!

153. Am Abend.

Kommst, stiller Abend, wieder
Auf uns're kleine Flur;
Dir tönen uns're Lieder!
Wie schön bist du, Natur!
Schon steigt die Abendröthe
Herab in's kühle Thal,
Bald glänzt in sanfter Röthe
Der Sonne letzter Strahl.
Allüberall herrscht Schweigen;
Nur steigt aus uns'rem Chor
Hier unter grünen Zweigen
Ein Danklied hoch empor.
Kommst, stiller Abend, wieder
Auf uns're kleine Flur;
Dir danken uns're Lieder,
Dir, Vater der Natur. Claudius.

154. Räthsel.

Auf einer großen Weide gehen
Viel tausend Schaafe, silberweiß;

Wie wir sie heute wandeln sehen,
Sah sie der allerältste Greis.

Sie altern nie und trinken Leben
Aus einem unerschöpften Born;
Ein Hirt ist ihnen zugegeben
Mit schöngebognem Silberhorn.

Er treibt sie aus zu goldnen Thoren,
Er überzählt sie jede Nacht,
Und hat der Lämmer keins verloren,
So oft er auch den Weg vollbracht.

Ein treuer Hund hilft sie ihm leiten,
Ein munt'rer Widder geht voran.
Die Heerde, kannst du sie mir deuten?
Und auch den Hirten zeig' mir an. v. Schiller.

---

155. Sonntag.

Der Sonntag ist gekommen,
Ein Sträußchen auf dem Hut!
Sein Aug' ist mild' und heiter,
Er meint's mit Allen gut.

Er steiget auf die Berge,
Er wandelt durch das Thal,
Er ladet zum Gebete
Die Menschen allzumal.

Und wie in schönen Kleidern
Nun pranget Jung und Alt,
Hat er für sie geschmücket
Die Flur und auch den Wald.

Und wie er Allen Freude
Und Frieden bringt und Ruh,
So ruf' auch du nun Jedem:
„Gott grüß' Dich!“ freundlich zu!

Hoffmann v. Fallersleben.

156. Räthsel.

Vier Brüder ziehn Jahr aus, Jahr ein
Im ganzen Land' spazieren,
Doch jeder kommt für sich allein,
Uns Gaben zuzuführen.

Der erste kommt mit leichtem Sinn,
In reines Blau gehüllet;
Streut Knospen, Blätter, Blüthen hin,
Die er mit Düften füllet.

Der zweite tritt schon ernster auf
Mit Sonnenschein und Regen,
Streut Blumen aus in seinem Lauf,
Der Erndte reichen Segen.

Der dritte naht mit Ueberfluß,
Und füllet Küch' und Scheune,
Bringt uns zum süßesten Genuß
Viel Aepfel, Nüss' und Weine.

Verdrießlich braus't der vierte her,
In Nacht und Graus gehüllet,
Sieht Feld und Wald und Wüste leer,
Die er mit Schnee erfüllet.

Wer sagt mir, wer die Brüder sind,
Die so einander jagen?

Leicht räth sie wohl ein jedes Kind,
D'rum brauch' ich's nicht zu sagen.

157. Wechsel der Jahreszeiten.

Wie schön ist der Wechsel der Zeiten,
O Freunde, im wandelnden Jahr!
Wie herrliche Freuden bereiten
Und bringen dem Menschen sie dar!

Der Frühling schenkt Wonne und Leben
Der wieder erwachten Natur;
Es grünen die Blätter, die Reben,
Die Saaten, die Wiesen, die Flur.

Der Sommer mit heißeren Tagen
Reift, was ihm der Frühling gebar,
Und bringt, wenn ermattet wir klagen,
Sanft kühlende Lüfte uns dar.

Den letzten erfreulichen Segen
Gewährt uns die herbstliche Zeit,
Dann reift uns die Traube entgegen,
Das Herz zu entzücken bereit.

Und schüttelt vom kalten Gefieder
Der Winter uns Schnee auf die Flur,
So schlägt uns sein Stürmen nicht nieder,
Sein Eislauf ergötzet uns nur.

D'rum lieb' ich den Wechsel der Zeiten,
O Freunde, im wandelnden Jahr.
Wie herrliche Freuden bereiten
Und bringen dem Menschen sie dar!

Lieberkühn.

158. Frühlingsliedchen.

Der Frühling hat sich eingestellt,
Wohlan, wer will ihn sehn?
Der muß mit mir in's freie Feld,
In's grüne Feld nun gehn.

Er hielt im Walde sich versteckt,
Daß Niemand ihn mehr sah;
Ein Vöglein hat ihn aufgeweckt,
Jetzt ist er wieder da!

Jetzt ist der Frühling wieder da;
Ihm folgt auf seinem Gang
Nur lauter Freude fern und nah'
Und lauter Spiel und Sang.

Und Allen hat er, groß und klein,
Was Schönes mitgebracht,
Und sollt's auch nur ein Sträußchen sein,
Er hat an uns gedacht.

D'rum frisch hinaus in's freie Feld,
In's grüne Feld hinaus;
Der Frühling hat sich eingestellt,
Wer bliebe da zu Haus?

Hoffmann v. Fallersleben.

---

159. Mailiedchen.

Komm, lieber Mai, und mache
Die Bäume wieder grün,
Und laß uns an dem Bache
Die kleinen Veilchen blüh'n!

Wie möcht' ich doch so gerne
Ein Veilchen wieder seh'n!
Ach, lieber Mai, wie gerne
Einmal spazieren gehn!

Zwar Wintertage haben
Wohl auch der Freuden viel;
Man kann im Schnee eins traben
Und treibt manch Abendspiel;
Baut Häuserchen aus Karten,
Spielt Blindekuh und Pferd;
Auch giebt's wohl Schlittenfahrten
Auf's liebe freie Land.

Doch wenn die Vöglein singen,
Und wir dann froh und flink
Auf grünem Rasen springen —
Das ist ein ander Ding!
Jetzt muß mein Steckenpferdchen
Dort in dem Winkel steh'n:
Denn draußen in dem Gärtchen
Kann man vor Koth nicht gehn.

Ach, wenn's doch erst gelinder
Und grüner draußen wär'!
Komm, lieber Mai, wir Kinder,
Wir bitten gar zu sehr!
O, komm' und bring' vor allen
Uns viele Veilchen mit!
Bring' viele Nachtigallen
Und auch den Kuckuk mit!

160. Der Frühling.

Die Luft ist blau, das Thal ist grün,
Die kleinen Maienglocken blühn
Und Schlüsselblumen drunter;
Der Wiesengrund
Ist schön und bunt,
Und macht sich täglich bunter.

Drum komme, wem der Mai gefällt,
Und freue sich der schönen Welt
Und Gottes Vatergüte,
Der solche Pracht
Hervorgebracht,
Den Baum und seine Blüthe! Hölty.

161. Im Frühling.

Beglänzt vom rothen Schein des Himmels bebt
Am zarten Halm der Thau;
Der Frühlingslandschaft zitternd Bildniß schwebt
Hell in des Stromes Blau.

Schön ist der Felsenquell, der Blüthenbaum,
Der Hain mit Gold bemalt;
Schön ist der Stern des Abends, der am Saum
Der Purpurwolke strahlt.

Schön ist der Wiese Grün, des Thals Gesträuch,
Des Hügels Blumenkleid,
Der Erlenbach, der schilfumkränzte Teich
Mit Blüthen überschneit.

O wie umschlingt und hält der Wesen Heer
Der ew'gen Liebe Band!

Den Lichtwurm und der Sonne Feuermeer
Schuf Eine Vaterhand.

Du winkst, Allmächtiger, wenn hier dem Baum
Ein Blüthenblatt entweht;
Du winkst, wenn dort im ungemeß'nen Raum
Ein Weltsystem vergeht. v. Matthisson.

162. Frühlingslied.

Der Nachtigall reizende Lieder
Ertönen und locken schon wieder
Die fröhlichen Stunden in's Jahr.
Nun singet die steigende Lerche,
Nun klappern die reisenden Störche,
Nun zwitschert der glänzende Staar!

Wie munter sind Schäfer und Heerde!
Wie lieblich beblümt sich die Erde!
Wie herrlich verjüngt sich die Welt!
Die Taube verdoppelt die Küsse,
Die Schwäne berudern die Flüsse,
Der Sperling durchhüpfet das Feld.

Nun heben sich Knospen und Keime,
Nun kleiden die Blätter die Bäume;
Nun schwindet des Winters Gestalt.
Nun rieseln lebendige Quellen,
Und tränken mit spielenden Wellen
Die Wiesen, die Gärten, den Wald.

Nun stellt sich die Dorfschaft in Reihen,
Es rufen der Hirten Schalmeien
Die fröhlichen Tänzer herbei.

Sie springen und jauchzen im Freien,
Die Mädchen bekränzen die Maien
Herkömmlicher Sitte getreu.

O freut Euch in Unschuld und Wonne
Des Frühlings! Bald flimmert die Sonne
Euch näher in heißerer Gluth.
Nie reize die Stadt Euch zum Neide!
In Dörfern wohnt Unschuld und Freude,
Gesundheit und fröhlicher Muth! Hagedorn.

---

163. Frühlingsmahl.

Wer hat die weißen Tücher
Gebreitet über das Land?
Die weißen duftenden Tücher,
Mit ihrem grünen Rand?

Und hat darüber gezogen
Das hohe blaue Zelt?
Darunter den bunten Teppich
Gelagert über das Feld?

Er ist es selbst gewesen,
Der gute reiche Wirth
Des Himmels und der Erden,
Der nimmer ärmer wird.

Er hat gedeckt die Tische
In seinem weiten Saal,
Und ruft, was lebet und webet,
Zum großen Frühlingsmahl.

Wie strömt's aus allen Blüthen
Herab von Strauch und Baum!

Und jede Blüth' ein Becher
Voll süßer Düfte Schaum.

Hört Ihr des Wirthes Stimme?
Heran, was kriecht und fliegt,
Was geht und steht auf Erden,
Was unter den Wogen sich wiegt!

Und Du, mein Himmelspilgher,
Hier trinke trunken Dich,
Und sinke selig nieder
Auf's Knie und denk' an mich! W. Müller.

164. Mailiedchen.

Schon locket der Mai
Die Schwalben herbei
Und Alles im Dörfchen ist heiter.
Auf luftigen Höh'n
Und Wiesen entsteh'n
Die lieblichsten Blumen und Kräuter.

O Kinder, dies Feld
Ist herrlich bestellt,
Schon schießen die Halme in Aehren,
Mit fröhlichem Klang
Läßt Lerchengesang
Und Wachtelschlag drinnen sich hören.

Seht unten am Bach
Die Schaafe gemach
Durch blumige Gegenden ziehen,
Und weißer als Schnee
Die Bäume, den Schlee
Von unten bis oben an blühen.

Dies Alles ist schön;
Doch dreimal so schön,
Wenn wir es in Liebe empfinden.
Dann werden uns schnell,
Wie Perlen im Quell,
Die fröhlichen Tage verschwinden.

---

165. Frühlingslied im Mai.

Seht den Himmel, wie heiter!
Laub und Blumen und Kräuter
Schmücken Felder und Hain;
Balsam athmen die Weste,
Und im schattigen Neste
Girren brütende Vögelein.

Ueber grünliche Kiesel
Rollt der Quelle Geriesel
Purpurblinkenden Schaum;
Und die Nachtigall flötet,
Und vom Abend geröthet
Wiegt sich spiegelnd der Blüthenbaum.

Kommt, Gespielen, und springet,
Wie die Nachtigall singet;
Denn sie singet zum Tanz!
O geschwinder, geschwinder!
Rund herum, wie die Kinder!
Ringel, Ringelein, Rosenkranz! —

Alles tanzet vor Freude,
Dort das Reh in der Haide,
Hier das Lämmchen im Thal;

Vögel hier im Gebüsche,
Dort im Teiche die Fische,
Tausend Mücken im Sonnenstrahl. Voß.

166. Sommergruß.

Schwüle Sommertage,
Seid willkommen mir
Trotz des Unmuths Klage!
Freuden bringt auch ihr!

Lieb seid ihr dem Fleiße,
Denn ihr dauert lang';
D'rum, auch bei dem Schweiße
Tön' euch Lobgesang!

Töne in den Wäldern,
Eh' die Sonn' aufgeht,
In den reichen Feldern,
Noch des Abends spät!

Denn von Gottes Güte
Ist die Erde voll,
Und ein froh Gemüthe
Thut dem Menschen wohl.

Wiesen, Bäume, Reben
Steh'n in voller Pracht,
Voll von Frucht und Leben
Durch der Sonne Macht.

Unserm Arm entgegen
Beuget sich das Feld:
Sammlet, sammlet Segen;
Preis't den Herrn der Welt! Lavater.

167. Sommerlied

Die Thäler und die Höhen,
Die Sommeranmuth schmückt,
In ihrer Pracht zu sehen,
Ist, was das Herz erquickt.

Die Saat ist aufgeschossen,
Und reizt des Schnitters Hand;
Die blättervollen Sprossen
Bedecken Berg und Land.

Wie schön ist Wald und Weide
Und die bethaute Flur!
Wie rein ist diese Freude
Der reizenden Natur.

Die Vögel, die wir hören,
Erfreu'n sich dieser Zeit.
Nichts tönt in ihren Chören,
Als Lust und Fröhlichkeit.

Was uns vor Augen schwebet,
Gefällt und hüpft und singt,
Und Alles, Alles lebet,
Und Alles scheint verjüngt.

Für mich schuf deine Güte,
O Gott, die Welt so schön,
Für mich ist Frucht und Blüthe
In Thälern und auf Höh'n.

Für mich ist Freud' und Wonne
Hier, wo das Echo schallt,
Für mich bestrahlt die Sonne
Die Felder und den Wald.

Für mich ist das Getümmel
Von Heerden auf der Au;
Für mich wölbt sich der Himmel
So heiter und so blau.

Für mich sind jene Gründe
So lieblich anzuseh'n;
Für mich weh'n kühle Winde,
Für mich ist Alles schön!

Du Schöpfer dieser Wonne,
Wie gütig mußt Du sein!
Mit jeder Morgensonne
Will ich mein Lied Dir weih'n.

---

168. Sommerlied.

Freude wirbelt in den Lüften,
Wonne lächelt auf der Flur,
Und in balsamreichen Düften
Haucht Entzücken die Natur.

Milder glänzt der reine Himmel
Ueber der geschmückten Au';
Zarter Würmchen Lustgewimmel
Säuselt durch den Morgenthau.

Summend suchen ems'ge Bienen
Ihren holden Nektarsaft;
Und die Blumen zollen ihnen
Ihrer Kelche süße Kraft.

Wie so schön ist diese Erde!
Alles, wie so freudenvoll!

Dankt es ihm, er sprach: Es werde!
Menschen, bringt ihm euren Zoll!

Linde Maienlüftchen wallen
Durch der Bäume sanftes Grün,
Tändeln von den Blumen allen
Zu der Rose Busen hin.

Selig, wem aus Himmelshöhen
Rührung in den Busen dringt!
Selig, wen ein göttlich Wehen
Hin zu sanften Thränen bringt!

169. Badelied.

Zum Bade, zum Bade!
Vom Blumengestade
Hinab in die wallenden Fluthen!
Die Sonne gebietet!
Sie wüthet, sie wüthet
Mit himmeldurchströmenden Gluthen.

Ha! wie so gelinde
Die lispelnden Winde
Die glühenden Wangen uns kühlen!
Wie lieblich die hellen
Lichtblinkenden Wellen
Die schwebenden Glieder umspülen!

Bald tauchen wir nieder,
Bald heben wir wieder
Uns rudernd aus sandigen Tiefen:
Und kämpfen und ringen,
Stromüber zu dringen,
Daß Locken und Wangen uns triefen.

Auf Wogen zu schweben,
Sich jauchzend zu heben —
Welch Wonnevergnügen, ihr Brüder!
Da rauschen den Kummer
Die Wellen in Schlummer,
Da stählt man die nervigen Glieder.

Durchbrauset die Flächen
Von Flüssen und Bächen,
Vom pappelumschatteten Teichen!
Bis Flockengewimmel
Und Stürmegetümmel
Den lachenden Sommer verscheuchen.

v. Matthisson.

---

170. Im Sommer.

Blaue Berge!
Von den Bergen strömt das Leben,
Reine Luft für Mensch und Vieh,
Wasserbrünnlein spät und früh
Müssen uns die Berge geben.

Frische Matten!
Grüner Klee und Dolden schießen;
An dem Halme, schlank und fein,
Glänzt der Thau, wie Edelstein,
Und die klaren Bächlein fließen.

Schlanke Bäume!
Munt'rer Vögel Melodeien
Tönen im belaubten Reis,
Singen laut des Schöpfers Preis,
Kirsche, Birn' und Pflaum' gedeihen.

Grüne Saaten!
Aus dem zarten Blatt enthüllt sich
Halm und Aehre, schwanket schön,
Wenn die milden Lüfte weh'n,
Und das Körnlein wächst und füllt sich.

An dem Himmel
Strahlt die Sonn' im Brautgeschmeide,
Weiße Wölkchen steigen auf,
Ziehn dahin im stillen Lauf,
Gottes Schäflein gehn zur Weide.

Herzensfrieden,
Woll' ihn Gott uns Allen geben!
O dann ist die Erde schön!
In den Gründen, auf den Höh'n
Wacht und singt ein frohes Leben.

Schwarze Wetter
Ueberziehn den Himmelsbogen,
Und der Vogel singt nicht mehr;
Winde brausen hin und her,
Und die wilden Wasser wogen.

Rothe Blitze
Zucken hin und zucken wieder,
Leuchten über Wald und Flur.
Bange harrt die Kreatur,
Donnerschläge stürzen nieder.

Gut Gewissen!
Wer es hat und wer's bewachet,
In den Blitz vom Weltgericht
Schaut er und erbebet nicht,
Wenn der Grund der Erde krachet.

Hebel.

171. Räthsel.

Von Perlen baut sich eine Brücke
  Hoch über einen grauen See;
Sie baut sich auf im Augenblicke,
  Und schwindelnd steigt sie in die Höh'.

Der höchsten Schiffe höchste Masten
  Ziehn unter ihrem Bogen hin,
Sie selber trug noch keine Lasten,
  Und scheint, wie du ihr nahst, zu fliehn.

Sie wird erst mit dem Strom und schwindet,
  So wie des Wassers Fluth versiegt.
So sprich, wo sich die Brücke findet,
  Und wer sie künstlich hat gefügt?

v. Schiller.

---

172. Herbstlied.

Bunt sind schon die Wälder,
Gelb die Stoppelfelder.
Und der Herbst beginnt.
Rothe Blätter fallen,
Graue Nebel wallen,
Kühler weht der Wind.

Wie die volle Traube
Aus dem Rebenlaube
Purpurfarbig strahlt!
Am Geländer reifen
Pfirsiche, mit Streifen
Roth und weiß gemalt.

Sieh, wie hier die Dirne
Emsig Pflaum' und Birne

In ihr Körbchen legt,
Dort mit leichten Schritten
Jene gold'nen Quitten
In den Landhof trägt.

Flinke Träger springen,
Und die Mädchen singen,
Alles jubelt froh!
Bunte Bänder schweben
Zwischen hohen Reben
Auf dem Hut von Stroh.

Geige tönt und Flöte
Bei der Abendröthe,
Und im Mondenglanz!
Junge Winzerinnen
Winken und beginnen
Deutschen Ringeltanz. v. Salis.

173. Herbstlied.

Der Herbst beginnt,
Schon saus't der Wind
Und raubet die Blätter den Bäumen.
Die Störche ziehn,
Die Schwalben fliehn,
Es schweigen die Grillen und Heimen.

Komm immer zu!
Auch schön bist du
In deinem falbenen Kranze!
Du giebst uns Most,
Der scheucht den Frost
Und machet uns fröhlich zum Tanze.

Beginnt den Reihn,
Wir woll'n uns freu'n
Wohl bei Schalmeien und Leiern!
Mit Früchten mild
Sind sie gefüllt,
Die Keller, die Böden, die Scheuern.

Der kalte Nord
Mag immerfort
Die öden Stoppeln durchblasen!
Uns kümmert nicht
Sein wild Gesicht,
Ei, mag er sausen und rasen!

Das schnelle Jahr
Eilt immerdar
Auf Sonnenfittigen wieder;
Im Jugendglanz
Und Veilchentanz
Bringt's bald uns den Frühling hernieder.

Schulz.

---

174. Herbstlied eines kleinen Mädchens.

Mein Gärtchen, du blühest nicht mehr,
Die Rosen, die Lilien und Nelken,
Sie blühten und mußten verwelken,
Und Alles ist wüst und ist leer.

Die Sonne, als wäre sie blind,
Mag kaum durch den Himmel noch schauen,
Und über den Flächen und Auen
Jagt hinter den Blättern der Wind.

Das Laub ist vom Nachtigallnest
Gefallen im stürmischen Wetter;
Ich werde nicht fallen, ihr Blätter!
An Mütterchen halt' ich mich fest.

Tiedge.

175. Herbstgedanken.

Die Felder verlieren ihr Grün,
Die blumigen Thäler verblühn,
Der Wald steht entblößet vom Laube,
Der Weinstock vom Schmucke der Traube;
Die Hügel sind nackend, die Felder sind leer,
Und reizet die Sichel des Landmanns nicht mehr!

Indem uns die Erde genährt,
So hat sie sich selber verzehrt;
Und müd' von unzählbaren Gaben,
Womit ihre Söhne sich laben,
Begiebt sich die zärtliche Mutter zur Ruh,
Und schlummert dem Frühling im Winterkleid zu.

Wie angenehm schlummert der nicht,
Den Werke der Tugend und Pflicht
Am kommenden Abend der Zeiten
Zur Ruhe des Grabes begleiten.
Er weiß, daß er nach der erquickenden Nacht
Zum Morgen des ewigen Frühlings erwacht! —

176. Schnitterlied.

Schön ist das Feld zur Frühlingszeit,
Wenn auf verjüngtes Grün
Der Lenz die bunten Blumen streut,
Die Bäume schneeweiß blühn.

Doch schöner ist der Aehren Gold,
Das aus dem Boden steigt,
Und uns'rer süßen Arbeit hold,
Sich dankbar vor uns neigt;

Wenn jeder Halm uns zwanzigmal
Die Körnchen wieder beut,
Die wir in Feld, am Berg, im Thal
Den Furchen eingestreut.

Hoch thürmen wir die Fuder auf,
Vom reichen Segen schwer:
Das Garbenmädchen setzt sich drauf,
Der Schnitter scherzt beiher.

Dann essen wir in sichrer Ruh
Das Brod, das uns gebührt,
Indem die Grille froh dazu
Am Heerde musizirt.

Du zarter Städter, spotte nicht
Der schmielenvollen Hand.
Sie nähret, was dein Stolz auch spricht,
Den Fürsten und das Land.

Seht, Krieger! uns'rer Sichel Glanz
Und euer blutig Schwert!
Sagt, ist nicht unser Erntekranz
Mehr, als eu'r Lorbeer, werth? Weiße.

---

177. Herbstlied.

Der Frühling hat es angefangen,
Der Sommer hat's vollbracht,

Seht, wie mit seinen rothen Wangen
So mancher Apfel lacht.

Es kommt der Herbst mit reicher Gabe,
Er theilt sie fröhlich aus,
Und geht dann, wie am Bettelstabe
Ein armer Mann, nach Haus.

Voll sind die Speicher nun und Gaden,
Daß nichts uns mehr gebricht,
Wir wollen ihn zu Gaste laden,
Er aber will es nicht.

Er will uns ohne Dank erfreuen,
Kommt immer wieder her,
So laßt auch uns das Gut' erneuen,
Dann sind wir gut, wie er.

Hoffmann v. Fallersleben.

---

178. Räthsel.

Es sind zwei kleine Fensterlein
In einem großen Haus;
Da schaut die ganze Welt hinein,
Die ganze Welt heraus.

Ein Maler sitzet immer dort,
Kennt seine Kunst genau;
Malt alle Dinge fort und fort
Weiß, schwarz, roth, grün und blau.

Dies malt er eckig, jenes rund,
Lang, kurz, wie's ihm beliebt;
Wer nennet all' die Farben und
Die Formen, die er giebt.

Ein Zaub'rer ist's, ich sag' es kühn!
Was faßt der Erde Schooß,
Das malt er auf ein'n Flecken hin,
Wie eine Linse groß.

Auch was der Hausherr denkt und fleht,
Malt er an's Fester an,
Daß Jeder, der vorüber geht,
Es deutlich sehen kann.

Und freut der Herr im Hause sich,
Und nimmt der Schmerz ihn ein,
So zeigen öfters Perlen sich
In beiden Fensterlein.

Ist schönes Wetter, gute Zeit,
So sind sie hell und lieb,
Doch wenn es stürmet, fröstelt, schneit,
So werden sie gar trüb.

Und geht des Hauses Herr zur Ruh,
Nicht braucht er dann ein Licht;
Dann schlägt der Tod die Läden zu,
Und ach — das Fenster bricht. Castelli.

---

179. Winterlied.

Jauchze, wen der Frühling weckt!
Aber laßt dem Winter
Auch sein Löbchen, denn es steckt
Wahrlich was dahinter.

Lange Tage sind wohl gut;
Doch die kurzen geben

Rasche Beine, warmes Blut,
Eßlust auch daneben.

Schaut das schöne weiße Land,
Wie's im Silber strahlet,
Und den hellbesonnten Rand
Schön mit Gold bemalet!

Blumenflor und Sonnenschein
Sind zwar schöne Sachen,
Und der Sommer pflegt sich fein
Breit damit zu machen;

Doch weiß auch der Januar
Blumen aufzutreiben;
Künstlich wachsen sie sogar
An den Fensterscheiben.

Drum den Winter auch geliebt,
Wie ihn Gott gegeben!
Was der liebe Gott uns giebt,
Dient zum frohen Leben.

Wer vergnügt ist, der lebt wohl;
Alle Jahreszeiten
Können ja ein Herz uns voll
Fröhlichkeit bereiten. Overbeck.

---

180. Winterlust.

Mädchen. Der Winter ist gekommen
In seinem weißen Kleid;
Hat uns die Blumen genommen,
Den Garten zugeschneit.

Knaben. Nun holen wir die Schlitten;
Wollt Ihr gefahren sein,
So müßt Ihr uns hübsch bitten,
Dann setzt Ihr Euch hinein.

Mädchen. Der Bach, in Eises Hülle,
Läßt nicht ein Fischchen seh'n;
Die Flur ist todt und stille,
Und scharfe Winde weh'n.

Knaben. In frischer Luft zu wandern,
Die enge Stube fliehn,
Und auf dem Eise glandern,
Das ist für unsern Sinn.

Mädchen und Knaben.
Nun wird auch bald erscheinen
Die frohe Weihnachtszeit:
Dann schimmern für die Kleinen
Die Lichter weit und breit.

Und Reiter, Puppen, Spiele
Und Löwe, Hund und Pferd
Im lustigen Gewühle,
Sind für uns dann bescheert.

Drum, Winter, sei willkommen,
Mit deinem Schneegesicht,
Hast zwar die Blumen genommen,
Doch fehlt's an Freuden nicht! Bessel.

---

181. Im Winter.

Wie ruhest du so stille
In deiner weißen Hülle,

Du mütterliches Land!
Wo sind des Frühlings Lieder,
Des Sommers bunt Gefieder,
Und dein beblümtes Festgewand?

Du schlummerst nun entkleidet,
Kein Lamm und Schäfchen weidet
Auf deinen Au'n und Höh'n.
Der Vöglein Lied verstummet,
Und keine Biene summet,
Doch bist du auch im Schlummer schön.

Die Zweig' und Aeste schimmern,
Und tausend Lichter flimmern,
Wohin das Auge blickt.
Wer hat dein Bett bereitet,
Die Decke dir gebreitet
Und dich so schön mit Reif geschmückt?

Der gute Vater droben
Hat dir dein Kleid gewoben,
Er schläft und schlummert nicht.
So schlummre denn in Frieden!
Der Vater weckt die Müden
Zu neuer Kraft und neuem Licht.

Bald in des Lenzes Wehen
Wirst du verjüngt erstehen
Zum Leben wunderbar.
Sein Odem schwebt hernieder,
Dann, Erde, stehst du wieder
Mit einem Blumenkranz im Haar.

Krummacher.

182. Der December.

Kommt ein Greis herabgefahren,
Hoch von Norden in das Land,
Trägt die Kron' auf grauen Haaren,
Eine Sichel in der Hand:
Und der Sturm, das ist sein Knappe,
Der durch Waldesgründe tos't,
Und der Schnee ist seine Kappe
Und sein Herold ist der Frost.

Mit der Demantsichel kürzt er
Auch die letzten Reiser ab,
Alles was lebendig, stürzt er
Unerbittsam in das Grab.
Mürrisch geht er durch die Städte,
Schleicht durch Dörfer, Flur und Hain,
In ein kaltes Todtenbette
Hüllet er die Erde ein.

Viele tausend Mal schon zieht er,
Also hassend und gehaßt,
Müde sinkt das Haupt ihm nieder
Unter seines Alters Last.
Einen Freund doch möcht' er haben,
Ein Herz, das sich ihm ergibt, —
Doch verschollen und begraben
Sind sie längst, die ihn geliebt.

Drum thut er, wie andre Greise,
Wenn sie einsam, freundlos sind,
Und gesellt nach Menschenweise
Sich zu Kindern, als ein Kind.

Müht sich, sie zum Spiel zu locken —
Er der tausendjähr'ge Mann —
Seine besten Silberflocken,
Bietet er den Knaben an.

In der Nacht noch kommt der Alte,
Rasch, eh' man das Jahr ihm schließt,
Und aus seines Mantels Falte,
Schüttelt er den heil'gen Christ.

R. Heller.

183. Worträthsel.

Kennst Du die Brücke ohne Bogen
Und ohne Joch, von Diamant,
Die über breiter Ströme Wogen
Errichtet eines Greises Hand?
Er baut sie auf in wenig Tagen,
Geräuschlos, Du bemerkst es kaum;
Doch kann sie schwere Lasten tragen
Und hat für hundert Wagen Raum.
Doch kaum entfernt der Greis sich wieder,
So hüpft ein Knabe froh daher.
Der reißt die Brücke eilig nieder;
Du siehst auch ihre Spur nicht mehr.

184. An die Jahreszeiten.

Es lebt ein Gott, der Menschen liebt,
Ich seh's, wohin ich blicke,
Am Nebel, der den Himmel trübt,
So wie am Sonnenblicke,

In jeder dunkeln Regennacht,
Wo mir kein Sternchen leuchtet,

Am Monde, wenn er freundlich lacht
Und meinen Pfad erleuchtet.

Ich seh's, wenn Donnerwolken glühn,
Und Berg und Wald bewegen,
Und seh's, wenn sie vorüberflieh'n,
Am sanften, lieben Regen.

Nicht nur, wenn Frühlingslüfte wehn
Durch Laub und junge Blüthe,
Nicht nur, wenn reife Saaten steh'n,
Seh' ich des Schöpfers Güte;

Ich seh' sie auch, wenn tiefer Schnee
Die starre Flur bedecket,
Und wenn der Mond das scheue Reh
In Felsenklüfte schrecket.

Ich seh' sie oft bei heiterm Glück
In tausend, tausend Freuden;
Ich seh sie mit bethräntem Blick
Ja auch in Schmerz und Leiden.

Denn jede dunkle Leidensnacht,
Das widrigste Geschicke,
Gereicht durch Gottes Lieb' und Macht
Zu unserm wahren Glücke.

---

185. Räthsel.

Es führt dich meilenweit von dannen
Und bleibt doch stets an seinem Ort;
Es hat nicht Flügel auszuspannen,
Und trägt dich durch die Lüfte fort.

Es ist die allerschnellste Fähre,
Die jemals einen Wand'rer trug,
Und durch das größte aller Meere,
Trägt es dich mit Gedankenflug;
Ihm ist ein Augenblick genug!

v. Schiller.

---

186. Ein Liedchen vom Christabend.

Liebes Freundchen, heil'ger Christ,
Der so hold den Kindern ist,
Ach verdopple Deinen Schritt,
Und bring' hübsche Sachen mit.

Süßer Aepfel einen Sack,
Pfeffernüsse einen Pack,
Nüss' und Mandeln viele Schock,
Neue Schuhe, neuen Rock;

Hast Du hübsche Spielerei'n,
So gieb auch davon was drein,
Und dazu ein Büchlein schön,
In dem bunte Bilder stehn.

Hab' mich ja, wie sich's gebührt,
Alle Zeit gut aufgeführt,
Darum hoff' ich wohlgemuth,
Wirst's auch diesmal machen gut.

Brav sein will ich auch dies Jahr,
Besser werden immerdar,
Daß du, lieber, heil'ger Christ,
Ganz gewiß mein Freundchen bist;

187. Zum neuen Jahr.

Ein Jahr ist wiederum verschwunden,
Ein Jahr — und kommt nicht mehr zurück!
Gott, so viel tausend, tausend Stunden
Sind hin, weg, wie ein Augenblick!
Weg meine Tugenden und Sünden! —
Doch nein; der Richter aller Welt
Läßt jegliche mich wiederfinden,
Wenn er vor seinen Thron mich stellt!

Herr, der du liebst, wie Väter lieben,
Hat dich mein Undank nie betrübt?
Gott, der du mir so treu geblieben,
Hab' ich dich auch so treu geliebt? —
Lebt' ich nach Deinem heil'gen Willen
Und stets vor Deinem Angesicht?
Fromm öffentlich, und fromm im Stillen?
Treu dem Gewissen und der Pflicht? —

O Vater, Du kennst meine Sünden.
Wie viel sind ihrer nur dies Jahr!
Wie tiefe Schaam muß ich empfinden,
Daß Dir mein Herz oft untreu war!
Ach, es ist unverdiente Gnade;
Wenn Du der Jahre mehr mir schenkst,
Und auf des Lebens Pilgerpfade
Mein Herz noch oft zum Guten lenkst.

Verzeih' den Undank, schenk' Erbarmen;
Gedenke meiner Sünden nicht!
Gib Du dem Reuenden und Armen,
Der Gnade sucht, des Trostes Licht!

Mit größ'rer Treu' will ich mein Leben
In Zukunft Deinem Dienste weihn,
Und eifriger mich stets bestreben,
Gott, Deiner Liebe werth zu sein! Lavater.

---

188. Lied zu einem gymnastischen Feste.

Von einem Zuge von Knaben und Jünglingen im Marsche mit Musikbegleitung gesungen.

Voran, voran, weit auf das Thor!
Der ganze Chor,
Die Kleinen, die Großen rüstig hervor!
Die Glieder zu schwingen
Und die blitzenden Klingen
Und hoch über dem Roß auf den Nacken zu springen.

Laßt flattern die Fahnen im lustigen Spiel
Und sendet zum Ziel
Die leichten Geschosse mit Treffergefühl!
Gleicht selber dem Pfeile,
Wettlaufend in Eile;
Der winkende Kranz dort, wem wird er zu Theile?

Woran sollt Ihr uns erkennen? — Daran,
Daß der künftige Mann
Euch schaut aus dem Knaben und Jünglinge an;
Daß Jugend und Leben
Und Hochsinn und Streben
Um Gang und Geberd' und im Antlitz uns schweben.

Daß wir grünen wie Cedern, und Jeglicher steh',
So frisch wie ein Reh,
Auf blumigem Rasen, im blitzenden Schnee;

Daß die Herzen uns tanzen,
Wir Rosen uns pflanzen
Auf die Wangen, uns nicht hinterm Ofen verschanzen.

Daß nimmer die Seel', auch kein Glied ist gepreßt,
Und sicher und fest
Der Schritt, wie der Muth, der nicht bannen sich läßt;
Daß wir tapfer entglühen,
Beharrlich uns mühen,
Und die Funken des Geist's aus den Augen uns sprühen.

Doch Jeder hab' Acht, ob in Scham und in Scheu
Er der Sitte getreu,
Und nimmer ein Bär sei, nur immer ein Leu.
Seht die eisernen Ritter,
Die in Sturm und Gewitter
Bald schlugen die Schlacht und bald lieblich die Zither.

Wenn Aurora, die schöne, am Himmel aufzieht,
Lacht Alles und glüht:
So hold sei auch Jünglingsgestalt und Gemüth!
Die Anmuth, die Milde
Bezaubre im Bilde
Des Starken; ein Graus ist der Rohe, der Wilde!

Jetzt, Meister, der nimmer gönnt Rast sich und Ruh',
Befehlige Du,
Und es regen sich Alle, wie Einer im Nu;
Wir horchen Dir, übe
Die fröhlichen Triebe,
Wir ringen Dir nach in Begeist'rung und Liebe!

Peters.

189. Der kleine Krieger.

Stumpf ist noch die Degenklinge,
Die im Streit ich muthig schwinge,
Die mein Spielgefährte war;
Doch, wenn ich sie führen werde
Einst zum Schutz der Heimath=Erde,
Mäht sie scharf der Feinde Schaar.

Auf des Landes Fahne schwöre
Ich dem Ruhme und der Ehre,
Mich dem Vaterland zu weih'n;
Wo die heil'gen Banner wehen,
Will ich, tapfer kämpfend, stehen,
Brav auch noch im Tode sein.

Vor der Feinde Schwertesstreichen
Will ich nicht, ein Feigling, weichen;
Kühn biet' ich die tapf're Brust.
Daß sie einst von mir erzählen,
Sollt' ich bei den Siegern fehlen,
Wie zu sterben ich gewußt.

König treu und Vaterlande,
Ist die Flucht dem Braven Schande;
Sterben will ich, weichen nicht.
Auch das Herzblut gern verspritzen,
Seinem König nur zu nützen,
Ist des edlen Kriegers Pflicht.

Feinde, die sich mir ergeben,
Schütz' ich mit dem eignen Leben,
Ihre Qual sei mir nicht Lust.

Menschlichkeit an ihnen üben,
Und die fremden Brüder lieben,
Ziert ja auch des Kriegers Brust.

Eine Thräne wein' ich Allen,
Die den Heldentod gefallen,
Deren Leben Ruhmes Preis.
Leicht sei ihnen auch die Erde,
Wo sie ruh'n von der Beschwerde
Unter grünem Lorbeerreis.

Doch bis ich dahin gelange,
Daß ich stolz als Krieger prange,
Sei mein Tagewerk der Fleiß.
Daß ich in der Tapfern Heere,
Meinen Ruhm durch Klugheit mehre,
Nicht allein zu kämpfen weiß.

R. Koch.

---

190. Des deutschen Knaben Vaterland.

An's liebe Vaterland
Knüpft mich ein heil'ges Band! —
Hier rief mich Gott in's Leben,
Mir Freuden viel zu geben,
Und Schutz und Hülfe fand
Ich in dem Vaterland.

Ein Volk, wohl stark und gut,
Mit frischem frohen Muth,
Das nenn' ich meine Brüder,
Es ist gar treu und bieder,
Ihr Herz im Auge ruht, —
Das macht das deutsche Blut.

Ich fühl' in tiefer Brust
Wohl eine hohe Lust,
Wenn von den deutschen Helden
Uns die Geschichten melden.
Aus alter, alter Zeit —
So ist mein Volk noch heut.

Es liebt den großen Gott,
Den Spötter straft's mit Spott,
Das Laster straft's mit Schande,
Knüpft fest der Liebe Bande,
Und ruft der Feind in's Feld,
Ist jeder Mann ein Held.

Wie kann ich hoch mich freu'n,
Ein deutscher Knab' zu sein!
Wohl leichter wird's, auf Erden
Ein Himmelskind zu werden,
Wenn Tugend und Verstand
Wohnt in dem Vaterland.

Dem Vaterlande treu,
In Tugend stark und frei,
So laß, o Gott, mich werden
Ein deutscher Mann auf Erden!
Ich ruf's mit Jubelton:
Auch ich bin Deutschlands Sohn! v. Kamp.

---

191. Gott, König, Vaterland.

Drei Worte, die halten wir hoch und hehr,
Im Herzen wir treu sie bewahren;
Sie halten uns oben im Unglücksmeer;
Sie schirmen uns hold in Gefahren!

Sie gehen mit uns durch ein nächtlich Geschick,
Und leiten uns wieder zu freundlichem Glück.

Auf Gott ist das Auge und Herz gewandt,
Ihn ehret in Andacht der Glaube;
Die Andacht erhält uns mit mächt'ger Hand,
Wir werden der Noth nicht zum Raube!
Gott ist es, der Muth uns verleihet und Kraft,
Er ist es, der Freuden und Frieden uns schafft. —

Das zweite durchtönet so rein die Brust,
Wie Klänge der heiligen Weihe:
Der König, der Vater, des Volkes Lust,
Ihm geben für Liebe wir Treue.
Sein Wollen ist weise und väterlich gut.
Ihm weihen wir Ehrfurcht und Leben und Blut.

Und: Vaterland, das ist das dritte Wort,
An das wir mit Hoffnung uns halten,
Mit herzlicher Liebe stets fort und fort;
So lassen das Schicksal wir walten!
Wer diesen drei Worten nicht trauet und glaubt,
Dem wahrlich sein eigener Werth ist geraubt!

---

192. Preußisches Volkslied.

Kennst Du das Land, wo über Millionen
Gerecht und mild ein weiser Scepter schwebt,
Wo Feld und Flur des Landmanns Müh' belohnen
Und überall Veredlung sich erhebt? —
Wo frei der Künste und des Fleißes Streben,
Bei eig'ner Kraft kein finst'rer Zwang begrenzt,

Und wo der Menschen sinnverwandtes Leben,
Im Göttlichen in schönster Eintracht glänzt?
Kennst Du das Land, kennst Du das Land? —
Es ist der Preußen fruchtbar herrlich Land!

Kennst Du das Volk, das friedliche, das freie,
In dessen Herz sich nie die Zwietracht drängt,
Das mit Vertrau'n, mit frommem Sinn und Treue
Noch fest an Gott und seinem König hängt?
Mit Ehrfurcht beugt es sich vor den Gesetzen,
Doch wagt der Frevel einer fremden Hand
Das heil'ge Recht der Ordnung zu verletzen,
Da wird es stark und schirmt das Vaterland! —
Kennst Du das Volk, kennst Du das Volk? —
Es ist der Preußen sittlich bied'res Volk!

Kennst Du das Heer, das mächtige der Treuen,
Die auf den Wink des weisen Königs seh'n;
Kein Fremdling steht in dieser Krieger Reihen
Die kräftig, kühn, gerüstet, friedlich steh'n!
Es ist ein Fels im Kampf und in Gefahren
An festem Muth, und weiß zur Zeit der Noth
Die Heiligkeit des Eides zu bewahren,
Und ist dem König treu bis in den Tod!
Kennst du das Heer, kennst Du das Heer? —
Es ist der Preußen männlich tapfres Heer!

Kennst Du den Fürst, den ruhmumstrahlten Sieger,
Dem dieses Land, dies Volk und Heer gehört?
Den Friedensfürst, den ritterlichen Krieger,
Den jeder Thron, den jedes Volk verehrt? —
Besonnen wäget er das Recht der Kronen,
Auf seine Weisheit sieht die halbe Welt;

Und mächtig zwar, doch Völkerblut zu schonen,
Will Frieden nur der königliche Held!
Kennst Du den Fürst, kennst Du den Fürst? —
Es ist der Preußen edler, hoher Fürst!

193. Preußen-Lied.

Ich bin ein Preuße! Kennt Ihr meine Farben?
Die Fahne schwebt mir weiß und schwarz voran,
Daß für die Freiheit meine Väter starben,
Das deuten, merkt es, meine Farben an.
Nie werd' ich bang' verzagen;
Wie jene, will ich's wagen,
Sei's trüber Tag, sei's heit'rer Sonnenschein,
Ich bin ein Preuße, will ein Preuße sein! —

Mit Lieb' und Treue nah' ich mich dem Throne,
Von welchem mild zu mir mein Vater spricht;
Und wie der Vater treu mit seinem Sohne,
So steh' ich treu mit ihm, und wanke nicht.
Fest sind der Liebe Bande,
Heil meinem Vaterlande!
Des Königs Ruf dringt in das Herz mir ein,
Ich bin ein Preuße, will ein Preuße sein!

Nicht jeder Tag kann glüh'n im Sonnenlichte,
Ein Wölkchen und ein Schauer kommt zur Zeit,
Drum lese Keiner mir es im Gesichte,
Daß nicht der Wünsche jeder mir gedeiht.
Wohl tauschten nah' und ferne
Mit mir gar Viele gerne;
Ihr Glück ist Trug, und ihre Freiheit Schein,
Ich bin ein Preuße, will ein Preuße sein!

Und wenn der böse Sturm mich wild umsauset,
Die Nacht entbrennet in des Blitzes Gluth;
Hat's doch schon ärger in der Welt gebrauset,
Und was nicht bebte, war des Preußen Muth.
Mag Fels und Eiche splittern,
Ich werde nicht erzittern;
Es stürm' und krach', es blitze wild darein!
Ich bin ein Preuße, will ein Preuße sein!

Wo Lieb' und Treu' sich so dem König weihen,
Wo Fürst und Volk sich reichen so die Hand,
Da muß des Volkes wahres Glück gedeihen,
Da blüht und wächst das schöne Vaterland.
So schwören wir auf's neue
Dem König Lieb' und Treue.
Fest sei der Bund! ja, schlaget muthig ein!
Wir sind ja Preußen, laßt uns Preußen sein!

Thiersch.

---

194. Allgemeines Volkslied.

Heil Dir im Siegerkranz,
Herrscher des Vaterlands,
Heil, König, Dir!
Fühl' in des Thrones Glanz
Die hohe Wonne ganz,
Liebling des Volks zu sein,
Heil, Herrscher, Dir!

Nicht Roß, noch Reisige
Sichern die steile Höh',
Wo Fürsten stehn! —

Liebe des Vaterlands,
Liebe des freien Manns
Gründen den Herrscherthron,
Wie Fels im Meer.

Heilige Flamme glüh',
Glüh' und erlösche nie
Für's Vaterland;
Wir Alle stehen dann
Muthig für Einen Mann,
Kämpfen und bluten gern
Für Thron und Reich.

Handlung und Wissenschaft
Hebe mit Muth und Kraft
Ihr Haupt empor!
Krieger und Heldenthat
Finden ihr Lorbeerblatt
Treu aufgehoben dort
An Deinem Thron!

Sei, weiser Herrscher, hier
Lange des Volkes Zier,
Des Landes Stolz.
Jede geweihte Kunst
Reife durch Deine Gunst,
Bürgerverdienst erwärm'
An Deiner Brust.

---

195. Gebet der Kinder zu ihrem ewigen Vater.

Du hast Deine Säulen Dir aufgebaut
Und Deine Tempel gegründet!

Wohin mein gläubiges Auge schaut,
Dich, Herr und Vater, es findet!
Deine ewig' herrliche Gottesmacht
Verkündet der Morgenröthe Pracht,
Erzählen die tausend Gestirne der Nacht!
Und alles Leben liegt vor Dir:
„Vater Unser, der Du bist im Himmel!“

Und liebevoll Dein Auge schaut,
Was Deiner Allmacht Wink begonnen,
Und milder Segen niederthaut,
Und fröhlich wandeln alle Sonnen!
Herr! Herr! das Herz, das Dich erkennt,
Erwacht vom Kummer und vom Grame,
Es jauchzt die Lippe, die Vater Dich nennt:
„Geheiliget werde Dein Name!“

Der Du die ewige Liebe bist,
Und Dessen Gnade kein Mensch ermißt,
Wie selig ist Dein Thron!
Der Friede schwingt die Palmen,
Es singt die Freude Psalmen,
Die Freiheit tönt im Jubelton!
Herr! Herr! in Deinem ew'gen Reich
Ist Alles recht, ist Alles gleich.
„Zu uns komme Dein Reich!“

Kommt, Engel, aus den heil'gen Höh'n!
Steigt nieder zu der armen Erde!
Kommt, Himmelsblumen auszusä'n,
Daß diese Welt ein Garten Gottes werde!

O! ewiger Weisheit unendliche Kraft,
Du bist's, die Alles wirkt und schafft! —
Dein Weg ist Nacht! — Geheimnißvoll
Der Pfad, den Jeder wandeln soll!
Doch in Deine Nähe
Führst Du Alle, daß sie heilig werden! —
„Dein Wille geschehe,
„Wie im Himmel, also auch auf Erden!“

Laß Aehren reifen im Sonnenstrahl!
Die Frucht erglänz' im grünen Laube!
Es weide die Heerd' im stillen Thal,
Und auf den Bergen röthe sich die Traube!
Und Alles genieße mit Dank und Freude! —
„Unser täglich Brod gieb uns heute!“

Der Du von reinen Geistern umgeben,
Niederblickst auf das sündige Leben, —
Erbarme Dich unser!
Schwachheit ist des Menschen Loos!
Deine Gnad' ist grenzenlos;
Dein Erbarmen unermeßlich!
Zeig' uns, Vater, Deine Huld
In dem armen Leben!
„Und vergieb uns uns're Schuld
„So, wie wir vergeben!“

Herr! Herr! unsre Zuversicht!
Starker Held, verlaß uns nicht!
Hebe die Blicke, die freien Gedanken
Ueber der Endlichkeit enge Schranken,

Hoch empor über Grab und Tod.
Wir hoffen, wir warten auf's Morgenroth,
Wir sehnen uns Alle nach Deinem Licht,
Nach Deinem hochheiligen Angesicht!
„Führ' uns nicht in Versuchung,
„Sondern erlös' uns vom Uebel!"

Denn Du bist Herr
Und Du bist Gott,
Unser Vater!
„Und Dein ist das Reich
„Und die Kraft und die Herrlichkeit
„In Ewigkeit!
„Amen!"

A. Mahlmann.

Druck von W. Gesellius in Demmin.

Erste Abtheilung.

Fabeln.

Erklärung. Die Fabel ist eine kleine Erzählung, worin ein moralischer Satz, eine Lehre durch ein Sinnbild, gemeiniglich aus der Thier- oder Pflanzenwelt, anschaulich gemacht wird.

Wer klüglich Fabeln schreibt, der folgt Aesopus *)
Spur,
Er bessert durch ein Bild, und lehrt durch die Natur,
Singt von unglaublichen und nie geseh'nen Dingen,
Um, was wir täglich seh'n, im Gleichniß vorzubringen;
Er greift das Laster an, und schont der Thorheit nicht,
Macht diese lächerlich, straft jenes in's Gesicht.
Er geht von Stand zu Stand, warnt beiderlei Geschlechte
Steigt zu dem Fürsten auf, und nieder zu dem Knechte;
Er lehret Kind und Greis, den Bürger und den Held,
Schätzt Klugheit Kronen gleich, die Tugend über Geld,
Und manche Wahrheit wird von ihm an's Licht gezogen,
Die Alle längst gewußt, und Keiner recht erwogen.

Aus Lichtwer's Schriften.

---

*) Aesopus, ein berühmter griechischer Fabeldichter aus Phrygien in Kleinasien, Solons-Zeitgenosse. Er lebte ungefähr 600 Jahre vor Christo. Im Sclavenstande geboren, verschaffte ihm sein ausgezeichneter Witz die Freiheit. Seine Fabeln, in denen er nützliche moralische Wahrheiten und Grundsätze durch sinnliche Erdichtungen zur Besserung der Menschen vortrug, haben zwei Tausend Jahre hindurch bei allen gebildeten Völkern ihr Ansehen behauptet.

1. Das geängstigte Vögelchen.

Knabe, ich bitt' dich, so sehr ich kann:
O rühre mein kleines Nest nicht an!
O sieh nicht mit deinen Blicken hin:
Es liegen ja meine Kinder drin,
Die werden erschrecken und ängstlich schrei'n,
Wenn du schaust mit den großen Augen hinein.

Wohl sähe der Knabe das Nestchen gern;
Doch stand er behutsam still von fern;
Da kam der arme Vogel zur Ruh',
Flog hin und deckte die Kleinen zu,
Und sah so freundlich den Knaben an:
Hab' Dank, daß du ihnen kein Leid gethan.

Spekter's Fabelbuch (Hey).

---

2. Kind und Nessel.

K. Kräutlein, ich pflücke dich!
N. Thust du das, räch' ich mich.
K. Pflänzchen, du machst wohl Scherz?
N. Scherz? Ach nein! aber Schmerz;
Denn deine zarte Hand
Wird dir von mir verbrannt. —

Nessel im Grase steht,
Kind auf und abwärts geht.
Da greift's in seinem Wahn
Tolldreist die Nessel an;
Aber es wird belehrt:
Fühlen muß, wer nicht hört.

E. Stiller.

Einst, da er in den Saiten wühlte,
Ließ sich ein Harfner sehn;
Er horcht dem Spiele zu. „Auf Ehre!“
Rief er dann unbedacht,
„Wenn Karl ein Harfner worden wäre,
„Er hätt' sein Glück gemacht.““ —

Der Kaiser lächelt. — „„Guter Alter,“
Spricht er, „„du hättest vielleicht Recht!
„„Doch laß es gut sein! ich hab's halter
„„Als Kaiser auch nicht schlecht.““

Freiesleben.

---

11. Der Prediger und der Kranke.

Es tobten Pest und Tod in einer großen Stadt,
Die Pred'ger wurden heisch, die Todtengräber matt.
So wuchs der Kranken Zahl, so häuften sich die Bahren;
Geschlechter starben aus, viel Junge vor den Jahren,
Viel Alte, doch nicht gern; das sahe kläglich aus.
Einst kam ein Geistlicher in eines Armen Haus;
Hier lag der kranke Greis, und nahte seinem Ende,
Sein Bett war mürbes Stroh, sein Hüter leere Wände,
Zwei Sägen und ein Beil sein ganzes Hab' und Gut.
„Freund;“ hub der Pred'ger an, „faßt einen frohen Muth!
„Der Kerker dieser Welt wird Euch nun aufgeschlossen,
„Wo ihr der Leiden viel, doch wenig Lust genossen!“
„„Verzeiht!“ antwortete der kranke Mann,
„„Ich habe gut gelebt, so lang' ich denken kann!
„„Mich quälten weder Haß noch Nahrungssorgen;
„„Mein Werkzeug, das hier liegt, erwarb mir jeden Morgen

„„Des Tages Unterhalt; von Schulden war ich frei,
„„Gesund, mein eigner Herr. Was fehlte mir dabei?““ —
Der Pred'ger wußte nicht, was er hier sagen sollte;
Doch fragt' er ihn, ob er auch gerne sterben wollte.
„„Warum nicht?““ sprach der Greis „„da, wie Ihr sehen könnt,
„„Mir Gott so lange Zeit des Lebens Glück gegönnt.““ —
„O möchten Groß und Klein des Alten Lehre fassen!
„Wer sich begnügen läßt, lebt fröhlich, stirbt gelassen.“

Lichtwer.

12. Der schlaue Gast.

Weil er zu unterst saß am Tische,
Bekam ein Gast nur kleine Fische.
Das Unrecht schmerzt den guten Tropf;
Drum sucht' er Hülf' in seinem Kopf.
Er hält an's Ohr die kleinen Fische. —
Wie flüstern jetzt die Gäst' am Tische!
Und einer fragt: „Ist's nicht zu dreist,
„Dies Spiel, vertraut mir, was es heißt.
„Sprecht, was bedeutet Euer Summen?
„Was wollt Ihr wissen von den Stummen?“ —

Der Gast spricht: „Ich vertrau's Euch gern.
„Kund sei Euch denn, hochwerthe Herrn!
„Mein Ohm ertrank vor vielen Jahren;
„Doch wo er blieb, ward nicht erfahren.
„Drum fragt' ich: Fischlein, thut mir kund,
„Wo liegt mein Ohm im Meeresgrund?
„Die Fischlein sprachen dienstbeflissen;
„Wir sind zu jung, um es zu wissen:

„Wenn ich nach meinem Tod' Dich glücklich wissen sollte,
„Du bist es werth und wirst es sein.
„Hier hast Du meinen letzten Willen.
„Sobald Du mich in's Grab gebracht,
„So brich ihn auf und such' ihn zu erfüllen; —
„Dann ist Dein Glück gewiß gemacht.
„Versprich mir dies, so will ich freudig sterben."

Der Vater starb, und kurz darauf
Brach dann der Sohn den letzten Willen auf
Und las: „Mein Sohn, Du wirst von mir sehr wenig erben,
„Als etwa ein gut Buch und meinen Lebenslauf;
„Den setz' ich Dir zu Deiner Lehre auf.
„Mein Wunsch war meine Pflicht. Bei tausend Hindernissen
„Befliß ich stets mich auf ein gut Gewissen.
„Verstrich ein Tag, so fing ich zu mir an:
„Der Tag ist hin, hast Du was Nützliches gethan?
„Und bist Du weiser, als am Morgen?
„Dies, lieber Sohn, dies waren meine Sorgen.
„So fand ich denn von Zeit zu Zeit
„Zu meinem täglichen Geschäfte
„Mehr Eifer und zugleich mehr Kräfte,
„Und in der Pflicht stets mehr Zufriedenheit.
„So lernt' ich mich mit Wenigem begnügen
„Und steckte meinem Wunsch ein Ziel!
„Hast Du genug, dacht' ich, so hast Du viel,
„Und hast Du nicht genug, so wird's die Vorsicht fügen.
„Was folgt Dir, wenn Du heute stirbst?
„Die Würden, die Dir Menschen gaben?
„Der Reichthum? Nein! das Glück, der Welt genützt
zu haben.

„Drum sei vergnügt, wenn Du Dir dies erwirbst.
„So dacht' ich, liebster Sohn, so sucht' ich auch zu leben;
„Und dieses Glück kannst Du mit Gott Dir selber geben,
„Vergiß es nicht: Das wahre Glück allein
„Ist, ein rechtschaffner Mann zu sein." Gellert.

---

40. Die Milchfrau.

Auf leichten Füßen lief ein artig Bauerweib,
— Geliebt von ihrem Mann, gesund an Seel' und Leib, —
Frühmorgens nach der Stadt, und trug auf ihrem Kopfe
Vier Kannen süße Milch in einem großen Topfe; —
Sie lief, und wollte gern: „Kauft Milch!" am ersten schrein;
„Denn" — dachte sie bei sich: — Die erste Milch ist theuer.
„Will's Gott, so nehm' ich heut' sechs baare Groschen ein!
„Und kaufe mir dafür ein halbes hundert Eier;
„Mein Hühnchen brütet sie mir all' auf einmal aus.
„Gras stehet rund herum um unser kleines Haus;
„Da werden sie sich schon im Grünen selbst ernähren,
„Die kleinen Küchelchen, die meine Stimme hören;
„Und, ganz gewiß, der Fuchs, der müßte fleißig sein,
„Ließ er mir nicht so viel, daß ich ein kleines Schwein,
„Nur eins zum wenigsten dafür erhandeln kann.
„Wenn ich mich etwa schon im Geiste darauf freue,
„So denk' ich nur dabei an meinen lieben Mann.
„Zu mästen kostet's mir ja nur ein wenig Kleie.
„Ist es dann fett gemacht, so kauf' ich eine Kuh
„In unsern kleinen Stall, auch wohl ein Kalb dazu.
„Das Kälbchen will ich dann auf meine Weide bringen

Druckfehler = Verzeichniß.

Wegen zu großer Entfernung vom Druckorte habe ich nicht selbst die Correctur besorgen können und bitte ich den nachsichtigen Leser, folgende sinnentstellende Druckfehler gütigst entschuldigen und berichtigen zu wollen:

Seite	7	Zeile	11	von oben fällt nach Verdruß der Punkt weg.
=	14	=	12	von unten fehlt nach versaget ein Punkt.
=	15	=	15	von oben statt von — vor einem Schloß.
=	19	=	13	von unten statt er — es selber.
=	25	=	3	von oben statt flücht — flieht.
=	26	=	8	von oben statt Andere — Andern.
=	31	=	15	von oben statt er — es that's.
=	66	=	4	von unten fällt hinter Pfote das ; weg.
=	79	=	7	von unten statt hohnlächend — hohnlächelnd.
=	81	=	7	von unten statt der gold'ne — die gold'nen.
=	95	=	7	von oben statt balb — bald.
=	105	=	3	von unten statt Prokubejus — Prokulejus.
=	105	=	16	von oben statt Weise — Weihe mich.
=	109	=	13	von oben statt Biesen — Binsenmatte.
=	116	=	1	von unten statt Thaler — Thalern.
=	122	=	1	von oben lies: vergrößert hätte.
=	122	=	13	von oben statt verdien — verdient.
=	123	=	3	von oben statt verweg'ner — verweg'ne.
=	143	=	9	von oben statt Wo ihm — wo ihn.
=	144	=	6	von unten statt ehrwürdiger — ehrwürdigen.
=	145	=	5	von unten statt kleinem — kleinen.
=	148	=	11	von unten statt Letzte — Letze.
=	149	=	12	von oben lies: nimmer.
=	150	=	4	von unten statt alt — Alt.
=	151	=	10	von unten statt den — dem Punkt.
=	151	=	12	von unten statt ihm — ihn.
=	156	=	10	von oben lies: einem nahen.
=	156	=	12	von unten lies: herauf.
=	162	=	2	von oben statt Müsebank — Müsebäk.
=	168	=	7	von unten statt Wuth — Muth.
=	171	=	13	von oben lies: Zu.
=	171	=	15	von oben statt Zeug' — Zang'
=	175	=	13	von oben statt von — vor Angst.
=	175	=	3	von unten statt Rieß — Riß.
=	176	=	11	von oben statt veklagt — verklagt.
=	178	=	2	von unten statt gebrochen — zerbrochen.
=	192	=	6	von oben statt angelegetet — angeleget.
=	200	=	5	von oben statt steht — stehet.

Seite	201	Zeile	10	von	oben	statt bewegt — beweget.
„	204	„	1	von	oben	statt den — dem.
„	205	„	5	von	unten	statt ein — eine.
„	206	„	2	von	unten	statt . ein ,
„	210	„	3	von	unten	statt . ein ,
„	210	„	4	von	unten	statt seinem — seinen.
„	211	„	10	von	oben	statt Jsarel — Jsrael.
„	222	„	2	von	oben	lies: ihr Fürst ist Er.
„	239	„	15	von	unten	statt des — das gr[illegible]
„	250	„	4	von	unten	statt Werk — Wi[illegible]
„	251	„	9	von	unten	statt erschallte — entschallte.
„	253	„	8	von	unten	statt die — dir.
„	277	„	4	von	unten	statt sich — dich an.
„	319	„	8	von	oben	statt Dein — Sein.
„	321	„	2	von	unten	statt alleine — allein.
„	336	„	3	von	unten	statt einen — seinen.
„	355	„	13	von	oben	lies: hin.

Lightning Source UK Ltd.
Milton Keynes UK
UKHW021529090219
336936UK00007B/700/P

9 780364 988152